시베리아 시간여행

# 시베리아 시간여행

1판 1쇄. 2017년 12월 25일

지은이 | 박흥수

펴낸이 | 정민용
편집장 | 안중철
책임편집 | 강소영
편집 | 윤상훈, 이진실, 최미정

펴낸곳 | 후마니타스(주)
등록 | 2002년 2월 19일 제300-2003-108호
주소 | 서울 마포구 양화로6길 19, 3층(04044)
전화 | 편집_02.739.9929/9930 영업_02.722.9960
팩스 | 0505.333.9960
이메일 | humanitasbooks@gmail.com
블로그 | humabook.blog.me
트위터, 페이스북, 인스타그램 | @humanitasbook

인쇄 | 천일문화사_031.955.8083
제본 | 일진제책사_031.908.1407

값 18,000원

이 도서의 국립중앙도서관 출판시도서목록(CIP)은 e-CIP 홈페이지
(http://www.nl.go.kr/ecip)에서 이용하실 수 있습니다(CIP제어번호: 2017033677).

# 시베리아
# 시간여행

블라디보스토크에서 베를린까지
횡단 열차에 탄 사람들

박흥수 지음

후마니타스

# 차례

## 일러두기

- 2015년 8월부터 2016년 3월까지 『한겨레21』에 연재된 "박흥수 기관사의 유라시아 기차 횡단기"
  를 바탕으로 했다.
- 러시아 환율의 이해를 돕기 위하여 1루블을 한화 20원꼴로 환산하였고, 해당 금액을 괄호 안에
  적었다. 예) 10루블(200원), 220루블(4,500원)
- 단행본·정기간행물에는 겹낫표(『 』)를, 기고문·시에는 홑낫표(「 」)를, 연극·영화·노래에는
  가랑이표(〈 〉)를 사용했다.

/

# 어느 날
# 시베리아가
# 가슴속에 들어왔다

2015년 새해가 밝아 오자 나는 불안감에 시달리고 있었다. 산을 넘기로 마음먹은 지 오래됐지만 그게 과연 가능한 일인지 스스로 확신이 서지 않았기 때문이다. 내게 산처럼 우뚝 서있던 대상은 유라시아 대륙이었다. 시베리아 횡단 열차 여행. 또다시 주저할까 봐 만나는 사람마다 곧 떠날 거라 떠벌리고 다녔다. 그러고는 속절없이 시간이 흘렀다. 마주치는 이마다 시베리아는 언제 갈 거냐고 되묻기 시작했다. 더는 미룰 수 없었다. 가장 먼저 시베리아 횡단을 하게 되면 글을 보내기로 한 당시 『한겨레21』의 정은주 기자를 만나 여행을 시작하겠다고 알렸다.

며칠 후 친구들과 종로에서 술을 마셨다. 술자리에 동석한 친구 이만호에게 함께 가자고 제안했다. 철도공사에서 해고된 뒤 지난한 복직 투쟁을 하고 있던 이만호에게 20여 일에 이르는 여행을 떠나는 것은 모처럼 맞는 휴식으로 보였다. 이어서 마찬가지로 백수 생활을 하고 있던 유성주에게 전화했다. 술집의 소음 때문에 거의 웅변을 해야 했다. 유성주는 언젠가 시베리아에 가면 함께 가자고 몇 번이나 결의했던 터라 이번엔 진짜 가는 거냐고 되물었다. 술기운이 올라 달뜬 목소리였지만 "언제 밥 한번 먹자"는 식의 기약할 수 없는 허언이 아니란 것을 유성주도 알아챘다.

유성주도 한때 철도 노동자였다. 이만호는 철도차량 중정비 현장에서 일했고 유성주는 전동차 정비팀에서 일했다. 기중기로 차체를 올려 부품을 교체하거나 정비하는, 규모가 큰 현장에서 일했던 이만호의 자부심은 대단했다. 유성주에게는 전동차 형광등이나 갈던 주제에 감히 엔진을 통째로 올리는 정비창 노동자 앞에서 무게 잡지 말라고 너스레를 떨기도 했다. 그럴 때면 유성주가 맞서 경정비 노동자들에게 얼마나 할 일이 많고 그 일에 얼마나 세심한 손길이 필요한지 역설했다. 우리 셋은 자신의 분야가 최고라며 티격태격하면서도 철도 현장이 여러 노동자의 협력 속에 움직이고 있다는 사실을 잘 알고 있었다. 이만호가 강제로 내쫓겼다면 유성주는 제 발로 걸어 나갔다. 유성주는 파업으로 해고당했다가 부당 해고 소송을 통해 복직했다. 복직한 유성주는 드디어 자신의 의지로 나갈 수 있게 됐다며 사표를 냈다. 유성주는 인간답게 살고 싶다며 해고자 시절 익힌 목수 일을 살려 문경에 그럴듯한 한옥을 짓고 있었다.

여행이 결정되자 거실 벽에 붙어 있는 대형 세계지도 앞에 서는 일이 잦아졌다. 시베리아를 품은 러시아는 지도에서 제일 큰 면적을 차지하고 있다. 지도에 자를 대고 방문할 도시들을 따라 시베리아 횡단 루트를 그렸다. 시베리아 횡단철도의 노선은 동쪽의 블라디보스토크에서 서쪽의 모스크바까지 이어진다. 나는 서울에서 출발해 블라디보스토크에 도착, 이곳을 기점으로 시베리아 횡단 후 모스크바와 상트페테르부르크를 거쳐 베를린까지 이어지는 여행 경로를 계획했다. 열차를 타고 아시아와 유럽의 경계를 넘어 서유럽의 한복판까지 갈 수 있다는 사실을 몸으로 직접 체험하고 싶었다.

그다음 할 일은 승차권 예매다. 한 구간이라도 잘못 예매하면 전체 일정이 꼬이게 되므로 주의를 기울여야 한다. 우리가 짠 여행 경로에 따르면 무려 8개 구간의 표를 구해야 했다. 열차의 구간별로 출발 시각을 정하고, 도시별 도착 시각과 체류 기간을 고려해 다음 방문 도시의 일정을 짰다. 너무 이르거나 늦은 시간에 낯선 도시에 도착해 길을 찾는 일이 얼마나 고통스러운지 경험상 잘 알고 있었기에 머릿속으로 수차례의 모의실험을 거쳤다. 게다가 시베리아 횡단 열차 승차권의 모든 시간은 현지 도시가 아닌 모스크바 시간대를 기준으로 한다. 가령 블라디보스토크에서 출발하는 열차 승차권에 12시 20분 출발로 인쇄되어 있으면, 실제 출발 시각은 현지 시각에 모스크바와의 시차인 7시간을 더한 19시 20분이 된다.

## 열차를 몰고 임진강 철교를 넘어 비무장 지대로

내가 처음 시베리아 앓이를 하게 된 것은 우연하면서도 필연적인 경험 때문이었다. 2000년 7월 31일 남북이 장관급 회담에서 경의선 철도를 연결하기로 합의했다. 그리고 그해 9월 18일 경의선 철도 기공식이 열렸다. 공사에는 레일, 시멘트 침목, 자갈 등의 대형 자재가 필요했고, 남북의 비무장지대를 통과하는 유일한 수송책이 화물열차였다. 경의선 연결 사업이 속도를 내던 어느 날, 나는 평소와는 다른 열차 번호가 찍힌 일정표를 받았다. 경의선 연결 공사 현장으로 가는 화물열차를 운행하는 임무가 주어진 것이다. 한 조를 이룬 기관사와 함께 차량 기지에서 출고한 디젤 기관차에 화물 차량을 연결한 뒤 북으로 향했다.

당시 경의선 최북단 역이던 문산역까지는 다니던 노선이라 별다른 감흥이 없었다. 조금 더 올라가니 "철마는 달리고 싶다"라고 쓰인 선로 종단 표시가 사라지고, 그 자리에 두 줄의 강철 레일이 깔려 있었다. 서행하던 열차가 가시철조망을 덧씌운 통문 앞에 멈춰 섰다. 자동 소총으로 중무장한 초병들이 빗장을 풀고 양 문을 열자 임진강 철교가 한눈에 들어왔다. 화물열차가 힘을 내 임진강을 넘기 시작했다. 흐르는 강물을 보고 있자니 가슴이 먹먹했다. 열차가 달리는 철교 옆으로 한국전쟁 당시 폭격으로 파괴된 교각이 보였다.

그동안 비극적 전쟁과 적대적 대치가 계속되는 땅에 살고 있다는 사실을 종종 잊었다. 분단과 전쟁으로 얼룩진 이산가족의 삶을 생각하면 이 사회는 참으로 무심하게 치유 없는 시간을 쌓아 왔다. 자재를 내린 후 빈 화물열차를 끌고 다시 남쪽으로 내려오는 길에 보이는 경의선 철길이 이전과 다른 느낌으로 다가왔다. 이 길에 얼마나 많은 사람의 눈물과 회한이 담겨 있을까?

이때부터 퇴근길에 보는 신촌 거리나 광화문의 번잡함이 낯설게 다가왔다. 불과 수십 킬로미터밖에 떨어져 있지 않은 곳에서 본 것과는 너무 다른 풍경이었다. 경의선을 생각하기 시작했다. 벌건 산등성이의 속살을 보여 주는 참호들, 중무장한 군인들이 경계를 서는 이중 삼중의 철조망이 채 아물지 않은 상처 같았다. 철길이 이어 지면 어디를 달리게 될까? 누가 이 길을 달렸을까? 도서관에 가 철 길로 이어진 대륙과 관련된 소설, 기행문, 역사서, 평전, 사료집 등을 뒤지기 시작했다. 봉인이 뜯긴 보물 함처럼 경의선에서 시작되는 사 건들이 무더기로 쏟아져 나왔다.

경의선이 만난 땅은 만주였고 시베리아였다. 불과 1세기 전 다양 한 군상들이 모이고 흩어졌던 땅이었다. 일본 제대주의 침략으로 나라를 잃은 시대이자 산업화를 이룬 서구 열강들이 앞다투어 아시 아에 파고들던 시기였다. 여러 가지 이데올로기가 머리를 들었고 이 모든 것이 비빔밥처럼 뒤섞였다. 그 흐름에서 기구한 역사의 수 레 위에 올라타야만 했던 사람들이 보이기 시작했다. 경의선에 탄 사람들, 만주와 시베리아를 달렸던 사람들의 이야기가 담긴 책을 한 권씩 덮을 때마다 한숨이 흘러나왔다. 분노가 일기도 했고 가슴 이 벅차기도 했다. 이러기를 반복하다가 그곳에 한번 가봐야겠다는 생각을 했다. 처음에는 언제 한번 가야지! 하는 정도의 막연한 희망 이었다.

### 시베리아 예행연습

2014년 겨울, 인터넷에서 블라디보스토크 – 하바롭스크 3박 4일 자 유 여행 상품을 찾아 놓고 가족들을 불러 모았다. 추위를 걱정하는 가족들에게 겨울 비수기의 싼 여행비와 시베리아 횡단 열차 탑승 체 험을 미끼 삼아 겨우 승낙받았다. 강원도 양양 공항을 출발한 비행 기가 겨울 폭풍을 뚫고 어둠 속 블라디보스토크 공항에 착륙했다.

우리 가족을 환영한 첫 번째 친구는 시베리아의 강풍이었다. 공항 청사를 나서는 순간 불어닥친 강풍에 모두 비명을 질렀다. 그렇게 블라디보스토크, 우수리스크, 하바롭스크를 답사하는 동안 만난 영하 28도의 강추위는 살면서 처음 경험하는 것이었다. 그러나 신기하게도 그 매서운 추위에 조금씩 적응해 나갔고, 나중에는 택시 대신 트램과 버스를 타거나 상당한 거리를 걸어 다니며 도시를 구경했다. 12시간이 걸리는 블라디보스토크－하바롭스크 간 야간열차는 그 누구라도 오래도록 잊지 못할 추억 거리를 남겨 주었다. 혹독한 예방 주사를 맞은 덕에 시베리아 횡단에 대한 자신감이 생겼다.

## 완전히 다른 여행

세계에서 가장 긴 철도 노선, 아시아와 유럽을 관통하는 철길을 완주하는 여행은 색달랐다. 주 거주 공간이었던 삼등석 6인 객실은 푸근한 인정이 넘치는 공간이었다. 반면 한여름 폭염에 달궈진 객실에서 지내는 것과 54명의 정원에게 주어진 두 개뿐인 화장실에서 때마다 씻고 용변을 보는 것은 큰 인내심이 필요했다. 한 번에 열차에 가장 오래 머문 기간은 4일이었는데 충분히 도를 얻고도 남을 시간이었다.

　100년이 넘는 역사를 가진 횡단철도에는 수많은 사연이 쌓여 있다. 힘들 때면 나보다 훨씬 불운한 시대에 열악한 조건으로 열차에 탔던 사람들을 하나둘 떠올렸다. 최재형과 홍범도가 달린 철길이었고, 젊은 마라토너 손기정이 몸을 실었던 열차였다. 또 중앙아시아로 쫓겨나던 한인들이 눈물로 이어간 삶이었다. 횡단 열차에는 지금도 중국 여러 도시에서, 남과 북에서, 전 세계에서 다른 꿈을 지닌 사람들이 커다란 가방을 안고 열차에 오른다.

이런 이야기들을 함께 나눌 수 있어서 기쁘고 고마울 따름이다. 자 그럼 어서 열차에 타시길 바란다. 발차!!!

1부

대륙을
횡단한다는 것

1장

# 블라디보스토크

**Vladivostok**

블라디보스토크

인천(양양)

기울어 가는 나라를 지켜보며 울분에 찬 조선인, 삶의 터전에서 쫓겨나 유랑하는 조선인, 만주에 침을 흘리며 새로운 침략의 교두보를 확보하려는 일본인, 청나라 북쪽의 이권을 잃지 않으려는 러시아인, 모든 이민족을 불안한 눈으로 감시하는 청나라 관헌과 주민들이 한거번에 모이던 유일한 공간이 바로 열차 안이었다. 근대 문명의 대전환을 이룬 철도에 몸을 맡겼던 사람들은 차창에 스쳐 지나가는 풍경을 보면서 인생도 순식간에 지나가 버린다는 생각을 했을지 모른다. 모두 불안한 현실에 하염없이 흔들렸을 것이다.

# 대장정의
# 날개를 펴다

## 지금 만나러 갑니다

출국 전날 시베리아 횡단에 대한 기대로 잠을 설쳤다. 공항 보안 검색을 마치고 면세점에서 담배를 샀다. 처음 만나는 사람과 친해지려면 뭐든 가진 것을 나누는 게 최고다. 아이들을 위한 초콜릿 바는 진즉 준비했기에 흡연자들을 위해 담배를 더 챙겼다.

활주로로 나간 비행기가 앞 비행기의 이륙을 기다리느라 잠시 멈췄다가 활주로 끝에 섰다. 기장이 엔진 출력을 최대로 올리고 브레이크를 풀자 굉음을 내며 질주하던 비행기가 위로 떠올랐다. 날개가 기울면서 인천공항이 한눈에 보였다. 드디어 대장정의 막이 올랐다.

## 블라디보스토크 공항의 택시 기사

현지 시각 13시 40분, 두 시간여의 짧은 비행 끝에 러시아 블라디보스토크 공항에 도착했다. 입국 심사를 마치고 나오자 택시 기사들이 우리를 반겼다. 택시 승강장에는 택시 마크가 없는 여러 대의 승용차들이 줄지어 서있었다. 러시아에선 흔한 자가용 영업 택시들이었다. 택시 기사들이 시내로 나가는 손님들을 잡기 위해 분주히 움직였다. 안타깝게도 우리는 모두 골초였고, 기다리는 택시는 안중에 없이 한쪽으로 몰려가 담배부터 입에 물었다.

한 명의 택시 기사가 옆에서 기다리고 있었다. 호텔 주소가 적힌 인쇄물을 보여 주자 배팅이 시작됐다. 그는 내가 내민 휴대전화 계산기에 '1,500'을 입력했다. 나는 황당하다는 표정을 지으며 '900'을 찍었다. 택시 기사가 눈을 크게 뜨며 어림도 없다는 표정을 지었다. 내가 '굿바이'라고 말하며 등을 돌리자, 이번엔 '1,400'을 썼다. 완강하게 고개를 흔들자 그도 돌아서는 것 같더니 다시 돌아와 '1,300'을 제시했다. 내가 '1,000'을 제시하자 택시 기사가 한숨을 쉬며 뭐라고 말했는데 기름값도 안 나오겠다 정도 같았다. 나는 '1,100'을 보여 주고는 안 되면 공항 철도를 이용하겠다는 의미로 공항 철도 사진을 보여 줬다. 마침내 택시 기사가 '오케이' 사인을 보냈다. 우리는 낡은 닛산 해치백 승용차 트렁크에 배낭을 싣고 자리를 잡았다.

사실 공항 철도를 이용할 생각은 없었다. 2012년 블라디보스토크에서 열린 아시아태평양경제협력체APEC 정상 회의를 계기로 놓인 공항 철도는 공항에서 블라디보스토크 시내를 이어 주는 편리한 교통수단임에도 불구하고 이용자가 거의 없다. 그 때문에 하루에 총 다섯 번만 운행하고 시내로 가는 오후 열차는 5시 30분에 딱 한 편 있을 뿐이다. 공항 철도를 타겠다고 공항에서 몇 시간을 기다릴 생각은 없었다. 택시 기사는 공항 주차장 출구에 차를 세우더니 앞 승용차가 주차 요금을 결제하고 차단기를 통과하는 순간 재빠르게 꼬리를 물었다.

한 시간쯤 달려 블라디보스토크 시내로 들어왔다. 도로의 풍경이 번잡한 서울 도심과 다를 바 없었다. 익숙하지 않은 모델의 자동차들과 구시대의 유럽풍 건물과 현대식 건물이 섞여 있는 거리가 낯선 도시에 왔음을 알려 주었다. 우리가 묵을 호텔은 6층 정도 높이의 아담한 건물로, 블라디보스토크역에서 도보로 10분도 채 걸리지 않는 가까운 거리에 있었다. 호텔 프런트에 미리 준비한 바우처를 내고 방을 안내받았다. 세 명이 함께 지내기로 해서 큰 객실을 잡았다. 널찍한 방에 조식까지 포함한 숙박료가 10만 원이면 여러모로 훌륭한 숙소였다. 호텔 프런트에 전화해 엑스트라 침대를 요청했다. 잠시 후 맨손으로 들어온 직원이 소파 하나를 잡고 주문을 외우는 듯싶더니 소파가 침대로 변신했다. 유성주가 변신 침대를 낙점했다. 성주의 희생으로 나와 이만호는 한 이불을 덮어야 했다. 이만호의 코 고는 소리를 고스란히 견디는 것은 내 몫이 되었다.

## 백야의 산책

간편한 차림으로 호텔을 빠져나왔다. 오후 6시가 다 됐는데 태양이 아직 머리 꼭대기에 있었다. 러시아의 백야가 태양을 놓아줄 기미를 보이지 않았다. 우리는 마실 나온 동네 사람처럼 터덜터덜 걸어 블라디보스토크역으로 갔다. 호텔 앞길에서 건물 두 개의 모퉁이만 지나면 바로 역이다. 역 맞은편에 작은 광장이 있고 광장 끝 화강암 연단에 레닌의 동상이 서있다. 레닌은 팔을 뻗어 아무르만의 바다를 가리키고 있었다. 무엄하게도 비둘기 한 마리가 레닌의 머리 위에 앉아 아래를 내려다보고 있었다.

블라디보스토크역은 극동의 관문치고는 규모는 작은 편이지만 아치형 중앙 출입구에 양쪽으로 원뿔형 첨탑까지 갖춘 예쁜 성의 모습을 하고 있다. 역 안으로 들어가면 슬라브족 전통 의상을 입은 남자가 나와 앉은 채로 다리를 펴는 러시아 전통 춤을 선보일 것만 같다. 그러나 건물 안으로 발을 들이는 순간 우리를 맞이한 것은 금속 탐지기를 손에 든 보안 요원이었다. 역을 이용하는 많은 사람이 역사를 통과하는 대신 역 옆에 있는 육교를 통해 승강장으로 간다. 일일이 보안 검색을 받아야 하는 불편함 때문인 듯하다. 역 안에는 대기 승객들을 위한 의자들이 놓여 있었다. 한쪽 벽에는 열차의 출발과 도착을 알리는 대형 모니터가 걸려 있었다.

## 안중근의 길을 따라

안중근이 하얼빈으로 가기 위해 블라디보스토크역에 온 날은 1909년 10월 21일 목요일 아침이었다. 거사를 함께 치르기로 한 우덕순과 전날 밤 역을 찾았을 때는 일·수·금에 있는 정기 여객열차가 이미 떠난 뒤였다. 안중근은 우수리스크까지는 우편열차의 삼등석 표를 끊고 우수리스크역부터는 이등석 차표를 끊었다. 우덕순은 예산이 빠듯한데도 저렴한 직통열차를 타지 않는 안중근이 이상했다. 여기에는 안중근의 묘책이 숨어 있었다. 그는 열차가 러시아-중국 국경을 넘을 때 이등석 승객은 검문하지 않는다는 것을 알고 있었다.

안중근은 1년 전 샌프란시스코에서 일어난 조선 외교 고문 스티븐슨Durham Stevens 암살 사건에 큰 충격을 받았다. 스티븐슨은 "조선 인민이 우매하여 독립할 자격이 없다"라는 성명을 발표했다가 이에 분

개한 전명운과 장인환의 습격을 받아 죽임을 당했다. 각각 서울과 평양 출신이었던 전명운과 장인환은 샌프란시스코에서 살던 노동자로, 망언을 일삼는 조선 외교 고문을 두고 볼 수 없었다. 워싱턴으로 가기 위해 오클랜드역으로 향하던 스티븐슨의 앞을 가로막은 전명운은 권총을 발사했다. 그러나 불발됐고, 전명운과 스티븐슨의 격투가 시작됐다. 이때 또 한 사람이 나타나 총을 연사했다. 스티븐슨은 등에 총상을 입었고 스티븐슨과 엉켜 있던 전명운은 가벼운 총상을 입었다. 뒤늦게 나타난 이가 바로 장인환이었다. 법정에서 만난 두 사람은 우연히 같은 거사에 나섰던 서로를 위로했다. 세계 각지의 조선인들이 모은 성금으로 재판을 받은 뒤 풀려난 전명운은 1908년 10월 초 블라디보스토크로 왔다. 안중근은 여러 차례 전명운과 만나면서 심장을 뜨겁게 예열했을 것이다.

안중근은 스티븐슨은 꼭두각시일 뿐이고 이토 히로부미를 처단해야 한다고 생각했다. 이토가 블라디보스토크에서 하루만 꼬박 달리면 도착하는 하얼빈에 온다는 소식이 들리자 그의 심장이 뜨거워졌다. 안중근이 이토 히로부미의 하얼빈 방문 소식을 알게 된 것은 개척리의 한글 신문사 대동공보를 방문했을 때였다. 그가 거주했던 곳은 카레이스카야 슬라보드카(한인촌), 즉 개척리의 계동 학교 앞에 있는 여관이었다. 개척리에는 계동 학교를 비롯해 대동공보사 등 한인 공동체가 세운 마을과 학교, 기관들이 몰려 있었다.

우리는 역 안을 찬찬히 둘러보았다. 한 세기 전 이곳 어디에선가 7연발 브라우닝 권총을 가슴에 품은 채 생의 마지막 여행을 기다리던 남자가 있었다. 동행하는 친구 우덕순이 그에게 큰 힘이 되었다. 두 사람은 둘 중 하나는 반드시 거사에 성공해야 한다고 다짐했다. 그들도 나처럼 표를 얻은 후 역 대합실에서 승강장에 이르는 계단을 한달음에 내려갔을 것이다. 안중근은 우덕순에게 유람 가는 여행자처럼 행세하자고 제안했다. 차창에 비친 개척리와 블라디보스토크의 거리 풍경들을 보며 애써 미소 지었을 두 사람의 얼굴이 자꾸만 떠올랐다.

## 승차권 바꾸기

블라디보스토크역에 들어갈 기회가 있다면 고개를 위로 젖혀 천장에 그려진 벽화를 봐야 한다. 블라디보스토크에서 모스크바까지 러시아를 상징하는 그림이 그려져 있다. 그림 양쪽에는 화려한 촛대 장식이 걸려 있어 천장만 보면 역이 아니라 미술관에 들어온 느낌마저 든다. 우리는 계단을 따라 아래층 역무실 쪽으로 내려갔다.

역무원에게 서울에서 인쇄해 온 횡단 열차의 구간별 전자 승차권을 꺼내 정식 승차권으로 바꿔 달라고 요청했다. 인쇄된 것으로도 열차를 이용할 수 있지만, 정식 승차권을 소장하고 싶었다. 세 사람의 여권과 승차권을 내밀고 한 구간의 정식 승차권을 받을 때마다 서류에 사인했다. 다행히 창구 앞에는 아무도 없었다. 역무원의 작업이 더뎌서 누구라도 기다리는 사람이 있었다면 너무 미안했을 것이다. 모스크바-베를린 구간은 바꾸지 못했다. 국제 열차라 모스크바에서만 발권할 수 있다고 한다. 러시아 내 열차표만 해도 꽤 두툼해 한 묶음의 수표책 같았다.

## 시베리아 횡단 9,288킬로미터의 시작점

중앙 승강장으로 나가면 증기기관차가 한 대 전시되어 있다. 증기기관의 시대에 시베리아를 호령했을 검은 철마가 붉은색 도장을 아래에 감고 서있다. 조금 더 앞으로 가면 시베리아 횡단 열차의 종단 표지석이 있다. 3미터가 족히 넘는 크기의 표지석에는 '9,288'이라는 시베리아 횡단 열차의 선로 길이가 양각되어 있다. 아시아와 유럽을 이어 주는 철의 실크로드. 한국 철도 전체의 운행 길이가 3,700킬로미터 정도이고 최장 노선인 경부선이 441킬로미터이니, 단일 노선으로 9,288킬로미터는 경부선의 21배나 되는 어마어마한 길이다.

시베리아라고 부르는 동쪽 땅은 버려진 곳이었다. 법을 어긴 죄수들의 유배지였다. 누구도 가려 하지 않는 땅이었기에 이곳에 머무는 사람들은 기구한 운명의 스토리 하나쯤은 갖고 있었다. 로마노프 왕조가 지배하는 러시아 제국이 동토의 땅에서도 기지개를 켤 수 있었던 것은 근대 문명의 기관차인 철도 때문이었다. 북태평양 끝자락 아무르만을 끼고 있는 땅에 신도시 블라디보스토크가 만들어지고 시베리아 횡단철도의 동쪽 기점이 되면서, 러시아는 세계지도에서 가장 거대하게 표상되는 제국이 되었다. 내가 서있는 자리 근처 어디쯤 러시아의 마지막 황제 니콜라이 2세가 서있었을 것이다. 니콜라이 2세는 황태자 시절이었던 1891년 5월 31일 블라디보스토크 역에서 열린 시베리아 횡단철도 기공식에 참석했다. 젊은 황태자는 머리에 붕대를 감고 있었다. 블라디보스토크에 오기 전 일본을 방문했다가 자신을 경호하던 일본 순사가 휘두른 칼에 이마를 베였다. 일본은 국빈이 당한 테러에 난리가 났지만, 니콜라이 황태자는 어느 곳에나 미친놈은 있기 마련이라며 쿨하게 넘어갔다. 그날 기공식에 참석했던 황태자는 횡단철도가 앞으로 자신이 통치하게 될 러시아를 부강하게 하리라 믿었을 것이다.

역 밖으로 이어진 육교를 통해 큰길로 나왔다. 블라디보스토크는 얼핏 보면 부산과 비슷한 도시다. 항구를 끼고 있고 역과 항만이 붙어 있다. 러시아워의 차량 정체가 심하고 언덕이 많아 경사진 곳마다 달동네를 이루고 있다. 우리는 현대식 고층 빌딩인 주 청사까지 걷다가 왼쪽으로 꺾어 나베르즈나야 해양공원 쪽으로 향했다. 젊은 이들이 몰리는 아르바트 거리에서 바로 이어지는 해양공원은 블라디보스토크 시민들이 즐겨 찾는 명소다. 해운대 같은 광활한 모래사장은 없지만 오후가 되면 일과를 마친 사람들이 삼삼오오 모여들어 저녁 시간을 즐긴다. 공원을 가로지르는 긴 대로에는 수준급의 전자 바이올린 연주를 들려주는 악사, 3차원 증강 현실 기계를 가져다 놓고 이용자들이 마음껏 비명을 지르는 대가로 돈을 받는 팀, 어디에나 있는 초상화가들이 기다리고 있었다. 인도 전통 의상을 입은 한 무리의 무희들이 행진하며 춤추는 모습도 보였다. 유모차에 아이를 태우고 나온 엄마부터 뭐가 좋은지 시시덕대는 청소년들, 핑크빛 눈길을 서로에게 건네는 연인들이 공원을 메웠다. 블라디보스토크의 6월은 생각보다 뜨거웠지만, 북태평양에서 불어오는 바닷바람이 그나마 땀을 식혀 주었다. 오후 6시가 넘자 더 많은 사람이 해양공원으로 몰려들었다.

## 이날에 목 놓아 운다고 썼던 장지연의 거리

블라디보스토크역 쪽으로 언덕길을 타고 걸었다. 한때 개척리라고 부르던 곳이었다. 당시 블라디보스토크는 인구 9만 명 정도가 사는 도시로, 우수리강 하구 아무르만을 둥글게 감싸고 있어 '원형극장'이라 불리기도 했다. 러시아풍의 건축물이 들어선 동쪽과 달리 서쪽 해안가에는 초가집들이 모여 있었는데, 바로 이곳이 블라디보스토크에 이주한 한인들이 개척한 마을이었다. 한인들의 상당수는 머슴일을 하는 아재비, 일용 노동을 하는 외품 자리와 질등 일꾼으로 일했다. 모두 품삯을 받아 생존하는 막노동 일이었고, 그중에서도 질 등 일꾼은 힘들기로 악명 높은 철도 건설 현장에서 일했다. 중국이나 아일랜드 출신 이주민들이 미국 대륙 횡단철도 건설 현장에 동원됐듯이 시베리아 철도 건설 현장 곳곳에서는 한인 이주 노동자들이 목숨을 걸고 철길을 놓았다. 개척리는 러시아어를 몰라도 살 수 있는 한인들의 공간이 되었다.

서쪽 해안가에 자리 잡은 한인들은 학교를 세우고 신문사를 설립해 민족의 정체성을 지키고자 노력했다. 1908년 2월 26일 창간호를 낸『해조신문』海朝新聞은 해외에서 발행된 최초의 한글 일간지였다. 주필은 1905년「시일야방성대곡」이라는 사설로 을사조약의 부당함을 고발하고『황성신문』皇城新聞에서 물러난 장지연이 초빙됐다. 지금은 흔적을 찾을 수 없지만 개척리 344호에 해조신문사가 있었다.『해조신문』은 설립 취지문에서 "국권을 회복하여 독립을 완전하게 하기로 목적함"을 명시하며 항일 독립의 의지를 밝혔다. 이에 일본은 곧바로 신문지법을 개악해『해조신문』의 국내 반입을 차단했다. 러시아를 통한 일제의 압박과 재정난 등으로 3개월 만에 폐간되자, 블라디보스토크의 한인들은 바로 다음 달 새로운 신문을 창간했다. 이번에는 일본과 러시아 당국의 압박을 피하기 위해 블라디보스토크의 한인 교포 단체 '한국국민회'의 기관지 형식을 빌렸다.『대동공보』大東共報라 이름 붙인 신문은 매주 일요일과 수요일에 발행되었다. 한인들에 우호적이었던 러시아 퇴역 장성 출신 변호사 미하일로프가 발행인을 맡아 외풍을 피하려 노력했다. 두 신문은 연해주뿐 아니라 상하이, 하와이, 미국, 멕시코 등 한인들이 정착한 각지로 전달됐다.

우리는 카레이스카야 슬라보드카, 개척리 언덕길을 넘어 블라디보스토크역에 다다랐다. 노점에서 과일을 파는 러시아 중년 여성의 유창한 한국말에 놀라 자빠질 뻔했다. 그는 한때 오류동과 광명, 시흥에서 일한 적이 있다고 말했다. 우리는 반갑게 그 동네들을 얼마나 잘 아는지 또 얼마나 자주 갔었는지 말하며, 사려던 것보다 더 많은 양의 과일을 샀다. 호텔방에서 과일을 안주 삼아 러시아에서의 첫 밤을 축하하는 건배를 했다. 유라시아 횡단을 무사히 마치게 해달라는 고사와도 같은 술자리였다.

## 유심카드 사용하기

다음 날 아침, 호텔에 짐을 맡기고 가벼운 차림으로 역으로 향했다. 온종일 블라디보스토크의 여기저기를 둘러보기 전에 할 일이 있었다. 현지 통신사 대리점에 들러 유심카드를 샀다. 한국 이동통신사의 무제한 로밍 서비스를 이용하면 하루에 1만 원 정도의 돈을 내야하지만, 러시아 통신사에서 제공하는 유심카드로 갈아 끼우면 저렴한 요금으로 자유롭게 인터넷과 전화를 사용할 수 있다. 주의할 것은 이때 한국에서 쓰던 전화번호는 무용지물이 되고 새로운 전화번호를 부여받는다는 점이다. 어차피 대화 앱이 대세인 시대라 전화번호가 바뀌는 것은 아무 문제가 아니었다. 나는 러시아 전역에서 데이터 사용이 가능한 350루블(7,000원)짜리 요금제를 골랐다. 여기에 유심카드 값 100루블(2,000원)을 더해 450루블을 냈다. 한화 9,000원 정도로 러시아 통신망을 자유롭게 이용할 수 있게 되었다. 대리점 직원은 세 명의 여권을 받아 일일이 서류를 작성하고 전화가 개통될

때까지 꽤 오랜 시간 작업했다. 우리 뒤에 온 손님은 일이 어떻게 진행되는지 궁금하지도 않은지 무감한 낯빛으로 잘도 기다렸다. 한국 같으면 금세 끝났을 일이었고 이 정도로 오래 기다려야 한다면 대개는 못 참고 나가 버렸을 것이다. 한국 사람에게는 어디를 가나 유효한 말이겠으나, 특히 러시아에서는 기다릴 줄 알아야 한다. 마침내 모든 준비를 마친 휴대전화로 지도 앱과 번역 앱을 작동해 보았다. 잘 구동됐다. 천군만마를 얻은 기분이었다.

## 한인들이 일궜던 개척리 거리에 서다

어제 갔던 개척리 길로 지도 앱을 켜고 걸었다. 오늘의 첫 번째 목적지인 해양 요새 박물관이 해양공원에 있기 때문이다. 머리 위에 뜬 태양이 아침부터 뜨거운 열기를 내뿜고 있었다. 그렇게 습하지 않아 그늘에라도 들어가면 그럭저럭 견딜 만한 것이 그나마 다행이었다. 어쨌든 만만치 않은 하루가 될 조짐이 보였다.

믿었던 지도 앱이 우리를 엉뚱한 곳으로 안내했다. 지도의 붉은색 풍선 한가운데에 와있는데도 출입문이 굳게 닫힌 목조건물이 모여 있는 골목길을 한동안 헤매야 했다. 걸어서 블라디보스토크를 안내한다는 여행서의 간이 약도 역시 불친절하긴 마찬가지였다. 우리는 책에 나온 해양 요새 박물관의 사진이 바다를 바라보고 있는 점에 기대어 일단 바닷가로 나가 보기로 했다. 신의 한 수였다. 행인에게 길을 물은 끝에 박물관을 금방 찾을 수 있었다. 박물관은 어제 오후 몇 차례나 지나다니던 길에 있었다. 오전부터 에너지를 너무 많이 소모해 버렸다.

——— 해양공원에서 바라본 아무르만의 석양

　요새 박물관은 말 그대로 요새 자체였다. 아무르만이 보이는 언덕 위에 거대한 콘크리트 포대와 방벽을 만들고 대공포와 대함정용 대포를 설치했다. 콘크리트 방벽 안은 군인들의 생활공간이었던 곳이다. 방벽 안 격실에는 한 세기 전부터 비교적 가까운 과거까지 쓰였던 각종 무기와 관련 사진 자료들이 전시되어 있었다. 이 중에는 독립군이 청산리 전투에서 사용했다는 무기도 있었다.

　격실 안쪽에서는 블라디보스토크에 정착한 한인 가족의 모습이 담긴 사진도 볼 수 있다. 사진 속 한인 가족은 노인부터 장년과 아이

요새 박물관 안에 보존된
초기 한인 이주 가족의 모습

들까지 삼대가 모여 살았던 것으로 보인다. 이들은 나무 막대가 얼기설기 섞인 흙집 앞에 쪼그리고 앉아 있다. 험한 시베리아 이주 생활에서 그나마 번듯한 집을 가진 가족이 카메라 앞에 자세를 취했을 것이다. 얼굴에 환한 미소를 짓고 있는 이들에게서 삶을 낙관하는 사람의 넉살이 고스란히 전해졌다.

방벽 위 포대에 서면 해양공원을 끼고 있는 아무르만의 넓은 바다가 한눈에 보인다. 바다 저 멀리 정체불명의 함대가 나타나면 비상 사이렌이 울림과 동시에 병사들이 저마다 맡은 자리로 달려갔을 것이다. 용감한 군인이라고 치켜세워지던 병사들이라지만 속으로는 두려움에 잠겨 숨죽여 첫 포성을 기다렸을 것이다. 하지만 이 요새에서 적과의 교전이 일어난 적은 없었다고 한다.

해양공원에서 나와 옛 개척리였던 현재의 포그라니치나야 거리에서 이어지는 길을 따라 걸었다. 포그라니치나야 거리가 시작되는 언덕길에 있는 사거리에서 내리막길을 내려다보면 왼쪽으로는 해양공원으로 향하는 길이, 정면으로는 길게 이어진 대로가 보인다. 바로 이 지점에서 손가락을 카메라 뷰파인더 모양으로 만들어 다시 내려다보면 100년 전 사진의 프레임이 만들어진다. 한 장의 흑백사진으로 남은 개척리의 모습이 곳곳에 남아 있다. 사진 속 건물 중에는 지금도 사라지지 않은 것이 있다. 안중근, 장지연, 최재형이 걸었던 길이다.

## 한인 마을 신한촌

시간은 벌써 정오를 넘겼다. 머리 위로 찌는 태양이 자꾸만 다리를 붙들었다. 우리는 건물의 그늘을 따라 발걸음을 옮겼다. 다음 목적지는 신한촌이었다. 지도 앱은 해양공원에서 약 3.5킬로미터 떨어진 목적지까지 길을 안내하기 시작했다.

1911년 한인들은 러시아 당국에 의해 개척리에서 쫓겨났다. 장티푸스가 퍼지는 것을 방지한다는 게 명분이었지만, 극동의 중요성을 알게 된 러시아의 눈에 해안가 요지에 자리 잡은 개척리의 입지가 탐났을 것이다. 러일전쟁에서 패배한 러시아는 해안 요새를 강화해 일본을 비롯한 외세의 공격에 대비해야 했다. 러시아 기마병 병영이 개척리에 들어섰고, 이주 기한이 다가오자 기마병들을 선두로 한 러시아 군대가 한인들을 몰아냈다. 기마병들의 말발굽 소리가 한인들에게 살벌한 위협으로 다가왔을 것이다. 나는 러시아 병사들에 쫓겨 삶의 터전을 떠나야 했던 한인 디아스포라들의 길을 따라 걸었다.

철길을 가로지른 후 오른쪽으로 휘어진 언덕길을 따라 올라가면 대학 캠퍼스가 나온다. 정문을 지나 조금 더 가다가 사거리에서 길을 건너면 공원 입구에 포크롭스키 정교회 성당이 서있다. 대학교와 포크롭스키 성당 사이의 큰 도로가 블라디보스토크의 중심가 중 하나인 오케얀 거리다. 성당 앞 버스 정류장에는 제법 많은 사람이 버스를 기다리고 있었다. 짧은 영어라도 통할 것 같은 여학생에게 지도를 들고 다음 목적지에 가는 길을 물어봤다. 그는 친절하게도 현재 위치를 지도 위에 짚고는 가야 할 방향을 알려 주었다. "스파시바!" 연신 고맙다는 인사를 하고는 길을 재촉했다. 이미 탈진 상태에 다다른 일행들은 불평할 힘도 없어 보였다. 그나마 다행인 것은 다음 목적지인 신한촌 입구까지는 계속 내리막길이었다. 10분여를 걸은 끝에 마침내 신한촌으로 올라가는 삼거리에 도착했다.

# 타임머신 같은
# 도시

**대한민국 초대 국무총리를 아시나요?**

1911년 개척리에서 쫓겨난 한인들이 걸어서 도착한 길 끝에는 작은 민둥산이 놓여 있었다. 삼거리에서 산을 따라 나 있는 길이 하바롭스크 거리다. 이 산등성이에서 한인들은 맨손으로 정착할 터를 만들어야 했다. 다시 오르막길이 시작됐다. 우리는 진즉에 나란히 걷던 대형을 포기하고 일렬로 걷고 있었다. 시간이 지날수록 간격이 넓어졌다. 뒤를 돌아보면 폭염에 이글거리는 아스팔트의 아지랑이 뒤로 사막 횡단자의 얼굴로 따라오는 친구들이 보였다. 한여름 머나먼 타향에서 사람을 제대로 잡는다 싶었다. 무거운 발걸음으로 7분 정도 올라가니 신한촌을 가로지르는 하바롭스크 거리 정상에 다다랐다. 길가에는 '엘레나'라는 이름의 슈퍼마켓이 있었다. 바로 이 자리가 이동휘의 집이 있던 곳이다.

이동휘는 사관 양성소를 졸업하고 육군 장교로 강화도 진위 대장까지 승진했지만 일본의 침탈이 가속화되자 군을 나온다. 그는 보창학교를 설립하고 후학 양성에 매진하던 중 일본의 정미7조약과 군대해산에 반발해 일어난 강화도 군민 봉기의 배후 조종 혐의로 체포된다. 이후 체포와 석방을 반복하던 이동휘는 1912년 6월 인천 무의도에서 유배가 해제되자 1913년 2월 압록강을 넘어 북간도로 탈출한다. 이동휘가 연해주에 당도한 것은 그해 10월. 1913년 10월 12일 신한촌에서는 이동휘의 환영식이 열렸다. 연단에 오른 이동휘는 조선 독립을 위해 모두가 단결할 것을 호소했다. 당시 연해주에는 양반과 천민, 경기·충청·평안·황해·함경 출신들이 계급과 지역에 따라 파벌을 형성해 다투고 있었다. 이동휘는 파벌과 분열을 극복하고 한마음으로 조선 독립을 위해 싸우자며 동포들을 설득했다.

시베리아와 만주를 누비며 조선 독립을 위해 싸우던 이동휘는 시대의 조류에 따라 사회주의에 눈을 떴다. 그가 보기에 제국주의 일본의 폭압 통치를 물리치고 99퍼센트 민중의 해방을 이루는 길로 사회주의 노선만큼 분명한 것이 없었다. 1917년의 러시아혁명은 이동휘에게 희망의 불빛이 되었다. 1918년에는 하바롭스크에서 사회주의자이자 독립투사인 김 알렉산드라와 함께 한인사회당을 발족했다. 이동휘는 1919년의 3·1운동을 계기로 그해 8월 상하이로 건너가 대한민국임시정부의 초대 국무총리가 되었다.

이동휘가 걸었을 거리를 찬찬히 훑어보았다. 지금은 새로 지은 아파트들이 줄지어 늘어서 있지만 100년 전엔 한인들로 가득 찬 거리였다. 엘레나 상점 맞은편엔 스탈린 구락부가 있었고 그 안에 1925년 이동휘가 일했던 고려 도서관이 있었다. 한인들은 이곳에 모여 3·1절이며 노동절을 기리는 기념식을 열었고 중요한 일이 있을 때마다 회합했다. 신한촌 하바롭스크 거리에서 제일 높은 곳이자 중심이라 통문을 보내면 어디서든 쉽게 모여들었기 때문이리라. 이곳에는 소학교도 있었다. 다가올 독립을 위해서라도 미래를 책임질 아이들을 잘 가르쳐야 한다는 것이 한인들의 공통된 합의였다. 소학교 터에서 조금 아래로 발걸음을 옮기면 1920년 한인들이 세운 독립문이 있던 자리가 나온다. 서울의 독립문처럼 웅장한 석조 건축물은 아니었지만, 신한촌 한인들의 염원을 담은 문이었다. 그러나 이동휘 생가를 비롯한 한인촌의 흔적은 이제 어디에서도 찾을 수 없다. 하바롭스크 거리 언덕 아래 만들어진 신한촌 기념비만이 이곳이 한때 한인들의 터전이었음을 알린다. 무심하게 서있는 건물과 나무들이 세월의 무상함을 절감하게 했다.

> 우리 스스로에게 예전 사람들을 맴돌던 바람 한 줄기가 스치고 있지 않은가? 우리가 귀를 기울여 듣는 목소리들 속에는 이제는 침묵해 버린 목소리들의 메아리가 울리고 있지 않은가? ⋯⋯ 만약 그렇다면 과거 세대의 사람들과 우리 사이에는 은밀한 약속이 있는 셈이다. *

신한촌 거리야말로 발터 벤야민이 말한 '은밀한 약속'의 시공간이 아닐까.

---

* 발터 벤야민, 『역사의 개념에 대하여 / 폭력비판을 위하여 / 초현실주의 외』, 최성만 옮김, 길, 2008, 331쪽.

## 신한촌의 비극

한인들의 보금자리였던 신한촌은 디아스포라들이 모여 사는 마을이 당할 수밖에 없었던 비극의 역사를 가진 곳이기도 하다. 첫 번째 비극은 1920년 4월 5일 새벽에 일어났다. 볼셰비키는 1917년 혁명에 성공했지만 아직 러시아 전체를 장악한 것은 아니었다. 혁명을 무력화하려고 나선 옛 권력의 수혜자들이 반혁명군을 조직했다. 이름하여 백위군이었다. 사회주의의 기치를 내건 혁명군이 적기를 상징으로 삼았기에 두 세력의 싸움을 '적백 내전'이라 부른다. 황제가 살았던 페테르부르크와 모스크바 같은 도시에서 혁명 세력이 우세였던 것과 달리 러시아 동쪽으로 갈수록 적백 내전이 치열하게 전개됐다. 블라디보스토크도 적백 내전의 최전선이었다.

조선 독립을 지지하는 한인의 상당수는 식민지 약소민족의 해방을 공언한 적군의 편에 섰다. 일본이 백군을 지원했고, 혁명을 사수하고자 나선 볼셰비키와 조선 독립 투쟁에 나선 한인들이 함께 백군과 일본군에 맞서 싸웠다. 1920년 연해주와 블라디보스토크는 적군이 품은 지역과 일본군과 백군이 장악한 지역으로 나뉘어 있었다. 양쪽은 서로 견제하며 크고 작은 전투를 벌였다.

1920년 4월 5일 자정이 지난 시간, 신한촌의 어둠을 가르는 그림자들이 있었다. 일본군 하사가 이끄는 열두 명의 정찰병이었다. 이들은 신한촌 곳곳을 정탐하며 적군의 병력 규모와 위치를 파악한 뒤 돌아갔다. 새벽 네 시, 정적을 울리는 총성을 시작으로 일본군의 작전이 시작됐다. 특공 소대가 한민학교에 주둔하고 있는 적군 부대를 습격했다. 당시 러시아 적군 병사들은 한인들이 세운 한민학교를 중심으로 대한국민의회와 한인사회당의 경계를 맡고 있었다. 일본군은 경비병들을 제압한 뒤 잠들어 있던 적군들을 포로로 잡았다. 이어 일본군 지원 병력이 집집이 들이닥쳐 한인들을 잠에서 깨웠다. 일본군을 습격한 불순분자와 무기들을 찾는다는 명목이었다. 신한촌의 새벽은 아비규환이 되었다. 일본군이 먼저 끌려온 한인들을 학교에 몰아넣고 불을 질렀다. 벤젠을 뿌려둔 학교 건물이 활활 타올랐다. 한인들의 주택도 방화 대상이었다. 도망치려 하거나 반발의 기색이 보이면 여지없이 칼날이 번쩍이고 총탄이 날았다. 러시아 신문 『크라스노예즈나미야』는 "이튿날 아침에 큰 마당과 큰 거리에 주검이 산과 같으며, 육축도 많이 쓰러졌고, 온전한 집이 하나도 없으니 그 참혹한 광경을 눈으로 볼 수 없었다"라고 당시의 상황을 기록했다.

1920년 4월의 비극은 신한촌에서만 일어난 일이 아니었다. 일본군의 습격이 연해주 일대를 휩쓸었다. 한인들이 흩어져 있던 지역, 적군과 연합해 항일 투쟁에 나섰던 도시마다 학살극이 자행됐다. 우수리스크에서는 연해주 항일 독립운동의 대부 최재형이 일본군에 끌려가 살해되었다. 일본군이 체포한 세르게이 라조, 스비르체프 같은 적군의 지도자들이 백군에 넘겨졌고, 백군은 이들을 기관차 화통에 산 채로 밀어 넣었다. 일본군은 사로잡은 혁명군과 한인들을 철도 레일 조각에 묶어 우수리만 바다에 던져 버렸다. 신한촌은 참변 이후 내전이 끝나는 1922년까지 아무런 희망을 찾을 수 없는 어둠의 마을이었다.

## 세울스카야의 외딴집

엘레나 상점 옆에 작은 샛길이 나 있다. 언덕 아래로 이어진 이 길 양옆으로 주택단지가 있다. 더운 날씨에도 놀이터에서 꼬마들이 놀고 있었다. 나침반을 열 듯 지도 앱을 작동해 길을 찾았다. 한적한 주택단지를 지나다 결혼식을 앞둔 신랑 신부를 만났다. 우리가 축하의 미소를 건네자 신랑이 손짓하더니 우리에게 샴페인을 따라 주었다. 한여름의 뙤약볕 아래 맛보는 샴페인에 저절로 입꼬리가 올라갔다. 카메라를 든 나를 향해 신랑 신부가 포즈를 취해 주었다. 두 사람의 입맞춤을 카메라에 담았다.

다시 길을 나섰다. 몇 차례 헤매긴 했지만 곧 목적지를 찾을 수 있었다. 창고들이 늘어선 거리 끝에 버려진 듯한 집이 한 채 서있었다. 사진으로는 수십 번을 족히 봤던 집이어서 처음 온 것 같지 않게 눈에 익었다. 처마 끝에 붙은 명판을 확인했다. 색이 바랜 노란색 패널 위에 붉은색 글씨로 'СЕУЛЬСКАЯ'라고 쓰여 있었다. 러시아 문자인 키릴문자에서는 С가 'S' 발음이다. У는 모음 'ㅜ', Л는 'ㄹ', Я는 'ㅑ'의 음가를 갖고 있다. 이것들을 대입하면 "세울스카야"가 된다. 서울 거리라는 뜻이다. 글자 위에 붙은 숫자 '2A'를 종합하면 세울스카야 2A번지, 즉 서울 거리 2A번지가 된다. 서울에서 이역만리 떨어진 연해주 땅 블라디보스토크에 '서울'이라는 이름의 거리가 있다니. 이곳에 살던 한인들은 고국의 도시 이름을 따와 자신들이 사는 이국의 거리에 붙였다. 나고 자란 땅에 대한 그리움과 애정이 거리 이름으로 남았다. 집 마당에는 불에 탄 창고가 있고 그 앞에 온갖 쓰레기 더미가 널려 있었다. 당장 철거된다고 해도 하나도 이상하지

—— 세울스카야의 흔적이 남아 있는 집

않을 모습이었다. 한국 정부가 나서 집을 보전한다는 소문이 무성했지만 어떻게 일이 진척되고 있는지는 감감무소식이다. 한식 세계화를 지원한다며 미국 대도시 한복판에 한국 음식점을 여는 비용을 기꺼이 감당했던 정부를 생각하며 상실의 거리를 걸었다. 한국 정부가 역사로부터 진정 교훈을 얻고자 한다면 블라디보스토크의 세울스카야 집을 보전해야 하지 않을까? 없어져도 좋은 낡은 집 한 채라고 치부하기에는 이 거리가 품은 이야기가 너무도 애틋하다.

## 신한촌 기념비를 지키는 이베체슬라브 씨

무거운 마음으로 발길을 돌렸다. 세울스카야 2A번지 집에서 5분 정
도 걸으면 다시 하바롭스크 거리를 만난다. 언덕 위로 향하는 오르
막길 초입에 철제 난간으로 둘러진 작은 정원이 보인다. 정원 안에
는 세 개의 석조 기둥이 서있다. 바로 신한촌 기념비다.

　신한촌 기념비는 1999년 광복절에 3·1운동 80주년을 기념해 해외
한민족연구소가 세웠다. 세 개의 기둥은 각각 서울의 한성정부, 상
하이임시정부, 연해주의 대한국민의회를 의미한다. 이는 남과 북,
만주와 시베리아 각지에 사는 한인들을 뜻하기도 한다. 어떤 의미이
든 수난의 시대 한인들의 삶을 기념하는 비가 세워진 것은 '잊지 않
기' 위한 소중한 작업이었다. 어색하게도 전경련(전국경제인연합회)이
기념비 건립에 협찬했다. 한국 사회에서 극우 이념을 배타적으로 지
지하는 대표적 단체가 신한촌의 해방 정신을 기리는 비 건립에 참여
한 것은 역사가 던져 주는 아이러니이다.

　기념비 옆에 딸린 작은 관리실에서 관리인이 나와 우리를 맞았다.
이베체슬라브 씨다. 고려인 동포인 그는 안중근의 조카로 알려져 있
기도 하다. 그는 중풍을 앓아 말을 제대로 하지 못하지만 손짓으로
관리실 안의 여러 사진을 설명했다. 이베체슬라브 씨의 책상 뒤편에
는 청와대에서 찍은 단체 사진이 걸려 있었다. 그는 고 노무현 대통
령 뒷줄에 긴장한 얼굴로 서있는 사람을 손으로 가리키며 자신임을
알려 주었다. 그의 몸짓과 표정에서 대통령과 함께했다는 자부심이
묻어나왔다. 그러나 대륙으로의 연결은커녕 당장이라도 한 판 붙을
것 같은 분위기가 이어지고 있는 최근 남북의 현실이 연해주 동포들

을 초청해 찍은 청와대의 사진을 비현실적으로 보이게 했다. 이베체슬라브 씨는 평일 오후 4시까지 신한촌 기념비가 있는 정원을 돌보다 퇴근한다. 신한촌 기념비는 4시 이전에 방문해야 그 안을 둘러볼 수 있다. 4시 이후에는 철제문이 잠겨 밖에서만 볼 수 있다. 방명록에 글을 남기고 약간의 기부금을 놓은 뒤 길을 나섰다. 다시 내리막길을 따라 걸었다. 가로수의 그늘이 그나마 찜통 속의 행군을 버티게 해주었다. 이곳 하바롭스크 거리를 걸었을 한인들을 생각하다가 한 커플을 떠올렸다.

## 주세죽, 박헌영, 선우섭

이 거리 어딘가에 선우섭의 집이 있었다. 후쿠오카 경찰 당국의 정보 문서에는 선우섭의 현주소가 '블라디보스토크 하바롭스카야가(하바롭스크 거리) 조선민회'로 되어 있다. 그는 김창이란 가명을 썼고 러시아 이름은 클리멘티 페트로비치였다. 선우섭은 독립운동에 헌신한 공로를 인정받아 2010년 대한민국 정부로부터 건국포장을 받았다. 국가보훈처 홈페이지에 등재된 설명에 따르면 그가 상하이임시정부와 블라디보스토크 사이의 메신저 역할을 맡았었고 1923년 4월 11일 고려공산당청년회 대표로 상하이국민대표회의에 참석했다고 나온다. 이는 아마도 이르쿠츠크파 고려공산당 상하이 지부의 고려공산청년동맹을 이르는 것 같다.

역사적으로 우리가 흔히 '공청'이라 약칭하는 고려공산당청년회는 1925년 4월 17일 조선공산당의 청년 조직으로 출범했다. 공청 설립의 주역은 박헌영이었다. 4월 18일 서울의 박헌영 집에 모인 조선의 혁명가들은 식민지 민중의 해방과 조선 독립을 위해 청년 조직 사업의 필요성을 절감하며 조선공산당의 청년 조직을 만들었다. 이 날 박헌영은 공청의 책임 비서로 선출되었다. 고려공산당청년회의 책임 비서 박헌영과 상하이와 블라디보스토크의 메신저 선우섭은 꽤 밀접한 관계였을 것이다. 어쩌면 블라디보스토크에 온 박헌영과 주세죽은 하바롭스크 거리에 있는 선우섭의 집에 머물렀을지도 모른다.

전격 출범한 조선공산당이 와해한 것은 어이없는 사건 때문이었다. 1925년 11월 22일 신의주 경성식당 2층에서 조선의 청년들이 결혼 축하연을 하고 있었다. 결혼 축하연이 흔히 그렇듯이 왁자지껄한 웃음이 끊이지 않았다. 이때 식당 주인이 올라와 아래층에 일본 순사가 있으니 조용히 해달라고 부탁했다. 식당 주인으로부터 일본 순사와 친일 조선인 변호사가 와있다는 말을 들은 조선인 청년들은 아래층으로 내려가 조롱하는 투로 일본 순사에게 술을 권했다. 이를 본 조선인 변호사가 예의 없음을 꾸짖는 순간 조선 청년들이 그에게 몰매를 놓았다. 출동해 관련자들을 연행하던 일본 경찰은 조선 청년 한 명의 소매 안쪽에 비친 붉은 완장을 놓치지 않았다. 대대적인 가택수색이 이어졌고, 그중 한 사람의 옷장에서 공청 책임 비서 박헌영이 상하이로 보내는 비밀문서가 발견되었다.

1925년 11월 30일 새벽 박헌영과 그의 아내 주세죽이 잠들어 있는 집으로 일본 경찰이 들이닥쳤다. 끌려간 박헌영은 혹독한 고문을 받았다. 이른바 조선공산당 사건이었다. 박헌영은 1927년 9월 재판이 시작된 후 2개월 만인 1927년 11월 22일 병보석으로 석방됐다. 잡혀

간 지 근 2년 만이었다. 박헌영의 석방 이유는 실성이었다. 간수들은 아무 때나 실없이 웃고 환영을 보며 대화하고 심지어 자신의 똥을 먹는 박헌영이 미쳤다고 생각했다. 박헌영은 뼈만 남은 산송장의 모습으로 교도소 문을 나왔다. 석방 소식을 듣고 달려온 기자들의 질문에 그는 멍하니 허공만 바라봤다. 아내 주세죽은 억장이 무너지는 걸 겨우 추슬러 남편을 맞이했다. 작가 심훈은 앙상한 몰골의 친구를 붙들고 통곡했다. 그러나 이는 모두 박헌영의 연극이었다.

박헌영은 경성의 정신병원에서 진료를 받고 요양한다는 명분으로 주세죽과 함께 아내의 고향인 함경도로 떠났다. 건강을 회복하기 위해 애쓰는 것처럼 보이려고 함경도의 온천과 사찰을 찾아다녔다. 시간이 지날수록 일본 경찰도 박헌영에 대한 감시의 고삐를 풀었다. 그도 그럴 것이 미치광이가 되어 부인에게 겨우 의지하는 박헌영에게 더는 경찰력을 낭비할 필요가 없었다. 박헌영 부부는 주세죽의 출산을 핑계로 함경도 함흥의 주세죽 친정집에 거처를 마련했다. 그러고는 과감히 탈출을 시도한다. 이때 주세죽은 만삭의 몸이었다. 박헌영의 최종 목적지는 블라디보스토크였다.

블라디보스토크로 간 두 사람의 경로에 대한 증언은 엇갈리고 있다. 실천문학사에서 2009년 출간한 안재성의 『박헌영 평전』은 함흥 지역의 여러 항일 운동가들이 사전에 박헌영 망명 작전을 모색했다고 한다. 그 결과 새로 개통된 함경선 철도로 두만강 하구까지 간 뒤 배를 타고 소련으로 넘어가는 계획을 세웠다. 함경선 철도 여행은 유명 배우이자 영화감독인 김용환의 힘을 빌리기로 했다. 1928년 9월 1일 개통하는 함경선의 기록영화 제작을 위해 제공된 열차의 연예단원 전용 칸에 부부를 태워 이동했다. 기차가 청진을 지날 즈음 주세죽의 양수가 터져 열차 안에서 딸아이를 출산했다. 부부는 신생아를 안은 채 두만강에서 나룻배를 타고 국경을 넘는다. 이 모습을 본 김용환이 시를 지었고 여기에 곡을 붙인 노래 〈눈물 젖은 두만강〉이 김용환의 동생 김정구에 의해 오케이 레코드사에 취입됐다고 전한다. 반면 동하에서 2016년 출간한 손석춘의 『코레예바의 눈물』에는 박헌영, 주세죽 부부가 함흥에서 작은 어선을 타고 밀항했다고 나온다. 블라디보스토크로 항해하는 동안 작은 어선의 선장은 부부가 예사롭지 않은 이들임을 간파하고 뱃삯을 극구 거절한다. 블라디보스토크에 도착하자마자 주세죽은 소비에트연방의 병원에서 아기를 출산한다.

아무리 일본 경찰의 감시망이 느슨해졌다고는 하지만 기자와 경찰들이 화장실까지 쫓아다녔던 박헌영이었다. 병보석 중의 밀항이라는 엄청난 작전을 함경도의 운동가들이 모의한다는 것은 위험한 일이었을 것이다. 이런 정보는 작은 실수로도 빠져나갈 수 있기 때문이다. 그렇다면 아무도 모르게 추진했을 가능성이 높다. 반면 함흥에서 블라디보스토크까지 선장 한 명이 모는 작은 어선을 타고 가는 길은 꽤 험난한 여정임이 틀림없다. 주세죽이 남긴 기록을 바탕으로 쓰였지만 『코레예바의 눈물』은 소설이다. 작가적 상상력이 혼재된 것이어서 진실이라고 단언할 수는 없다. 하지만 만약 주세죽이 바다를 건너 탈출했다는 기록을 어딘가에 남겼다면 당사자의 기억과 기록이라는 점에서 사실일 가능성이 커진다.

어쨌든 박헌영, 주세죽 부부는 블라디보스토크의 신한촌에서 살다가 갓난아기와 함께 혁명의 수도 모스크바로 향하는 시베리아 횡단 열차에 오른다. 신한촌의 하바롭스크 거리는 두 사람이 앞으로 겪게 될 비극을 모른 채 애틋한 사랑으로 함께 걸었던 길이었다.

## 페르바야레치카역으로 난 길

이제부터 걷는 길은 눈물의 길이다. 신한촌 하바롭스크 거리 끝에서 만나는 대로에서 왼쪽으로 꺾어 내려가다가 길을 건너 직진하면 작은 역이 나온다. 신한촌에서 700~800미터 되는 거리에 있어 천천히 걸어도 10분이면 도착하는 이 역의 이름은 페르바야레치카이다. 지금은 하루 몇 차례 통근 열차만 서는 역이다.

1920년 4월 참변이 신한촌의 첫 번째 비극이었다면, 두 번째 비극은 1937년 11월에 찾아왔다. 레닌이 죽은 뒤 소비에트연방의 권력을 장악한 스탈린과 공산당은 러시아 전역에 퍼져 있는 소수민족의 이주를 대대적으로 추진했다. 인간 해방을 천명했던 소련은 루비콘강을 넘었고, 전체주의는 착취를 없애고 인민을 위한다는 공산주의로 탈을 바꿔 썼다. 스탈린의 신격화가 급물살을 타면서 이성적 토론과 건강한 비판은 모조리 체제의 적으로 간주되며 통제되고 차단되었다. 스탈린과 당의 결정은 누구도 거스를 수 없는 대원칙이었다. 제국주의 일본으로부터 극동을 지켜 낸다는 명목으로 한인들의 강제 이주가 단행됐다. 연해주 곳곳에 있던 한인들과 마찬가지로 신한촌의 한인들은 보따리를 머리에 이고 아이들의 손을 잡은 채 하바롭스크 거리를 걸어야 했다. 개척리에서 쫓겨나 겨우 마련한 삶의 터전인 한인촌을 뒤로하고 역으로 끌려갔다. 페르바야레치카역으로 향하는 얕은 내리막길은 한적했다. 초록을 듬뿍 담은 나뭇잎들이 한 여름의 햇살을 산란시켰다. 나는 하바롭스크 거리에서 다 내려와 뒤를 돌아보았다. 수많은 한인이 떨어지지 않는 발걸음을 옮기며 나처럼 이 길을 뒤돌아봤을 것이다.

역에 도착하면 선로 위를 횡단하는 육교가 보인다. 선로 건너편으로 길게 이어진 육교 중간에 승강장으로 내려가는 계단이 나 있다. 선로에 화물 차량이 길게 꼬리를 물고 있었다. 유류 수송차, 컨테이너, 무개 화물차들이 모여 쉬고 있었다. 나는 육교 위에서 카메라를 들어 승강장과 선로의 모습을 찍었다. 지금은 콘크리트 승강장이지만, 1937년에는 다져진 돌과 흙으로 채워져 있었을 것이다. 걱정이 가득 담긴 표정으로 승강장에 서있었을 한인들을 떠올렸다.

## 블라디보스토크의 어깨에 오르다

페르바야레치카역에서 나와 버스가 다니는 큰길을 향해 걸었다. 녹초가 된 우리는 러시아의 패스트푸드 '로열버거' 매장으로 들어가 시원한 에어컨 바람에 몸을 추스른 후 매장 앞에 서있던 택시와 택시비를 흥정했다. 독수리 전망대가 인쇄된 사진을 보여 주고 "스콜카?(얼마입니까?)"라고 물으면 택시 기사가 손가락 세 개를 든다. 300 루블(6,000원)이라는 뜻이다. 이때 고개를 가로저으며 손가락 두 개를 들면 된다.

택시는 번잡한 거리를 달려 블라디보스토크에서 제일 높은 언덕에 도착했다. 언덕 위에 키릴 형제의 동상이 서있었다. 십자가와 러시아 문자가 담긴 책을 들고 있는 형제는 한국으로 치면 세종대왕

—— 독수리 전망대에서 내려본 블라디보스토크 항구의 겨울 풍경

같은 존재다. 러시아 사람이 마음껏 글을 쓸 수 있도록 문자를 만든
성인들이다. 메소포타미아와 고대 그리스에 뿌리를 둔 알파벳을 쟁
반에 담아 러시아로 들이던 키릴 형제는 발을 헛디디는 바람에 들고
있던 쟁반을 떨어뜨렸다. 이 과정에서 알파벳이 섞여 영어의 음가와
는 완전히 다른 문자가 만들어졌다는 우스갯소리가 있다. 한국 사람
들이 러시아 문자를 영어식으로 발음하면 현지인들이 못 알아듣는
이유다.

독수리 전망대에 서면 블라디보스토크의 극동함대 사령부 건물

과 부두에 정박한 거대한 군함들을 한눈에 내려다볼 수 있다. 항구를 따라 눈길을 옮기다 보면 블라디보스토크역도 보인다. 무엇보다 2012년 아시아태평양경제협력체 개최에 맞춰 놓인 금각만 대교(블라디보스토크 대교)의 위용이 대단하다. 산으로 둘러싸인 항구와 역, 바다를 가로지르는 교각이 다시 부산을 떠올리게 한다. 독수리 전망대 아래에는 기념품 판매점이 있다(지금은 항구 쪽 혁명 광장 끝으로 자리를 옮겼다). 작은 공간이지만 블라디보스토크의 관광객이라면 한 번씩 꼭 들르는 곳으로, 늘 붐빈다. 구소련 시절의 향수를 불러일으키는 물건부터 러시아를 상징하는 여러 물건이 진열장을 채우고 있다. 가족과 친구들을 생각하면서 이것저것 만져 보다가 눈을 질끈 감았다.

전망대 언덕에서 계단으로 내려오면 바로 아래 과학기술대학박물관이 있다. 이 건물을 끼고 20미터쯤 들어가면 작은 정원이 나온다. 이곳에 한국 근대문학의 선구자로 불리는 조명희의 시비가 서있다. 조명희는 블라디보스토크와 하바롭스크를 오가며 글을 무기 삼아 조선 독립을 위해 투쟁했다. 그러다 1937년 11월 대숙청이 벌어지던 스탈린 시기, 동지라 여겼던 소비에트군에 의해 반동 혐의로 총살당했다. 비운의 작가를 기리는 돌 비석은 아무 말 없이 대학 박물관 뒤편의 잔디밭에 서있었다. 교과서에조차 등장하지 않는 조명희의 삶과 죽음이 시베리아의 많은 독립 운동가처럼 망각의 섬에 유배되어 있었다.

## 혁명의 시대를 지나온 광장

조명희의 비석을 뒤로하고 언덕을 내려가는 산악 열차(후니쿨라)를

—— 혁명 광장의 전사들

타려고 탑승장으로 갔다. 산악 열차는 블라디보스토크의 푸시킨 거리에서 독수리 전망대로 가는 이들을 위해 언덕 경사로에 만든 한량짜리 열차이다. 15루블(300원)의 요금을 차장에게 내고 자리를 잡았다. 운행 시간은 2분도 채 안 되는 듯했다.

열차에서 내려 여러 대학이 몰려 있는 한산한 길을 걷다 보면 내리막길이 나온다. 이 길을 따라 내려가면 금각만 대교의 교각을 만난다. 거대한 콘크리트 구조물을 머리 위에 이고 있는 기분을 뒤로하고 건널목을 건넜다. 여기서 블라디보스토크역 방향으로 가다가 처음 만나는 사거리에서 좌회전한 후 조금 더 내려가면 바닷가와 맞닿는 길이 나온다. 이곳에 제2차 세계대전의 참전 용사를 기리는 '영원의 불꽃'과 실제 잠수함을 박물관으로 개조해 놓은 C-53 잠수함 박물관이 있다. 잠수함 박물관 옆은 러시아 극동함대의 사령부 건물이다. 사령부 건물 앞 항구에는 거대한 러시아 해군 함정이 정박해 있었다. 냉전 시대 미국과 군비 경쟁에 나선 러시아의 해군 전력 핵심 기지였던 블라디보스토크는 1991년까지만 해도 외국인의 출입이 제한된 보호구역이었다. 그 위상을 자랑하듯이 여러 척의 해군 함정이 항구에 닻을 내리고 있었다.

극동함대 사령부 건물에서 역을 향해 5분 정도 걸으면 혁명 광장이 나온다. 대로와 맞닿은 광장의 끝에 커다란 조형물이 서있다. 1917년 볼셰비키 혁명에서부터 반혁명 세력인 백군을 물리친 1922년까지, 내전 승리의 역사를 상징하는 건축물이다. 중앙에는 진군나팔과 깃발을 움켜쥔 적군 병사의 거대한 동상이 서있다. 동상 좌우에는 기관총과 소총으로 무장한 전사들이 앞을 바라보고 있다. 관광객을 제외하고는 아무도 주목하지 않는 조형물이 혁명의 시대가 지났음을 말해 주는 듯했다.

# 세울스카야 (서울 거리)

신한촌에 있는 옛집으로, '서울 거리'라는 이름과 주소가 아직도 붙어 있다. 2015년부터 매년 찾아갔는데 갈 때마다 창고가 늘어선 길 끝에 버려진 듯 서있었다. 2017년 6월 방문했을 때는 집 앞 잡동사니가 치워지고 보수 작업이 이뤄지는 듯했으나 이후 언론에서 철거 가능성이 보도됐다. 보수와 보전의 길은 없는지 안타까울 뿐이다.

**주소** | СЕУЛЬСЛАЯ ул./Seulskaya ul. Vladivostok
**가는 법** | 오케얀 거리에서 시작되는 하바롭스크 거리가 언덕으로 이어지면 이 언덕 정상과 그 주변이 신한촌이다. 언덕 꼭대기의 엘레나 상점 옆 계단을 따라 약 5분 정도 내려가면 된다.

# 횡단 열차
# 대사건

## 북한 노동자를 만나다

완전히 탈진했다. 찌는 태양에 달궈진 광장의 열기가 신발 밑창을 뚫는 듯했다. 이미 수십 킬로미터를 걸어온 몸이 행군을 거부하고 있었다. 혁명 광장을 떠나 블라디보스토크역 앞 카페에 들어갔다. '리퍼블릭'이라는 카페 이름이 마음에 들었다. 편안한 의자에 앉아 에어컨 바람을 쐬었더니 살 것 같았다. 아이스 아메리카노를 마시기로 했다. 계산대에 가서 주문했더니 그런 건 없다는 답이 돌아왔다. 생각해 보니 햄버거집에서도 얼음이 담긴 음료는 팔지 않았다. 뜨거운 김이 올라오는 커피는 입에 대기도 싫었다. 다시 계산대로 가 번역 앱에 '얼음'이라고 친 다음 보여 줬다. 카페 직원은 유리컵에 얼음을 담아 주면서 별도의 얼음값을 요구했다. 그렇게 받은 세 컵의 얼음 위에 뜨거운 커피를 부었다.

　호텔에 맡겨 놓은 짐을 찾아 역으로 향했다. 역 앞 슈퍼에서 맥주와 간식거리를 챙긴 후 열차가 기다리는 승강장으로 향했다. 드디어 시베리아 횡단의 대장정이 시작되었다. 열차는 진즉 도착해 승객들

—— 북한 노동자들은 열차 안에서 평양에서 싸온 도시락을 풀었다.

을 태우고 있었다. 차장이 여권과 승차권의 인적 사항을 일일이 대
조한 뒤 승객을 태웠다.

  시베리아 횡단 열차의 삼등석 통로는 비좁았다. 앞뒤로 배낭을 멘
내 모습이 거북이 같았다. 다들 서둘러 자리를 잡았는지 객실 안이
이미 꽉 차 있었다. 출입문으로 들어가 차장실을 지나면 통로 양쪽
으로 침대가 늘어서 있다. 이런 구조의 객차에서는 들고 나는 사람
들 모습을 본능적으로 살피게 된다. 좌석을 확인하기 위해 침대 번
호를 들여다보며 통로를 지나려는 순간 깜짝 놀라 입을 다물지 못했
다. 나와 마주친 사람도 눈이 휘둥그레지긴 마찬가지였다. 아주 잠

깐 객차 안에 정적이 감돌았다. 나는 고개를 돌려 뒤따라오던 일행
에게 속삭였다. "대박이다!"

열차는 정시에 출발했다. 2015년 6월 19일 12시 10분, 블라디보
스토크에서 출발한 노보쿠즈네츠크행 207 열차가 기적을 길게 울리
며 승강장을 벗어났다. 러시아의 모든 열차는 모스크바의 시간대를
기준으로 하므로 모스크바와 7시간의 시차가 나는 블라디보스토크
의 현지 출발 시각은 19시 10분이었다. 열차는 이내 블라디보스토크
시내를 벗어나 북태평양이자 동해의 북쪽 끝과 맞닿은 아무르만의
수평선이 보이는 해안 선로를 달렸다.

그리고 '플라즈카르타'라고 부르는 6인실 객차의 8번째 구획에,
눈만 마주쳐도 헛웃음을 날리거나 창밖 풍경을 보며 멋쩍음을 달래
는 이들이 앉아 있었다. 블라디보스토크에서 이르쿠츠크로 향하는
시베리아 횡단 열차에서 남조선과 북조선의 대표가 만났다.

### 남조선은 염치가 없어 거절을 안 합니다

해안을 벗어난 열차는 북으로 머리를 틀어 시베리아의 품을 향하고
있었다. 우리 구역 동포들이 주섬주섬 탁자 위에 먹을 것을 꺼내 놓
았다. 도시락이었다. 김밥, 전, 김치, 떡 등 각자 싸 온 음식들이 모습
을 드러냈다. 한 동포가 "맛 좀 보시라요. 넉넉히 싸 와서 양은 충분
합네다"라며 음식을 권했다. 의례적인 제안이었지만 순박한 인심이
느껴졌다. 밥을 함께 먹는 것만큼 친구가 되는 빠른 길은 없다. 나는
덥석 말을 받았다. "남조선은 자본주의 사회라 염치가 없어 거절을
안 합니다. 하하. 우리 북조선 음식 한번 먹어 보자구!" 일행을 부추

겨 탁자에 달라붙었다. 함께 먹길 권했던 북조선 동포가 잠깐 당황스러운 표정을 지었으나 이내 자리를 내주었다. 드디어 한 식구가 되는 관문을 넘어섰다. 살짝 곁눈질해 보니 남북의 철도 여행자가 어울리는 모습을 주변의 북쪽 동포들이 황망한 눈길로 쳐다보고 있었다.

저녁을 함께 먹다가 열차에 탄 북한 동포들의 정체를 알게 되었다. 24명이 한 팀을 이루어 이르쿠츠크로 3년간 외화벌이를 떠나는 노동자들이었다. 노동자들은 평양에 살고 있다고 했다. 이날 오후 고려항공편으로 평양 순안 공항을 출발한 이들은 블라디보스토크 공항에 도착하자마자 곧장 기차역으로 이동해 열차에 올랐다. 우리가 먹은 음식은 평양에서 온 것들이었다. 해외로 일하러 가는 아버지와 자식을 위해 가족들이 준비한 도시락이었다. 얼마나 특별한 음식인지 짐작할 수 있었다. 디저트로 작게 포장된 초콜릿 바를 돌렸다. 입을 오므리며 달콤한 초콜릿을 씹는 모습은 남북이 다를 바 없었다.

차장이 열차 안을 순회하며 열차 내 금연을 강조했다. 오직 열차가 정차한 역 승강장으로 나가야 흡연할 수 있었다. 골초들에게는 금연은 견디기 힘든 일이다. 게다가 무더위가 기승을 부리며 여행자의 에너지를 하염없이 빼앗고 있었다. 그게 아니더라도 무엇이든 이유를 만들어 냈을 골초들이 객차 연결 통로로 우르르 몰려갔다가 차장에게 들켜 한 번만 더 걸리면 명시된 벌금을 부과하겠다는 경고를 들었다. 어느새 다음 정차 역까지 얼마나 남았는지가 최대의 관심거리가 되었다.

두 시간여를 달린 열차가 정차를 위해 속도를 줄였다. 당장이라도 내릴 준비가 되어 있던 승객들이 담배와 라이터를 챙겨 출입구 쪽으로 줄을 섰다. 열차가 정차한 곳은 우수리스크역이었고, 정차 시간은 단 7분이다.

## 100년 전 열차의 승객들

블라디보스토크에서 북쪽으로 약 112킬로미터 떨어진 곳에 있는 우수리스크는 시베리아 횡단철도와 중국으로 가는 철도가 갈라지는 분기점이다. 북쪽으로 계속 달리면 하바롭스크로 이어지는 횡단철도 본선이고, 서쪽으로 가면 중국 국경을 넘게 된다. 연해주 한인들의 주요 거점 중 하나였던 우수리스크에서 하얼빈으로 이어지는 철도는 러시아가 시베리아 횡단철도 노선을 단축하기 위해 청나라로부터 부설권을 얻어 건설한 동청철도 노선이었다.

1909년 10월 21일 아침 블라디보스토크에서 우편열차를 타고 우수리스크에 도착한 안중근과 우덕순은 중국 국경을 넘기 위해 열차를 갈아타야 했다. 안중근은 우수리스크역에서 120킬로미터 떨어진 포그라니치누이역까지 가는 이등석 차표를 끊었다. 중국(청나라)의 관할인 포그라니치누이역에서 국경 통과를 위한 세관 검사를 할 때 이등석 이상의 승객은 짐 검사를 따로 하지 않았기 때문이다. 그들은 포그라니치누이역에서 다시 삼등석 열차로 갈아탄 뒤 550킬로미터를 달려 하얼빈으로 갔다.

1909년 간도와 만주를 품은 러시아와 중국의 접경 지역은 여러 국적의 사람이 다양한 이해관계로 섞여 있었다. 기울어 가는 나라를 지켜보며 울분에 찬 조선인, 삶의 터전에서 쫓겨나 유랑하는 조선인, 만주에 침을 흘리며 새로운 침략의 교두보를 확보하려는 일본인, 청나라 북쪽의 이권을 잃지 않으려는 러시아인, 모든 이민족을 불안한 눈으로 감시하는 청나라 관헌과 주민들이 한꺼번에 모이던 유일한 공간이 바로 열차 안이었다. 근대 문명의 대전환을 이룬 철도에 몸을 맡겼던 사람들은 차창에 스쳐 지나가는 풍경을 보면서 인생도 순식간에 지나가 버린다는 생각을 했을지 모른다. 모두 불안한 현실에 하염없이 흔들렸을 것이다.

## 지척의 땅, 연해주

일 년 전 겨울인 2014년 12월, 우수리스크에 왔었다. 싼값에 나온 자유여행 상품으로 가족들을 꼬드겨 겨울 왕국의 한복판으로 이끌었다. 말은 가족 여행이었지만, 사실 시베리아 횡단이라는 산을 넘기 위한 사전 답사에 무게가 실려 있었다. 양양 공항에서 블라디보스토크행 비행기를 탔다. 비행기 공포증 같은 것은 없지만 블라디보스토크 공항에 접근하는 비행기 안에서 심장이 쫄깃해지는 경험을 했다. 비행기가 한참 하강했음에도 창밖에는 아무것도 보이지 않았다. 기체를 퉁퉁 튕겨 내는 터뷸런스가 주기적으로 몰려올 때마다 탑승객의 표정이 굳어졌다. 거센 북방의 폭풍이 160석 정도의 중형 비행기 정도는 쉽게 날려 버릴 것만 같았다. 비행기가 활주로 끝을 놓치지 않으려고 바람과 싸우는 중이었다. 이때 밤안개와 눈보라 사이로 불쑥 공항 담벼락이 보였고, 쿵 소리와 함께 몸이 앞으로 쏠렸다. 착륙과 동시에 날개 위로 솟구쳤던 스포일러가 접히면서 역추진 엔진 소리가 잦아들었다. 비행기의 속도가 줄어들자 기내에서 안도의 박수

소리가 울려 퍼졌다.

양양에서 블라디보스토크까지의 비행시간은 한 시간으로, 서울에서 제주 구간밖에 안 된다. 연해주는 가까운 땅이었다. 만약 한반도가 분단되지 않았다면 국경을 맞대고 있을 땅이었다. 분단이라는 물리적 장벽이 사람의 상상력을 포박한 나머지 러시아가 머나먼 북쪽 나라라는 고정관념을 이식했다.

2장

# 우수리스크

## Ussuriysk

우수리스크
블라디보스토크
인천(영양)

역 광장 끝에 서서 1937년 9월을 생각했다. 총을 멘 소련군 병사들이 광장
과 역사 승강장에서 부유하는 이주 대상자들을 감시하고 있다. 시베리아
의 칼바람이 불기 시작한 계절, 겨우 일군 삶의 터전을 뒤로 하고 여기저기
에서 내몰린 한인 가족의 얼굴엔 걱정이 가득하다. 17만 강제 이주자에 포
함된 한인들은 앞으로 닥쳐올 시련이 무엇일지 짐작이나 할 수 있었을까?

# 역사책에 나오지 않은
역사

## 한인들의 터전

우리 가족이 탄 SUV는 겨울용 타이어를 장착한 사륜구동이었음에
도 불구하고 조심스럽게 국도를 달렸다. 러시아의 겨울 도로는 그냥
빙판 위를 달린다고 생각하면 된다. 블라디보스토크에서 우수리스
크까지 도로를 달리다 보면 빙판에 미끄러져 부서진 채 서있는 차들
을 볼 수 있다. 가이드 겸 운전을 맡은 정 선생님은 러시아의 겨울에
적응한 베스트 드라이버였다. 서울에서 이메일로 우수리스크 답사
가이드를 부탁드렸을 때 흔쾌히 수락해 주신 덕분에 편안하게 역사
현장들을 둘러볼 수 있었다.

　우수리스크에서 처음 들른 곳은 고려인 문화센터다. 전체 인구가
17만 명 정도인 우수리스크에는 1만5천여 명의 고려인이 살고 있다.
러시아 한인 이주 140주년을 기념해 2009년 문을 연 고려인 문화센
터는 우수리스크 한인들의 뿌리를 알려주는 전시실이자 항일 혁명
투쟁의 자료실이며 문화를 배우고 나누는 사랑방이다. 문화센터 현
관을 들어서 왼쪽에 있는 강당에서는 고려인들이 열심히 장구를 배

—— 고려인 문화센터에서 춤과 악기를 배우는 한인들

우고 있었다. 1층의 안내대 뒤에 있는 역사관으로 들어가면 한인 이주 시기부터 근대를 통과한 연해주 한인들의 모습을 볼 수 있다. 역사관 벽에 붙어 있는 사진 액자 속 사람들 대부분이 한국의 교육 과정이나 역사책에서는 볼 수 없던 사람들이다. 혹여 등장한다 해도 이름만 겨우 언급됐을 뿐이다. 항일 독립운동의 생생한 역사를 굳이 드러내고 싶지 않은 사람들이 내내 권력을 잡았기 때문이리라.

　고려인 문화센터가 있는 아무르 거리에서 자동차로 서쪽으로 몇 블록 달리면 레닌그라드 거리를 만난다. 레닌그라드 거리를 지나 우회전해 북쪽으로 조금 올라가면 회전식 교차로가 나온다. 이 회전식 교차로를 끼고 다시 서쪽으로 좌회전해 300미터쯤 가면 길가에 작은 비가 서있다. 길을 헤매지만 않는다면 고려인 문화센터에서 승용차로 15분 정도면 도착한다. 이 비가 4월 참변 추도비다. 기단 위에

5단의 대리석 비가 세워져 있다. 전면엔 군용 외투를 입은 병사가 총을 들고 서있는 모습이 그려져 있고 다음과 같이 적혀 있다. "여기에 1920년 4월 4일에서 5일 연해주 소비에트 정권을 지키기 위해 벌어진 침략 간섭군과의 힘겨운 전투에서 용감한 빨치산 전사들이 영웅적으로 싸우다 전사했다." 일본군의 새벽 기습 공격으로 블라디보스토크 신한촌의 학살극이 일어났듯이 1920년 4월, 기회를 노리던 일본군이 끝내 우수리스크 시내를 장악했다. 우수리스크 소비에트 병사들과 한인들이 총을 들고 맞섰으나 병력과 장비 면에서 일본군의 상대가 되지 않았다.

### 연해주 독립운동의 큰 바위 최재형

1920년 4월 5일 새벽, 일본군은 우수리스크 블로다로스코고 거리 38번지를 습격했다. 연해주 독립운동의 대부 최재형의 집이었다. 최재형은 놀란 아이들을 진정시키며 곧 돌아올 것이라고 말했지만, 그것이 마지막 인사가 되었다. 최재형은 그로부터 이틀 후 일본군에게 총살당했다. 최재형이 일본군에 잡혀갈 때까지 살았던 집은 우수리스크에 그대로 남아 있다. 우수리스크를 방문하는 한국 여행자들이라면 반드시 들려야 할 곳이기도 하다. 최재형의 옛 집은 러시아에서 성공한 부호의 집치고는 소박한 규모의 독채 건물이다. 대로변으로 접한 벽면에 세로로 긴 6개의 창을 가지고 있다.

최재형은 노비 출신이었다. 천민으로 살던 최재형의 부모는 최재형이 9살 때 가족을 이끌고 조선을 탈출해 러시아에 자리 잡았다. 러시아에 이주한 한인들은 대개 러시아 학교에 들어가기를 꺼렸으나

블로다로스코고 거리의
최재형 생가

노비 출신이라 거리낄 게 없었던 최재형의 부모는 최재형이 러시아
학교에 다니는 것을 허락했다. 4년 가까이 러시아어와 문학을 공부
한 최재형은 경제적 어려움과 형수와의 갈등으로 12세에 가출해 상
선에서 선원 생활을 한다. 성실한 소년 선원은 선장 부부의 귀여움
을 받았고, 덕분에 상트페테르부르크 같은 대도시를 돌아다니며 변
화무쌍한 세계와 서로 다른 생각을 하는 사람들을 만나 볼 기회를
얻었다. 17세에 블라디보스토크로 돌아온 최재형은 선장이 소개해
준 상점에서 약 3년간 무역과 장사 일을 익히며 또 다른 세상을 배
웠다. 18세 때인 1878년에는 러시아군의 통역으로 일하면서 군부와
치안 당국의 신임을 얻었다.

　연해주에 한인 집단촌이 형성되자 러시아는 한인들을 행정적으로
관리할 필요를 느꼈다. 32세의 최재형은 지방정부 산하 행정 단위
장인 도헌으로 임명되었고 촌락의 한인을 관리하고 세금 수납을 맡
게 되었다. 그러나 최재형은 도헌의 직무만 한 것이 아니었다. 그는
자신이 보고 배운 선진 문물을 젊은 세대들이 접해야 한다고 생각했

다. 3,000원을 은행에 맡긴 후 그 이자로 일 년에 한 명씩 러시아의 대도시로 한인 유학생을 파견했다. 한명세, 오하묵, 최고려, 김 미하일 미하일로비치, 최 레프 페트로비치, 김 로만 이바노비치, 김 야코브 안드레예비치 등이 최재형의 장학생들이다. 한명세, 오하묵, 최고려 같은 이들은 러시아 혁명기와 내전기에 혁명과 반일 항전에 앞장선 한인 공산주의자로 명성을 떨쳤다. 연해주 한인들의 교육에 최재형만큼 기여한 사람은 없다.

최재형은 조선의 양반과 상놈 질서에 근본적 거부감을 느끼던 사람이었다. 최재형의 공동체 안에서는 모든 사람을 평등하게 대했다. 이런 모습은 황족이나 양반 출신의 연해주 거주 계몽주의자들을 불편하게 하는 것이기도 했다. 민중을 계몽이나 순치의 대상으로 여기는 사람들 눈에는 하찮은 사람들을 자신들과 동격으로 대하는 최재형이 맘에 들 리 없었다. 최재형과 조선 최고 양반 가문 출신이었던 이범윤의 갈등은 피할 수 없는 벽이었다.

초기 러시아 이주민으로서 상당한 재산을 모았던 최재형은 연해주의 한인 사회에 큰 영향력을 가진 인물이었다. 제정러시아와 혁명기의 러시아를 완고한 보수주의자로 살아 내면서 항일 항쟁의 거두로서 연해주 조선인의 기둥이 되었다. 연해주의 항일 운동가라면 그 누구라도 최재형의 어깨에 기대지 않은 사람이 없을 것이다. 연해주 독립운동의 거두가 살았던 집은 곧 최재형 기념관으로 새롭게 단장된다고 한다. 다행이다. 잊혀 가는 역사적 인물들을 되살리는 것은 후대를 사는 사람들의 당연한 의무일 것이다.

## 수이펀강에서 이상설의 한을 위로하다

최재형 생가에서 남쪽으로 달리다 보면 레로몬토바 거리를 만나게 된다. 이 길을 따라 시 외곽으로 나가 계속 앞으로 가다 보면 오른쪽 옆으로 강물이 보인다. 이때부터 약 100여 미터를 더 가 강가에 차를 세우면 사람들의 발길로 만들어진 강변 길이 보인다. 수이펀강이다. 아치를 그리는 강둑을 따라 강물이 굽이쳐 흐르는 이곳에 한글이 적힌 비석이 서있다. 2001년 세워진 이상설 유허비다.

이상설은 대한광복군정부에서 활동한 항일 운동가이다. 1907년 고종의 밀서를 가지고 네덜란드 헤이그에서 열린 만국평화회의에 특사로 참석하려던 이위종, 이상설, 이준 일행은 일본의 방해로 만국평화회의에 참석하지 못하게 된다. 이에 분노한 이상설 일행은 1907년 6월 30일 평화회의장 앞에서 한국의 호소문을 배포하며 외

—— 수이펀 강가의 이상설 유허비

신 기자들에게 일본의 침략 행위에 대해 울분을 토한다. 당시 이상설의 나이는 37세였다. 48세의 이준은 부사였고, 영어·프랑스어·러시아어에 능통했던 스무 살의 이위종은 통역관 겸 대변인이었다.

헤이그에서 돌아온 이상설은 연해주에서 최재형과 권업회를 조직해 회장으로 일했고 『권업신문』勸業新聞을 창간해 주간을 지내며 조선 독립의 당위성을 설파했다. 헤이그 특사에 대한 일제의 결석재판에서 사형 선고를 받은 그는 이미 죽은 목숨이라며 남은 생을 조선 독립을 위해 바쳤다. 47세의 나이에 병을 얻은 이상설은 "동지들은 합세하여 조국 광복을 기필코 이룩하라. 나는 그것을 이루지 못하고 세상을 떠나니 혼인들 어찌 감히 조국에 돌아갈 수 있으랴. 내 몸과 유품, 글을 모두 불태워 강물에 흘려보내고 제사도 지내지 말라"라는 유언을 남겼다. 그의 동지들은, 지금은 라즈돌나야강으로 불리고 과거에는 우수리스크 '솔빈의 강'으로 불리던 수이펀 강물에 그의 유해를 뿌렸다. 시 외곽의 한적한 길가에 서있는 비석이 이렇게 말하는 듯하다. 이 땅이 한때 조선 독립의 기운이 충만했던 염원의 땅이라고.

## 360도 파노라마가 펼쳐지는 발해성터

이상설 유허비에서 다시 남쪽으로 700미터쯤 달리면 삼거리처럼 보이는 사거리가 나온다. 여기서 우회전하면 에피모바 길로 들어서게 되고, 한적한 시골 마을을 조금 지나면 비포장 길 양옆으로 벌판이 나온다. 사거리에서 약 2.5킬로미터쯤 되는 지점에 차를 세우고 우측으로 이어진 언덕으로 올라가면 광활한 시베리아 벌판이 한눈에 들어온다. 360도 파노라마로 펼쳐지는 벌판은 산악 지대가 70퍼센트인 한국에서는 좀처럼 보기 힘든 풍경이다. 이곳은 옛 발해가 있던 자리로, 발해성터의 유물이 발굴된 곳이다. 여름이면 발아래 언덕 밑으로 이어진 초원에서 소와 말이 풀을 뜯는 모습을 볼 수 있다.

발해는 오래전 한반도에서 살았던 사람들과 깊은 연관이 있는 나라다. 한때 우리 민족이 발해국을 건설해 만주 일대를 지배했다는 민족적 자부심 같은 것은 역사를 깊이 생각하는 사람들에게 별다른 감흥을 주지 못한다. 1,300여 년 전에도 자연과 조화를 이루며 땅을 일구고, 공동체를 형성해 서로 돕거나 갈등하며 살았던 삶의 흔적을 마주칠 수 있다는 사실이 새삼 감회를 깨울 뿐이다. 발해는 고구려 유민들이 주변의 이민족들과 힘을 합쳐 만든 나라로 알려져 있다. 만주와 시베리아는 나라를 빼앗긴 조선 백성이 찾아든 땅이었다. 몰락한 나라의 민중이 새로운 희망을 키웠던 곳이다. 밀려난 자들의 고독한 시대를 품어 주는 특별한 땅이었다.

### 라즈돌노예역 광장의 한인들

발해성터를 뒤로하고 왔던 길로 거슬러 올라오면 다시 사거리를 만난다. 이곳에서 우회전하면 A189번 도로에 들어서게 된다. 들판을 보며 30분 정도 더 달리다 보면 테레코브스키 마을이 나온다. 마을 삼거리에서 좌회전한 후, 라즈돌나야강을 건너는 다리를 넘어 계속 직진하면 우수리스크와 블라디보스토크를 잇는 A370번 고속도로의 인터체인지가 나온다. 이 도로를 타고 블라디보스토크를 향해 달리다 갈림길에서 다시 A189번 도로로 빠져나와 몇 개의 마을을 지나면 라즈돌노에역에 닿는다. 라즈돌노에역으로 달리는 길은 차에선 잘 보이지 않지만 철길을 따라 나란히 가게 된다. 이 길 중간중간 붉은색 벽돌의 낡은 건물들이 더러 보이는데, 일본군과 러시아군이 사용했던 병영 건물이다. 우수리스크에서 라즈돌노에역까지는 승용차로 1시간 정도 소요된다.

블라디보스토크와 우수리스크의 중간 지점에 있는 라즈돌노에역은 계절에 따라 하루에 편도 4~5회밖에 열차가 서지 않는 간이역이다. 역사는 회색 페인트를 입은 작은 단층 건물이다. 벽의 한쪽은 회반죽이 떨어져 나가 안쪽의 붉은 벽돌이 드러나 있다. 작은 역치고는 제법 너른 빈터를 갖고 있다. 비나 눈이 오면 포장되지 않은 광장에 사람들의 발자국이 새겨진다.

보기에는 작은 시골 역에 불과하지만, 우리에겐 남다른 아픔이 있는 역이기도 하다. 1937년 연해주 한인 강제 이주 때 많은 한인이 이곳에서 이주 열차에 올라탔다. 블라디보스토크와 우수리스크를 비롯한 주변의 많은 지역에 한인들이 살고 있었다. 블라디보스토크는 주변 농촌 인구의 4분의 1이 한인이었을 정도로 가난과 식민 지배를 피해 내려온 한인들이 터를 잡았던 땅이었다. 스탈린과 당의 명령에 따라 강제 이주가 시행되자 연해주 일대에 넓게 퍼져 있던 한인들이 가까운 역으로 내몰렸다. 블라디보스토크와 우수리스크 사이의 농촌 마을에 살던 한인들은 이곳 라즈돌노에역에 모였다.

역 광장 끝에 서서 1937년 9월을 생각했다. 총을 멘 소련군 병사들이 광장과 역사 승강장에서 부유하는 이주 대상자들을 감시하고 있다. 시베리아의 칼바람이 불기 시작한 계절, 겨우 일군 삶의 터전

360도 파노라마로 펼쳐지는 벌판은 산악 지대가
70퍼센트인 한국에서는 좀처럼 보기 힘든 풍경이다.

지평선이 보이는 발해 성터

—— 한인 강제 이주 출발역 중의 하나인 라즈돌노에역과 광장

을 뒤로 하고 여기저기에서 내몰린 한인 가족의 얼굴엔 걱정이 가득하다. 17만 강제 이주자에 포함된 한인들은 앞으로 닥쳐올 시련이 무엇일지 짐작이나 할 수 있었을까?

# 4월 참변 추도비

1920년 일본군의 대규모 학살 작전에 맞서 싸우다 희생된 사람들을 위한 추모비. 시 외곽 길가에 외로이 서있다. 현장을 방문하면 쓸쓸히 서있는 추모비 하나에 실망할 수도 있겠지만, 먼 시간을 사이에 두고 뜨겁게 살았던 사람들을 생각해 보자는 의미로 추천한다.

**주소** | Комарова ул 1./Komarova ul., 1, Ussuriysk, Primorskiy kray, 692525

**가는 법** | 고려인 문화센터가 있는 아무르 거리에서 자동차로 서쪽으로 몇 블록 달리면 레닌그라드 거리를 만난다. 레닌그라드 거리를 지나 우회전해 북쪽으로 조금 올라가면 회전식 교차로가 나온다. 이 회전식 교차로를 끼고 다시 서쪽으로 좌회전해 300미터쯤 더 가면 길가에 작은 비가 서있다. 길을 헤매지만 않는다면 고려인 문화센터에서 승용차로 15분 정도면 도착한다.

# 남북 노동자,
# 빗장을 열다

## 우수리스크역 승강장에서 남북이 나눠 핀 담배

지난겨울의 우수리스크 여행을 떠올리며 담배 연기를 내뿜었다. 저녁 9시가 넘은 시간이지만 한낮의 느낌이 가시지 않았다. 백야 때문이었다. 열차에서 내린 사람들이 약속이나 한 듯 담배를 입에 물었다. 담배를 하나 빼 옆에 서있던 동포에게 건넸다.

"이거 남조선 담배인데 맛이나 보세요!"

담배를 받은 동포는 호기심 가득한 표정으로 내가 건네준 담배를 살폈다.

"남조선 담배들은 이리 얇고 기다란가요?"

"아니요, 선생님이 피는 것하고 같은 모양의 담배도 많아요."

차장이 승차를 서두르라는 신호를 보냈다. 동포는 내가 준 담배를 귀에 꽂으며 다음 정차 역에서 시연한 뒤 감상을 알려주겠다고 말하고는 열차에 올라탔다.

우수리스크역을 떠난 열차는 그로부터 4시간 만인 새벽 1시에 루지노역에서 다시 15분간의 정차 시간을 가졌다. 잠자고 있는 줄 알

왔던 승객들이 주섬주섬 일어나 승강장으로 내려섰다. 어둠 속에 홀로 불을 밝힌 역사가 서있었다. 열차의 차창에서 새어 나오는 빛이 승강장 바닥에 무늬를 만들어 냈다. 내뿜는 담배 연기가 며칠 후면 만나게 될 미지의 세계에 대한 저마다의 막막함과 섞여 어둠 속으로 날아갔다.

이때 갑자기 호각 소리가 들렸다. 역무원이 승강장 가까이에 쪼그려 앉은 사람들을 일으켜 세웠다. 잠시 후 굉음을 내며 화물열차 한 대가 지나갔다. 길고 긴 열차였다. 마지막 꼬리가 바람과 소리까지 휘몰아 가져갔다. 잠시 휑한 느낌이 드는 순간 이제는 귀에 익숙해진 평안도 말투가 어디선가 튀어나왔다.

"로씨아 놈들 대단하네. 화차가 예순일곱 칸이야."

옆에 있던 다른 동포가 말을 받았다.

"야! 넌 그걸 세고 앉았었네?"

꼭 있다. 열차가 지나갈 때 몇 량인지 세는 사람. 한국에서야 기껏해야 25량 정도의 화차가 물리지만 시베리아 횡단 화물열차에서는 60~70량이 기본이다. 열차 길이만 해도 1킬로미터가 훌쩍 넘는다. 물동량이 많을 때는 100량이 넘는 화물칸을 달고 달리기도 한다.

한반도 남쪽에서는 장밋빛 전망이 만발하지만, 남북의 화해와 협력, 소통 없는 유라시아 대륙의 꿈은 신기루일 뿐이다. 대륙 횡단 열차의 컨테이너에 부산발 화물이 달리기 위해서는 대결의 이데올로기를 넘어서야 한다. 원한으로 덮은 분단의 상처들을 화해와 용서로 치유해야 한다.

## 차창에 비친 북한 청년의 얼굴

열차가 출발하고 객차 안의 조명이 꺼졌지만 잠이 오지 않았다. 이리저리 뒤척이다가 몸을 일으켜 앉았다. 통로 쪽 침대에 누워 있던 북쪽 친구 역시 잠이 오지 않는지 어둠 속 창밖을 내다보고 있었다. 목소리를 낮추어 물었다.

"잠이 안 오나 봐요?"

"예, 아까 좀 기대서 졸았더니 잠이 안 옵네다."

"벌써 고향 생각나면 3년간 어떻게 버틸라고요?"

"아니, 독심술 하시우? 내가 가족 생각하는 거이 어찌 알았습네까?"

평양 친구는 어색한 미소로 눈가의 그리움을 감췄다.

"나이가 어찌 되나요?"

"서른셋입네다."

"결혼은?"

"1살짜리 딸이 있습네다."

서른세 살의 평양 청년이 손으로 콧잔등을 한 번 훔치고는 말했다.

"일 없습네다. 3년 고생해서 가족들 편하면 그걸로 됐지요."

청년은 사랑하는 이와 결혼하자마자 아이를 가졌다고 했다. 그 아이가 이제 막 걸음마를 떼고 걷기 시작한 모양이었다. 머나먼 타지로 떠나는 젊은 가장의 마음이 달리는 열차에 맞춰 흔들리고 있었다. 과거 독일행 비행기에 올랐던 광부들과 간호사들, 중동으로 떠났던 건설 노동자들의 희망과 회한의 모습이 겹쳐지는 듯했다.

—— 횡단 열차가 정차해 있는 동안 바로 옆 선로로 긴 화물열차가 기적을 울리며 지나갔다.

## 횡단철도에서 살아남기

짧은 밤을 몰아내고 아침이 왔다. 새벽 기운이 사라지자마자 객실 온도가 급상승했다. 여름의 횡단철도 안에서 가장 많이 소진되는 것은 물이다. 블라디보스토크에서 산 물은 이미 떨어졌고 객차 내 간이매점인 차장실에서 시중보다 비싼 값에 산 물도 바닥났다. 오전 7시 30분, 열차는 극동의 가장 큰 거점 도시 하바롭스크에 들어서며 숨을 골랐다. 하바롭스크역에서는 기관차 교체를 위해 비교적 긴 시간인 40분간 정차한다. 횡단 열차는 장거리 운행의 특성상 수시로 기관차를 교체하는데 이때 제동 기능 시험과 간단한 객차 정비가 이루어진다. 나는 일행으로부터 보급품 구매 특명을 받고 역사 밖으로 나갔다.

정확히 반년 전 같은 열차로 같은 시각에 도착했을 때는 날이 아직 어두웠다. 눈이 허리까지 찼다. 기온은 영하 28도, 체감온도가 아닌 실제 기온으로 영하 28도를 경험하는 것은 살면서 처음이었다. 혹독한 추위 속에서 값을 흥정했던 택시 승강장이 낯익었다. 그러나 6개월을 달린 지구는 이제 찌는 더위로 아침부터 사람을 헉헉대게 했다. 지구도 태양계 노선을 따라 굉장한 여행을 하는 셈이다. 역 앞 광장 한편에 있는 매점에서 물을 샀다. 동포들과 나누어 마실 생각으로 2리터짜리 6개들이 팩을 두 번에 걸쳐 날랐다. 중요한 보급품을 챙기고 나니 한결 여유가 생겼다. 다시 기관차가 힘을 내자 연결기에 있던 객차들이 강철 충격음을 내며 차례로 끌려갔다. 곧이어 아무르강이 나타났다. 아련한 강물처럼 몽롱한 상상 속으로 이내 빠져들었다.

**3장**

# 하바롭스크

## Khabarovsk

하바롭스크
우수리스크
블라디보스토크

인천(양양)

여행자가 원하는 것은 현지인과 만나 그들의 생활을 경험하는 것이다. 함께 먹고 마시고 이야기하면서 같은 행성에 사는 인류로서의 공통점과 지리적·문화적 차이를 살펴보는 일은 여행이 주는 큰 즐거움이다. 하지만 북한에서는 현지인과의 자연스러운 접촉이 불가능하다. 이런 현실 속에서 우연히 열린 작은 시공간의 틈으로 들어간 것은 대단한 행운이었다. 시베리아 횡단 열차 안이라는 특별한 공간은 남과 북의 여행자를 자연스럽게 섞어 놓았다. 분단 이후 평범한 남북의 노동자들이 이토록 스스럼없이 어울릴 수 있었던 적은 아마 없었을 것이다.

# 잃어버린 사람들을
# 찾아서

## 하바롭스크 시간여행

어깨에 묵직한 통증을 느끼며 정신을 차렸다. 불시착이 분명했다. 인상을 찌푸리며 무엇이 잘못됐을까 생각했다. 동력 재생기와 시간 세팅 장치를 확인하려는 순간 머신의 해치가 열렸다. 어둠이 내린 거리에 유럽식 건물이 보였다. 머신을 빠져나와 출입문을 살펴보니 착륙 때의 충격으로 고장이 난 듯했다. 머신은 긴 경사로를 따라 이어진 주택가 골목길 한쪽에 비스듬히 처박혀 있었다. 난감한 마음에 스마트워치로 비상조치 매뉴얼을 열려는 순간이었다. 어둠 속의 고요를 뚫고 천둥 같은 소리가 울렸다. 진짜 총소리였다. 어디서 나타났는지 누군가 골목길을 뛰어오고 있었다. 전력을 다해 질주하던 그가 내 앞에서 쓰러졌다. 나는 얼떨결에 쓰러진 이를 부축했다. 땀범벅이 된 그가 내 품에서 가쁜 숨을 몰아쉬었다. 쓰러진 청년을 감싼 내 손에서 진득한 피의 질감을 느낄 수 있었다. 청년은 두 눈을 뜨고 나를 보더니 "조선인이요"라고 묻고는 정신을 잃었다. 구급차를 불러야겠다는 생각에 고개를 드는데 차가운 총구 여러 개가 원을 그리며 둘러쌌다. 나는 러시아어를 쓰는 병사들에게 체포되어 창고를 개조한 감옥으로 끌려가 구석진 방에 갇혔다. 시간이 지나자 러시아 병사가 동양인 둘을 데려왔다. 한 사람은 군복을 입고 있었다. 동양인 군인은 일본어로 다른 동양인에게 무엇인가를 지시했다. 지시를 받은 이가 한국말로 내게 물었다. "조선에서 언제 왔소?" 몇 가지 질문이 더 이어졌지만 아무런 대답을 못 하자 그들은 날이 밝은 뒤에 다시 보자며 돌아갔다. 나는 뒤로 물러나 벽에 기대어 앉았다. 짙은 어둠에 눈이 적응하고 발목에 찬 사슬의 냉기를 느낄 즈음이었다. 나는 그때야 감옥 안에 다른 이가 같이 있음을 깨달았다. 반대편 구석에서 흰 눈동자가 번뜩였다. 눈동자는 아주 천천히 내 쪽으로 다가왔다. 겨우 얼굴 윤곽을 확인할 수 있을 정도의 거리까지 다가온 그가 조용히 물었다. "어디 소속이오?" 낮게 깔린 목소리는 여자의 것이었다. 그때야 내 앞에 있는 이가 여성임을 알았다. "설명하자면 깁니다만, 지금이 몇 년도, 몇 월이고 여기는 어디죠?" 여자가 말을 받았다. "너는 밀정이냐?" "아니요! 저는 다만 좀 특이한 여행자인데……." 그는 체념한 듯 말을 끊었다. "당신이 밀정이든 아니든 상관없다. 어차피 나는 내일 죽게 되니까. 1918년 하바롭스크의 아무르강에서 해방의 꿈을 이루지 못하고 눈을 감게 되는구나."

그가 누구인지 알았다. "김 알렉산드라!"

"나의 이름은 김 스탄케비츠 알렉산드라 페트로브나요. 긴 이름만큼 기구한 과거를 갖고 있죠. 내 사랑하는 아버지 김 표트르는 당신처럼 철도에서 일했어요. 동청 철도국에서 조선어와 중국어 통역을 했지요. 아버지는 늘 말씀하셨죠. 조선인이나 중국인 노동자들이 비

인간적으로 착취당하고 있음을 알아야 한다고. 커서 노동자들을 돌
봐야 한다고. 아버지는 내가 하얼빈 소학교에 다닐 때 돌아가셨고
형편이 어려웠던 나는 중등학교를 마치자마자 폴란드인과 결혼했어
요. 소학교 때부터 식모살이하던 집의 아들 마르크 스탄케비치가 내
남편이었죠. 그는 방탕한 부르주아였어요. 결혼 생활 내내 남편의
술, 노름, 폭력이 이어졌어요."

그녀는 평온하고 담담하게 자신이 살아온 이야기를 이어갔다. 정
신병자가 된 남편을 버리고 두 아들과 함께 하얼빈을 떠나 해삼위,
그러니까 블라디보스토크로 오게 되면서 김 알렉산드라의 인생은
180도 바뀌게 되었다. 새로운 세계관에 눈을 뜬 김 알렉산드라는 알
을 깬 새가 그렇듯 힘차게 창공을 날았다. 블라디보스토크는 조선
독립운동의 베이스캠프 같은 곳이었다. 사회주의혁명 사상과 조선
독립운동의 만남은 필연적이었다. 두 운동 모두 억압의 굴레를 벗어
나겠다는 공통분모를 갖고 있었기 때문이다.

"내가 우랄 지역에서 우랄노동자동맹을 세우는 일을 했을 때는 정
말 신이 났었죠. 5,000명이 넘는 조선인과 중국인 노동자들이 우리
볼셰비키를 지지하도록 조직했죠. 기업가 놈들과 멘셰비키 놈들 콧
대를 완전히 꺾어 버렸지. 그때가 작년이었어요. 1917년 10월 혁명
이 일어나기 몇 달 전이었죠."

내가 예카테린부르크에 갔던 이야기를 하자 김 알렉산드라가 그
곳에서 조직 활동을 했었다며 반가운 기색을 감추지 못했다. 러시아
혁명 이후 하바롭스크로 돌아온 김 알렉산드라는 1918년 2월 조선
민족해방혁명가회의를 주도했고 3월 28일에는 한인사회당을 창건

블라디보스토크에서 출발한 시베리아 횡단 열차를 타고
밤새 달린 끝에 도착한 곳은 하바롭스크역이었다.

—— 겨울의 하바롭스크역. 기관차 교체를 위해 40분간 정차한다.

했다. 그러나 4월 5일 블라디보스토크에 일본군 무장간섭군이 상륙했고 이들의 지원을 받은 반혁명군 백군의 공세가 시작됐다. 하바롭스크의 한인사회당은 붉은 군대에 편입되어 백군과의 전투에 나섰다. 9월 마침내 백군은 압도적 무장력으로 하바롭스크를 장악했고 400여 명의 혁명군을 포로로 잡았다. 그중 한 사람이 김 알렉산드라였다. "지금 가장 아쉬운 건 무엇인가요"라고 묻자, 그는 이렇게 답했다.

"혁명가로서 죽음을 맞는 것은 이미 각오한 바이기 때문에 후회가 없지만 남겨둔 두 아이가 너무 보고 싶네요. 자식이란 이데올로기 같은 것이지요. 한 번만이라도 안아 볼 수 있다면⋯⋯."

그는 목이 메는지 더는 말을 잇지 못했다. 잠시 침묵이 흐르고 무엇인가를 물으려 하는데 김 알렉산드라의 머리가 내 어깨 위로 툭 떨어졌다. 그가 이승에서의 마지막 단잠을 누리는 동안 한 뼘 남짓한 감옥의 창으로 들어온 새벽빛이 벽에 박혔다.

압수를 피하고자 스텔스 모드로 전환했던 스마트워치가 머신이 복구되었다는 신호를 보냈다. 그녀를 안고 있던 팔을 풀었다. 낡은 재킷을 벗어 덮어 준 뒤 담요를 돌돌 말아 김 알렉산드라의 머리를 받쳤다. 가상 태블릿을 띄어 머신과의 위상 동위 탭을 터치했다. 순간 이동 장치의 도움으로 탈옥은 손쉬웠다. 머신은 완벽히 복구되어 있었다. 현재 시각 표시는 1918년 9월을 알리고 있었다.

아침이 훤히 밝아 오자 사람들이 아무르강 언덕길로 모여들었다. 나는 군중 속에서 군인들의 엄중한 감시 속에 형장으로 향하는 사람들을 지켜보았다. 낯익은 재킷 때문에 김 알렉산드라를 금방 알아볼 수 있었다. 김 알렉산드라는 오래전 골고다 언덕을 오르던 청년처럼 다가오는 운명을 향해 한 걸음 한 걸음 나아갔다.

## 하바롭스크 거리에 남아 있는 한인들

2014년 12월의 어느 날 오후 나는 하바롭스크의 아무르강 언덕 위에 있었다. 영하 28도의 기온에서 불어오는 강변 바람은 세상 모든 것을 얼어붙게 할 기세였다. 동쪽 강 건너편은 중국 영토였다. 그곳에서 헤이룽강(흑룡강)이라고 불리는 아무르강이 꽁꽁 얼어 있었다. 전날 저녁 블라디보스토크에서 출발한 시베리아 횡단 열차를 타고 밤새 달린 끝에 도착한 곳은 하바롭스크역이었다. 오전 7시가 지났는데도 코발트블루의 새벽빛이 도시를 감싸고 있었다. 목을 움츠리게 하는 차가운 공기, 종종걸음으로 막 출근길에 나선 사람들이 모인 트램 정류장, 도로에 중앙 분리대처럼 쌓인 눈들이 이 도시가 시베리아의 품 안에 있다는 것을 알려주었다. 호텔로 향하는 택시 안에서도, 벨 버튼 위에 '정차합니다'란 한글이 선명하게 붙어 있는 시내버스 안에서도, 도로 곳곳을 누비는 트램 안에서도 나는 창가의 서리를 손으로 닦아 내며 거리를 살폈다. 처음 방문한 도시였지만 왠지 낯설지 않았다.

하바롭스크의 중심가인 칼 마르크스 거리의 레닌 광장은 여러 개의 버스와 트램 노선이 교차하는 곳이다. 레닌 광장에서 칼 마르크스 거리를 따라 북쪽으로 걷다가 좌회전한 후 길을 건너면 칼 마르크스 거리와 건물들을 사이에 두고 나란히 이어진 거리가 나온다. 김유천 거리다. 시베리아 도시의 거리에 한국 사람 이름이 붙은 것

—— 레닌 광장의 레닌 동상

으로 보아 김유천이 중요한 인물이었음을 짐작할 수 있다. 여기에는 다양한 설이 있다. 김유천이 독립운동가 김유경의 잘못된 표기라고 전해지기도 하고, 카자흐스탄 국립대 국가법률학과 학장을 지낸 김 블라디미르 교수는 그를 적군 장교로 복무한 한인 혁명가 김유천으로 기억하기도 한다. 젊은 혁명가 김유천일 수도 있고, 김유경을 러시아식으로 발음하는 과정에서 김유천으로 전해졌을 수도 있다. 어쨌든 도시가 기억하는 이름은 '김유천'이다. 2017년 6월 하바롭스크에서 택시를 탔을 때였다. 택시 기사가 한국인들이 탄 걸 알고는 자기가 아는 한국 이름이 있다며 "킴유첸"을 외쳤다. 당시에는 신기해 했지만 거리 이름을 손바닥 꿰듯 알고 있는 택시 기사가 김유천 거리를 기억해 한 말일 수 있다. 1929년 10월, 김유천은 만주리─하얼빈─블라디보스토크를 잇는 동청철도를 둘러싼 분쟁의 한가운데에 있었다. 라하수스지역 전투에서 러시아 백군 출신 병사들이 대거 합류한 중국 군번 군대가 김유천 부대를 공격했다. 김유천은 수세에 몰리면서도 맞은 편 적진을 향해 소리쳤다. "병사들이여, 고관들에 속지 말고 우리 편으로 넘어와 인민을 위한 투쟁에 나서자!"그는 부하들이 쓰러지자 참호를 뛰쳐나와 돌격을 감행하다 날아온 포탄에 맞아 짧은 생을 마감했다.

김유천 거리를 지나 조금 더 가면 한국의 재래시장과 닮은 하바롭스크 중앙시장이 나온다. 고려인 상인이 빨간 김치를 팔고 있었다. 김치를 보고 시큼하게 침이 도는 것을 느꼈다. 나는 홍범도와 이동휘, 양기탁, 안중근의 동생 정근, 무장 독립군 박 일리야와 최 니콜라이가 걸었을 거리를 걸었다. 이 길은 한낮에도 어둠이 가시지 않던 스탈린 체제에서 조선인 문학가 조명희가 비극적 죽음을 맞은 곳이기도 하다. 아무르강 죽음의 언덕에서는 김 알렉산드라가 마지막 말을 남겼다. "조선의 자유와 독립 만세! 전 세계 노동자들의 자유 만세!"그녀는 훗날 베를린 란트베어 운하에서 최후를 맞이한 로자 룩셈부르크처럼 강물에 버려졌다. 아무르강을 한참 내려다보다 발길을 돌렸다.

## 하바롭스크 공항에서 시내로

하바롭스크 공항 국제선 청사는 한국 중소 도시의 고속버스 터미널 정도의 규모다. 거대한 땅을 가지고 있는 러시아의 특성상 국내선 청사가 국제선 청사보다 웅장하다. 만약 하바롭스크에서 국제선을 타기 위해 공항에 가려면 택시 기사에게 반드시 국제공항이라고

—— 하바롭스크의 겨울 트램

말해 줘야 불미스러운 사태를 예방할 수 있다. 국제선 청사가 국내
선 청사보다 크다는 선입견을 품고 있는 사람이 택시 기사가 내려
주는 국내선 청사에 들어가게 되면 자신의 항공편이 없다는 사실에
당황할 것이다. 실제로 얼마 전 친구들을 이끌고 하바롭스크 가이드
로 나섰을 때 그런 경험을 한 적 있었다. 호텔에서 먼저 택시를 태워
공항에 보낸 팀이 출국 심사 시간이 지나도록 나타나지 않았다. 팀
의 행방을 걱정하며 온갖 불안한 상상을 하고 있을 때 멀리 국내선
청사 쪽에서 여행용 가방을 끌고 헉헉거리며 달려오는 사람들이 보

였다. 지금에야 술안주 감으로 우려먹을 수 있는 즐거운 해프닝이지만, 그땐 정말 아찔했다.

하바롭스크에 늦게 도착하지 않는다면 버스를 이용해 시내로 들어가는 것도 나쁘지 않다. 국제선 청사에서 국내선 청사 쪽으로 100미터 정도 걸어가면 버스 정류장이 나온다. 한적한 시골 마을의 정류장을 연상하게 하는 버스 정류장에는 전기선으로부터 동력을 공급받는 트롤리버스와 일반 버스가 함께 선다. 공항을 기점으로 하는 버스들이기에 좌석도 쉽게 차지할 수 있다. 무엇보다 22루블(450원) 수준으로 요금이 싸다. 이곳에서 1번 트롤리버스를 타면 하바롭스크 시내를 관통하며 아무르 강변까지 꽤 긴 노선을 달린다. 기차역으로 가려면 35번 버스를 타면 된다. 무엇보다 버스 여행의 묘미는 현지인의 삶을 가까이 느낄 수 있다는 점이다. 여러 사람이 타고 내리는 모습을 구경하는 일 자체가 흥미롭다. 창밖의 낯선 풍경과 사람들의 표정을 살피면서 이국의 소리에 귀 기울이는 것만으로도 여행의 즐거움이 배가된다.

## 아무르강 언덕 위에서 만난 한글

블라디보스토크와 우수리스크를 중심으로 활동했던 항일 독립 운동가들은 시베리아 횡단철도 노선을 따라 이어진 하바롭스크, 치타, 울란우데, 이르쿠츠크 등의 도시에서 활동했다. 그중에서도 하바롭스크는 러시아 극동의 관문이자 중국과 국경을 맞대고 있는 도시이다. 이런 지리적 특성 때문에 근대의 한인들은 하바롭스크로 몰려들수밖에 없었다. 또 이렇게 모여든 한인의 상당수는 제국주의 타파와

우쵸스 언덕 위의
김정일 방문 기념비

무산계급 해방을 내세운 러시아 사회주의와 자연스럽게 결합했다. 이런 연유로 하바롭스크 시내를 걷다 보면 한인들이 남긴 발자취를 하나둘 발견할 수 있다. 한인들의 흔적을 찾아 보물찾기하듯 시내 곳곳을 다니다 보면 반가움과 미안함과 연민의 감정이 섞여서 밀려온다.

하바롭스크의 중심가는 레닌 광장을 중심으로 펼쳐져 있다. 북쪽이 하바롭스크역이고 남쪽이 아무르 강변이다. 아무르강에는 우쵸스라 불리는 높은 언덕이 있다. 김 알렉산드라가 죽임을 당한 곳이기도 하다. 이곳에 전망대를 설치해 아무르강을 한눈에 조망할 수 있게 해놨다. 전망대에서는 검은색 대리석에 새긴 한글 문구를 볼 수 있다. "조선로동당 총비서이시며 조선민주주의인민공화국 국방위원회위원장이신 김정일동지께서 2001년 8월 17일 하바롭스크시를 방문하시였다." 공식 방문 기념 문구조차 반말로 새기는 것이 조선민주주의인민공화국의 방식임을 짐작할 수 있다.

하바롭스크는 김정일이 태어나 유년시절을 보낸 곳이다. 북한에

서는 김정일을 백두산의 정기를 받아 태어난 위대한 백두혈통 지도
자로 추앙하지만, 실은 하바롭스크 북쪽의 뱌트스코예 마을에서 출
생했다는 것이 정설이다. 1932년 일본은 만주를 침략해 만주국을 세
우고, 관동군과 만주국군을 앞세워 중국공산당과 조선인 항일 독립
군에 대한 강력한 토벌 작전에 나섰다. 일본의 공세를 피해 만주를
탈출한 조선인들은 아무르강 건너의 러시아 영토 하바롭스크와 주
변 지역에 정착했다. 이렇게 정착한 사람 중에 김일성도 있었다. 김
일성은 하바롭스크에 근거지를 두고 소련군 산하 한인들로 구성된
88 저격 여단의 일원으로 활동했다. 누구나 유년시절에 살았던 곳은
아련한 추억으로 남게 마련이다. 2001년 8월 아무르강 위에 선 김정
일은 무슨 생각을 했을까?

## 혁명과 성당의 동거

세 개의 언덕이 도시를 품은 하바롭스크는 아무르강과 그 지류들이
합류하는 곳에 있는 아름다운 도시다. 강변을 걷다 보면 언덕들이
만든 굴곡을 따라 발걸음을 옮기게 된다. 여름의 아무르강은 시민들
의 놀이터이자 교통로가 된다. 한여름의 강변에서는 수영복 차림으
로 일광욕을 즐기는 사람들을 흔히 볼 수 있다. 50센티미터 이상의
두께로 얼음이 어는 겨울에는 낚시꾼들이 얼음 강 복판에 나가 물고
기를 잡는다.

　중심가인 레닌 광장에서 아무르강 쪽으로 이어지는 무라브요바
아무르스코보 거리의 끝에는 콤소몰 광장이 있다. 'комсомол'은
러시아어 'Всесоюзный ленинский коммунистический союз

—— 콤소몰 광장의 정교회 사원

молодёжи'의 약자로, 1918년 소련에서 만들어진 공산주의 청년동
맹을 뜻한다. 소련의 실험은 실패했지만, 그 흔적이 도시마다 광장
의 이름으로 남아 있다. 콤소몰 광장에는 그 이름에 맞게 무장 전사
들의 동상이 있는 한편, 러시아 정교회 성당이 서있다. 2001년 재건
된 성당의 정식 명칭은 하바롭스크 성모승천 성당이다. 혁명 전사와
성당이라는, 서로를 적대했던 상징이 사이좋게 공존하고 있는 셈이
다. 러시아가 지나온 역사를 보여 주는 광장이다.

　성모승천 성당의 옛 이름은 우스펜스키 성당으로, 1886년에 처음 지어졌다. 1917년에 발행된 엽서에 등장하는 사진을 보면 붉은색 벽돌로 외벽을 두른 고딕 양식의 웅장한 모습이다. 하지만 성당은 1930년 종교가 인민의 아편이라 여겼던 혁명 세력에 의해 폐쇄된다. 그들은 신의 이름으로 인간을 현혹하는 것을 더는 볼 수 없었다. 또 혁명 이전의 정교회는 백성을 수탈하는 차르 체제의 충실한 동반자였다. 1937년 성당은 완전히 해체되었다. 스탈린 체제는 폐쇄된 성당조차 혁명으로 거듭난 인간의 영혼에 나쁜 영향을 끼칠지 모른다고 판단했다. 한때 '성당 광장'이라고 불렸던 이곳은 사회주의 혁명을 상징하는 '콤소몰 광장'으로 탈바꿈했고, 광장에서 하바롭스크 시내를 관통하는 거리 이름은 '칼 마르크스 거리'로 명명됐다. 냉전이 한창이던 1956년에는 혁명 전사 동상을 세웠다. 이곳을 지나는 시민들에게 사회주의의 숭고한 가치를 전달하고 싶었던 소련 당국의 의도였을 것이다.

시간이 흘렀고 그늘 없는 광장에 서있는 동상은 빛바랬다. 소련이 붕괴하자, 전사들의 동상에서도 더는 혁명의 에너지가 분출되지 않았다. 사람들은 사라진 성당을 복원하기로 하고 2001년 새로운 성당을 완공했다. 사회주의혁명 광장에 있는 정교회 성당. 어울리지 않을 것 같은 조합은 이렇게 탄생했다. 녹색 지붕을 얹은 네 개의 탑 중에서 제일 높은 탑이 종탑이다. 종탑에 오르면 북쪽으로는 시내가, 남쪽으로는 아무르강이 한눈에 보이리라. 광장에서 이어진 칼 마르크스 거리는 하바롭스크를 처음 개척했다는 장군의 이름을 따 '무라브요바 아무르스코보' 또는 '무라비요프 아무르스키'라 불리는 거리로 이름이 바뀌었다.

광장 끝 대로는 사거리다. 사거리에서 동쪽을 내려다보면 긴 내리막길이 이어지다가 다시 오르막길이 나 있다. 반대편 언덕에는 러시아 정교회 특유의 황금색 둥근 지붕을 가진 프레오브라젠스키 성당이 있다. 모스크바에 있는 구세주 성당, 상트페테르부르크의 성 이사크 성당에 이어 러시아에서 세 번째로 큰 정교회 성당이라고 한다. 성당 안에 들어서면 자연스럽게 고개를 뒤로 꺾어 높은 천장을 올려다보게 된다. 돔형 천정 안에는 성자가 그려져 있고, 아래쪽 둘레의 창문을 통해 들어온 빛줄기가 성당 안을 가른다. 이 성당 역시 소련이 소멸한 뒤인 2003년 완공됐다. 성당이 서있는 광장의 이름은 '영광'이다. '명예 광장'으로 번역되기도 한다.

영광 광장 바로 아래 사회주의 조국 수호 전쟁을 기념하는 '영원의 불꽃'이 있다. 부활절에는 정교회 신도들이, 승전 기념일에는 독일을 물리친 붉은 군대를 추모하는 사람들이 각자의 마음으로 찾아온다.

—— 한인 여성 혁명가 김 알렉산드라가 일했던 건물

김 알렉산드라를 기억하는 동판.
이름이 아무렇게나 적혀 있다.

## 김 알렉산드라가 일했던 건물

다시 콤소몰 광장으로 가보자. 사거리에서 시내 중심가 쪽으로 걷다
보면 러시아 철도공사의 하바롭스크 지사 건물이 보인다. 이 건물을
지나 횡단보도를 건너면 한 귀퉁이에 아라비아풍의 팔각 탑이 있는
건물과 만나게 된다. 과거 칼 마르크스 거리였던 무라바요바 아무르
스코보 거리 22번지의 붉은색 벽돌 건물. 이 건물이 바로 한때 혁명
가 김 알렉산드라가 일했던 곳이다. 지금은 고급 의류와 가방을 파
는 상점이 입점해 있다. 건물 입구 오른쪽 벽에는 번지수를 나타내
는 숫자 22가 쓰인 하얀 명판이 붙어 있다. 원래 명판 바로 아래에
'김 알렉산드라가 집무했던 건물'이라는 안내판과 김 알렉산드라의
얼굴 부조가 걸려 있었으나 건물을 리모델링하는 과정에서 떼어 버
린 듯하다. 원래 있던 안내판에는 1962년 하바롭스크 소비에트 집행
위원회 결정에 따라 시 문화부가 작성한 다음 문구가 러시아어로 쓰
여 있었다.

김 스탄케비츠 알렉산드라 페트로브나가 1917~1918년 이 건물에서 사업했다. 볼셰비키 공산 시위원회 정치부 위원, 하바롭스크 소비에트 외부인민위원부 전권 위원이었던 여사는 1918년 영웅적으로 최후를 마쳤다.[*]

건물 벽에 새 안내판이 설치되었다. 원래의 명판에는 '알렉산드라 페트로브나 김 스탄케비치А.П.КИМ-СТАНКЕВИЧ'라고 이름이 제대로 쓰여 있었으나, 새 판에는 '알렉산드라 페트로브나 쿰 스만케비치 А.П.КЦМ-СмаНкеВцч'라고 잘못 박혀 있다.

혁명이 사라진 시대. 혁명가의 흔적이 지워지는 건 어쩌면 당연한 일이다. 잊힌 존재, 그 누구도 애써 찾으려 하지 않는 존재를 시 당국이나 건물 주인이라고 챙길 리 없다. 김 알렉산드라가 힘차게 밀고 나올 것처럼 보이는 그 문을 상점을 드나드는 고객들이 무심하게 밀어젖히고 있었다.

### 한을 품고 사라져 간 한인들

김 알렉산드라가 일했던 건물 앞에서 1번 트롤리버스를 타고 공항 쪽으로 30, 40분쯤 가면 하바롭스크 중앙묘지에 내릴 수 있다. 구글 거리뷰나 중앙묘지의 정문 사진을 휴대전화로 캡처해 버스 차장에게 보여 주면 어디서 내릴지 알려 준다. 묘지 정문을 지나자마자 왼쪽으로 추모관 역할을 하는 작은 정교회 사원이 보인다. 이 사원 둘

---

[*] 김 블라지미르, 「러시아 대한민족의 항일독립전쟁사 실록」, 조영환 옮김, 고구려, 1997, 136쪽.

—— 러시아 사제가 키릴문자로 쓰여진 한인들의 이름을 알려주었다.

레에는 스탈린의 대숙청 시기에 반혁명 혐의로 학살된 사람들의 이름이 새겨진 검은색 대리석 판이 있다. 이름의 주인공들은 한때 가장 열성적인 혁명가나 항일 운동가, 그 가족이었지만, 하루아침에 반역자로 몰렸다. 자신이 목숨 걸고 지키고자 했던 가치를 배반한 죄로 죽게 된 사람들의 심정은 어땠을까? 대리석의 이름을 살펴보면 적지 않은 한국 이름을 발견할 수 있다. 운이 좋으면 만날 수 있는 정교회 사제에게 부탁하면 한인들의 이름을 찾아 주기도 한다. 리현숙ЛИ ХЕН СУК, 리호산ЛИ ХО САН, 리산ЛИ САН, 양철운ЯН ЧЕР УН, 박선한ПЯК СЕН ХВАН, 류한민ЛЮ ХАН МИН, 김도윤КИМ ДО УН, 김은순КИМ ЕН СУН, 김은춘КИМ ЕН ЧН, 김찬석КИМ ЧАН СЕКИ, 김찬윤КИМ ЧАН ЮН 등의 한인 이름을 찾았다. 은순과 은춘, 찬석과 찬윤은 어쩌면 한 자매나 형제였으리라.

1990년대까지만 해도 이곳에 작가 조명희의 추모비가 있었다고 한다. 1894년생인 조명희는 1928년 8월 마포나루를 떠나 블라디보스토크에 도착했다. 신한촌에 정착한 그는 얼마 후 우수리스크 외곽 마을 육성촌으로 들어가 육성농민청년학교의 교사로 일했다. 그는 이주한 한인 2세들에게 모국어와 문학을 가르치며 항일운동과 사회주의혁명에 헌신했다. 1934년엔 소련작가동맹 회원이 되었고 그 후 블라디보스토크의 한글 신문 『선봉』先鋒의 문학 편집자로 일하면서 연해주 한인 문학의 기둥이 되었다. 1935년 봄 조명희는 하바롭스크의 콤소몰 거리 89번지로 이사한다. 소련 당국이 명망 있는 문학가들에게 제공한 '작가의 집'이었다. 그러나 이러한 작가에 대한 예우는 대대적인 숙청과 한인 강제 이주가 집행된 1937년에 끝났다. 한인 강제 이주 직행 직전 소련 당국은 지도자 역할을 할 수 있는 한인들을 숙청하기 시작했다. 1937년 9월 18일 조명희의 집에 소련 보안 요원들이 들이닥쳤다. 조명희의 둘째 아들 조 블라디미르가 태어난 지 한 달이 조금 지난 때였다. 조명희가 연행되고 곧이어 가족들이 우즈베키스탄의 타슈켄트로 강제로 이주당했다. 일제 간첩 혐의로 재판에 넘겨진 조명희는 사형선고를 받았고 이듬해 5월 11일 총살로 생을 마감한다.

조명희의 명예는 1956년에야 단 몇 줄의 인쇄문으로 회복됐다. "1956년 7월 20일 소련 극동군 관구 군법회의는 조명희에 대한 '1938. 4. 15 결정'을 파기함. 무혐의로 처리하고 복권시킴." 그를 기리는 묘비조차 어디로 사라졌는지 알 수 없는 것이 허망하기만 하다. 조명희는 아무르강을 내려다보며 떠나온 나라를 그리워했을 것이다.

횡단 열차는 하바롭스크에 작별을 고하듯 구슬프게 기적을 올렸다. 아무르강 철교의 철제 빔들이 차창에 사선의 자취를 남겼다. 수많은 조선 독립투사들이 고국에 대한 그리움을 흘려보냈을 강물은 지금도 말없이 흐르고 있었다.

# 하바롭스크 중앙묘지

하바롭스크 중앙묘지는 시내에서 공항으로 가는 길가에 대규모로 조성되어 있다. 중앙묘지 정문에 들어서자마자 정교회 성당이 보이고 그 주변에 1937년 스탈린 대숙청기에 억울한 누명을 쓰고 희생된 사람들의 이름이 새겨진 석판이 세워져 있다. 키릴 문자의 발음을 알고 가면 한인들의 이름도 많이 찾아볼 수 있다.

**주소** | ул. Карла Маркса Часовня / Khabarovsk Khabarovskiy kray
680031

**가는 법** | 하바롭스크 시내와 공항을 연결하는 칼 마르크스 대로에 있다. 공항이나 시내에서 1번 트램을 타고 피톰니크 정류장에 내려 걸어간다. 휴대전화에 묘지 정문 사진을 저장해 놨다가 차장에게 보여 줘도 된다.

# 남북이 어울리는
# 풍경

## 열차 안에서 열린 장터

아침 식사를 마친 뒤 한 무리의 손님들이 찾아왔다.

"저기 남조선 담배 몇 개비 바꿔 필 수 있습네까?"

"물론 되지요. 단 갑으로 바꿉시다. 갑 대 갑!"

"근데 남조선 담배는 4달러가 넘는 비싼 거라고 들었는데 갑 대
갑으로 바꾸면 손해나지 않습네까?"

"상관없어요. 저야 뭐 기념이니까요. 대신 같은 담배 말고 다른 종
류로 가지고 오세요."

이때부터 내 자리에서 물물교환 장이 열렸다. 저마다 자기 자리로
뛰어가 담뱃갑을 들고 왔다.

"잠깐, 차례차례! 줄 서시라요"

북한 말을 흉내 내는 내 모습에 하얀 이를 드러내며 웃는 동포들이
줄을 섰다. 평화, 고향, 북극성, 꿀벌, 명신, 강선, 압록강 등 북한 담
배들이 내 침대 위에 수북이 쌓였다. 거래 당사자들과 몰려든 구경
꾼들이 시시덕거리며 신나게 사고팔았다. 나는 서비스로 한 갑을 풀

—— 열차 장터에서 교환한 북한 담배

어 주변의 구경꾼들에게 돌렸다. 담배 한 개비로도 남과 북은 허물
없이 웃을 수 있었다.

다음 정차 역에서는 대다수의 북한 동포들 입에 남한 담배가 물려
있었다. "이렇게 순한 걸 어떻게 피나"라고 말하면서도 연기를 달
게 빨아들였다. 나는 반대로 평양의 '내 고향 담배공장'에서 나온 '고
향'을 피웠다. 처음에는 독하지 않다고 느꼈는데 몇 모금 빨고 나니
머리가 핑 돌았다. 한국의 애연가들이 주로 피는 담배의 니코틴 함
량은 0.1밀리그램인데, 고향의 함량은 0.9밀리그램이었다. 순한 담
배에 길든 몸이 감당하기에는 무리가 있었다.

담배 장터 이후로 남북의 승객들은 더욱 가까워졌다. 우리는 서로
가 궁금한 걸 묻고 답하며 많은 시간을 보냈다. 북한 동포들은 횡단
열차의 여러 칸에 나눠 타고 있었다. 우리 칸의 24명 말고도 다른 팀

이 더 있었다. 팀마다 하는 일이 달랐고 일하는 현장도 달랐다. 우리 객실의 노동자들은 건물의 실내장식 담당이어서 건물 골조가 올라 간 뒤 내부 공사를 맡는다고 했다. 207 열차 안의 북한 동포들 사이 에 7호차에 남조선 사람 세 명이 탔다는 소문이 금세 퍼졌다. 우리가 그렇듯 그들도 호기심이 잔뜩 부풀어 올랐을 것이다. 우리 자리로 방문객들이 수시로 찾아왔다. 어딜 가나 남쪽 일행은 호기심 가득한 환대를 받았다. 우리는 정차 역에서도 따로 무리 짓지 않고 함께 어 울리곤 했다. "김 동무! 미제의 쓴 물 맛 좀 보시라요"라며 매점에서 산 콜라를 내밀면 농담도 잘한다며 손사래를 치면서도 콜라병을 받 았다.

## 남북이 자유롭게 만난 기이한 공간

차창 밖으로 시베리아의 자작나무들이 끊임없이 흘렀다. 오랜 시간 누구의 손길도 닿지 않은 벌판에 선 나무들이 천 가지의 사연을 담고 달리는 열차를 품어 주었다. 캐나다의 만화가 기 들릴Guy Delisle의 평 양 체류기 『평양』Pyongyang에서 기 들릴은 어디를 가더라도 안내원과 동 행해야 하는 것이 불만이었다. 금강산 관광을 갔던 이의 경험담을 듣 거나 다른 북한 방문기를 봐도 모든 방문자에게는 안내인이 따라붙 는다고 나온다. 안내인은 일종의 감시자이기도 했다. 당국에서 사전 허가한 방문지나 면담자가 아니면 찾아갈 수도 만날 수도 없었다.

여행자가 원하는 것은 현지인과 만나 그들의 생활을 경험하는 것 이다. 함께 먹고 마시고 이야기하면서 같은 행성에 사는 인류로서의 공통점과 지리적·문화적 차이를 살펴보는 일은 여행이 주는 큰 즐

○

끊임없이 스쳐 지나가는 자작나무 감상은
시베리아 열차 여행의 묘미다.

거움이다. 하지만 북한에서는 현지인과의 자연스러운 접촉이 불가능하다. 이런 현실 속에서 우연히 열린 작은 시공간의 틈으로 들어간 것은 대단한 행운이었다. 시베리아 횡단 열차 안이라는 특별한 공간은 남과 북의 여행자를 자연스럽게 섞어 놓았다. 분단 이후 평범한 남북의 노동자들이 이토록 스스럼없이 어울릴 수 있었던 적은 아마 없었을 것이다. 처음에는 주저했지만 시간이 흐르자 조금씩 말이 트였고 마음이 열렸다. 심리적으로 쌓였던 장벽은 금세 녹아내렸다. 무엇보다 같은 말과 글을 쓴다는 사실이, 같은 음식을 좋아한다는 사실이 우리가 떨어질 수 없는 사이임을 일깨워 주었다. 분단으로 귀결된 미완의 해방. 70년을 섬 아닌 섬으로 살아온 남쪽 사람들은 대륙의 꿈을 잊은 지 오래다. 시베리아를 가로지르는 열차 안에서 동포들과 나눈 어깨동무가 깊은 잠을 깨웠다. 선조들이 해방을 꿈꾸며 달렸던 철길 위에서 광복 70년이 새롭게 다가왔다.

"저기……. 전화 한 통화만 빌려 씁세다." 열차의 흔들림에 몸의 리듬을 맞추며 그동안의 지출 내역을 정리하고 있는데 한 동포가 조용히 다가왔다. 뒤이어 다른 동포가 북조선 빵이라며 맛을 보라고 가져왔다. 이르쿠츠크까지는 아직도 두 밤을 더 자야 했다. 달려가는 동안 펼쳐질 일들에 대한 기대로 입가에 미소가 일었다. "빵 맛부터 봅세다. 동무!"

## 횡단 열차 안에서의 전화 통화

유심카드를 갈아 끼운 덕분에 횡단 열차 안에서도 한국의 가족과 친구들에게 사진과 문자를 보낼 수 있었다. 북한 노동자들에게 전화를 빌려주기도 했다. 불편함도 있었다. 워낙 광대한 땅이라 기지국을 촘촘히 세울 수 없었는지 몰라도 열차가 도시를 벗어나면 불통되기 일쑤였다. 그래도 달리는 열차 안에서 수만 리 떨어진 이들과 실시간으로 소식을 주고받는 것은 대단한 일이었다.

　북한 노동자 중 최고 연장자로 보이는 이는 휴대전화를 자주 빌려 갔다. 1967년생, 48세라고 했다. 그는 내 옆에 앉아 이르쿠츠크 현장의 관계자나 동료에게 전화하곤 했다. "여기 지금 어딘지는 잘 모르겠는데 내일 밤에나 치타에 도착한답니다. 별 탈 없이 잘 가고 있으니까 걱정하지 마시라요. 울란우데쯤 가면 또 연락하갔습네다"라거나 "야! 만덕이? 나야. 그래! 너네 아버지랑 너 마누라랑 순안 공항까지 나왔더랬어. 뭐라고? 잘 안 들린다고? 야! 나 이거 통화 오래 못해. 남조선 동포한테 빌려서 전화하는 거야. 뭐? 남조선! 응. 남조선! 열차 안에서 만났어. 자세한 건 만나서 말해 줄게. 응! 너네 아버지하구 마누라한테 받은 편지 내가 가져가. 응. 내가 읽어봤는데 별 내용은 없고 평양 가족들은 무탈하니까네 집 걱정하지 말구 너만 몸 건강히 잘 지내라는 거야. 사진도 한 장 있어. 내가 가져가서 보여 줄게. 응. 니 마누라 많이 울었지" 같은 통화였다. 고스란히 들리는 통화 내용을 안 듣는 척, 창밖으로 흐르는 자작나무 숲만 쳐다봤다. 통화가 끝난 후 그에게 한마디 했다. "어차피 러시아에 전화 걸 사람도 없으니까 아무 때나 맘껏 쓰세요."

## 달콤하지 않았던 아이스크림

하바롭스크를 떠난 열차는 다섯 시간 30분을 달린 끝에 오블루체라는 작은 역에서 15분간 정차했다. 오후 1시, 태양은 작정한 듯 복사열을 내뱉었다. 후끈 달아오른 객차를 탈출했지만 밖이라고 더위를 식힐 공간은 딱히 없었다. 승객들은 지친 표정으로 객차가 만들어낸 그늘에 서있거나 쪼그려 앉았다. 먹을거리를 파는 러시아 여인들이 승강장에 나타났다. 아이들을 동반한 승객들이 아이스박스를 들고 온 여인들 주위로 모여들었다. 스티로폼 아이스박스에 초콜릿과 바닐라 맛 아이스크림이 들어 있었다. 한국의 놀이공원이나 길거리에서 파는 것과 비슷했다. 일행 한 명이 맛을 보자고 보챘다. 하나에 30루블, 한국 돈으로 600원밖에 안 되는 가격이다. 주변에 있던 몇명의 북한 노동자들만 사주기에도, 우리 칸 일행들만 골라 주기에도, 모두에게 다 돌리기에도 애매했다. 세 개만 사서 우리끼리 먹었다. 북한 동포들이 무심한 듯 눈을 돌렸다. 혀끝에 돌던 아이스크림의 달콤함이 사라졌다. 열차가 곧 출발할 조짐이 보이자 아이스크림값이 20루블(400원)로 떨어졌다. 열차에 오르기 바쁜 승객들이 다시지갑을 열 기미는 보이지 않았다. 열차가 출발하자 아이스크림을 팔던 여인들이 남은 아이스크림을 승강장 바닥에 쏟아부었다. 어차피이 더위에 곧 녹아 버릴 것들이었다.

횡단 열차 안에서의 시간은 묘한 능력을 지녔다. 남북한의 여행자들은 처음 눈을 마주쳤을 때부터 분단된 땅의 반대편 사람임을 알아챘다. 남북은 벽을 사이에 두고 원수처럼 지내 왔다. 수십 년간 각자의 체제에서 언론·출판·교육·선전을 통해 상대를 부정하는 세례를 받아 왔다. 의심과 불신의 프리즘이 장착된 셈이었다. 내 자리 맞은편 이층 침대를 쓰는 북한 친구는 처음 만났을 때를 떠올리며 이렇게 말했다. "이제야 말하지만 남조선분들 처음 봤을 때 기분은 정말 뭐라 말할 수 없었습네다. 얼마나 놀랐든지……." 그것은 남한 사람들도 마찬가지였다. 밥을 같이 먹고 담배를 나눠 피고 농담을 던지면서 처음에는 직업을, 다음엔 나이를, 마침내 통성명을 하면서 편해졌다. "가만있자, 그러니까 제가 형님이라 부르면 되갔습네다" 라거나 "오래 살고 볼 일이네. 남조선 동생도 생기구. 거 남조선 소주 한잔 더 따라 보시우"라며 가로막힌 장막을 걷어냈다.

## 평양 인쇄공장에서 찍은 러시아어 회화책

백야가 만든 긴 낮이 대지를 달구고 기온을 올리며 여행자들을 괴롭혔다. 냉방이 안 되는 객차 안 여행자들은 수시로 흐르는 땀을 닦았다. 사람들은 동물원 우리에 갇힌 곰처럼 억지로 낮잠을 청하거나 멍하니 창밖을 내다봤다. 남북 화합의 현장이 된 우리 자리는 열차 안의 생활 사이클에 따라 적막이 흐르는 공간이 됐다가 북적대는 장터가 되기를 반복했다. 그런 순환 속에 조용히 각자의 시간을 보내던 중 이제는 통성명해 이름을 아는 유재석(가명) 청년이 말 걸었다.

"로어 회화책 한 번만 더 볼 수 있을까요?"

"아무렴요. 언제든 말씀만 하세요."

벌써 몇 번째 회화책을 빌리는 청년에게서 책을 부러워하는 눈빛을 보았다. 서울을 떠나기 전 급하게 사 온 회화책은 코팅된 표지에 본문 종이 질이 좋고 인쇄도 선명했다. 물론 남한에선 특별한 것이 아니지만 유재석이 가지고 있는 북한의 회화책과는 비교할 수 없는 품질이었다.

"이봐요, 유 동지! 그 책 갖고 싶으면 우리 서로 바꿉시다."

나는 휴대전화의 번역 앱을 책보다 유용하게 쓰고 있었고 집에도 같은 책이 있었다. 유재석은 해어진 자기 책을 새 책과 바꾸는 것이 염치없는 일이라며 손사래를 쳤다. 그러면서도 책을 얼마에 샀느냐고 물으며 관심을 놓지 않았다. 나는 거듭해서 재석을 설득했다.

"헌책이라도 상관없어요. 북한에서 만들어진 책을 기념으로 갖고 싶어서 그래요!"

청년은 한참을 고민하더니 자신의 『로어회화』 책을 넘겨주고는 내 책을 받았다. 대신 머리말이 인쇄된 맨 앞 장을 뜯는 조건이었다. 나는 그럴 수 없다고 버텼지만 재석도 완강했다. 결국 재석의 뜻대로 머리말을 뜯었다. 머리말에는 "위대한 지도자 김정일 동지께서는 다음과 같이 지적하시었다. 외국어학습에서는 회화가 기본입니다"로 시작하는 문장이 들어 있었다. 애써 감추고 있었지만 청년의 얼굴이 만족감으로 가득 찼다. 옆에서 이 광경을 지켜보던 다른 북쪽 친구가 부러운 기색으로 말했다. "야 너 이거 횡재했구만! 어케 바꿨던 거야?"

재석 청년으로부터 받은 책은 가로 14.5센티미터, 세로 10.5센티미터 크기로 주체 97년(2008년)에 외국문도서출판사가 발행한 것이다. 평양고등교육도서인쇄공장에서 만들어졌다. 종이 재질이 거칠었고 오래 사용했는지 많이 낡아 있었다. 이 책은 건설 노동자에게 특화되어 있어서 생활에 필요한 기본 어휘와 문장 외에 '묽은 몰탈' '인조석미장' '이중창문' 같은 용어들과 '작업이 끝난 즉시 현금으로 지불해 주겠습니까?' 같은 공사 현장에서 쓸 법한 문장들이 들어 있

—— 남과 북에서 나온 러시아어 회화책

었다. 어쩌면 내가 준 책에 있는 '호텔에서' '공항에서' 같은 정보보다 재석에게 더 필요한 내용이 아닐까 생각했다. 하지만 다른 북쪽 친구들이 비슷한 책들을 가지고 있었고 서울에서 가져온 책에는 '열이 나고 머리가 아파요' '배가 심하게 아픕니다' 같은 위급 상황에 필요한 문장들이 상세히 들어가 있었다. 타국에서 꼭 필요한 내용일 거라고 자위했다.

## 상상 평양냉면 시식회

차장실 벽에 걸린 온도계의 수은주가 거침없이 올라가고 있었다. 송골송골 맺힌 땀을 닦으며 남북이 또 침상에 둘러앉았다. 컵라면과 빵으로 연명해 온 남북의 여행자들이 상상의 요리 시식회를 열었다.

"남조선분들이 평양냉면 하면 옥류관이 최고라 하는데 사실 옥류관은 유명만 하지 맛은 별로예요. 더 맛있는 곳이 많아요."

"저는 그저 아무 냉면이라도 한 젓가락 먹으면 원이 없겠네요."

"하하, 지금 뭐 아무 냉면이면 어떻습네까? 뭐라도 맛있지요."

"그럼 평양에 유명한 데 많아요? 나중에 평양 가면 찾아가게요."

"옥류관 말고도 평양냉면집 많지요. 싸고 양도 많이 주고요. 제가 있을 때 한번 오시라요. 안내해 드릴게요. 동치미 얼음 육수에 겨자 사알짝 풀어서리 국물 먼저 한 번 쭈욱 마시고 고명으로 얹힌 고기 한 덩어리 먹은 담에 냉면 가닥을 입에 넣으면 고저 더위가 싹⋯⋯."

36살의 이만수(가명)가 평양냉면을 묘사하는 순간 침대에 둘러앉은 사람들 모두 마른 침을 꿀꺽 삼켰다.

### 민족도 하나, 조국도 하나, 당도 하나?

남북의 여행자들은 혹여나 서로의 기분을 상하게 할까 봐 정치적인 언급은 애써 자제했다. 그래도 가끔 의도치 않게 정치나 사회 현안과 관련된 주제들이 던져졌다. 한번은 북한 노동자 한 명이 세월호 참사에 관해 물어보았다. 처음에는 북한 노동자들이 세월호를 안다는 것 자체가 신기했지만 모를 수 없는 일이라고 생각했다.

"희생된 학생과 그 가족들을 생각하면 참 안타깝죠. 시민들이 정부에 진상 규명과 사후 대책 마련에 적극적으로 나서라고 시위도 하고 그래요."

"아니, 그럼 박 선생님도 데모합네까?"

"예! 당연하죠. 저도 사고 당시 두 딸이 고등학생과 중학생이어서 남의 일 같지가 않았죠."

나는 휴대전화를 뒤져 광화문의 세월호대책위 천막과 시위 현장을 찍은 사진을 보여 주었다. 북쪽 일행 중 한 명이 관심을 보이며 말을 이었다.

"와! 이렇게 혁명 투쟁에 나선 분들을 보니까 더 반갑습네다."

"아이고 하하, 혁명 투쟁이라뇨. 정부가 나라를 잘 다스리지 못할 때 시민들이 저항하는 건 민주주의의 기본 권리잖아요."

"우리는 데모 같은 것은 상상도 못합네다. 위대한 지도자 동지가 인민들을 잘 돌봐 주니까 데모할 일이 없지요."

다른 북한 친구도 말을 거들었다.

"남조선이야 당이 여러 개라 맨날 싸우고 인민들을 보살피지 않지요. 민족도 하나, 조국도 하나, 당도 하나! 우리처럼 유일 당의 영도력이 인민의 생활을 보장해야 하는데……. 남조선도 우리 공화국처럼 당을 하나만 가지면 좋을 텐데요."

옆에 앉아 한참 말을 듣던 유성주가 치고 들어왔다.

"좋아요. 남쪽에 당이 딱 하나만 있다고 칩시다. 근데 그 당이 만약 인민들 신경 안 쓰고 지네 밥그릇만 챙기면서 남북을 이간질하는 당이면 어떨 것 같아요?"

이번엔 이만호가 즉각적으로 반응했다.

"어휴~, 생각만 해도 끔찍해라."

북쪽 친구는 말문이 막혔는지 머쓱한 표정으로 답했다.

"거기까지는 미처 생각 못했습네다."

다음 정차 역에 내렸을 때 열심히 주변의 풍경을 사진 찍고 있는 내게 이만호가 말을 붙였다.

"형! 나, 궁금한 게 있는데……. 북한 사람들은 진짜로 당이 뛰어난 영도력으로 인민들을 보살핀다고 생각하는 거야? 우리한테만 그렇게 이야기하고 속으로는 욕도 하겠지?"

"솔직히 잘 모르겠어. 아까 말하는 태도에는 어떤 확신 같은 게 보였거든. 사람 사는 데는 다 똑같을 거 같기도 하고."

## 차장과 맞담배

어떤 이는 김일성의 신통한 능력을 자랑하기도 했다. 기독교 신자가 신약성서에 나오는 예수의 기적을 말할 때 같은 달뜬 표정이었다. 그에 따르면 김일성이 어느 마을을 지나다가 감나무를 보고 나무에 달린 감이 모두 몇 개라고 말했는데 사람들이 실제로 감을 따서 세어 보니 딱 맞아떨어지더라는 것이었다. 솔방울로 수류탄을 만들고 나뭇잎으로 압록강을 건넜다는 기적이야 익히 들어 알았지만 감나무 기적은 처음 듣는 것이었다. 호기심 많은 동자승의 표정으로 이야기를 듣다가 양해를 구하고 객실 연결 통로로 나갔다.

발판 밑의 틈으로 선로의 자갈들이 빠르게 스쳐 지나가는 것이 보였다. 손에 잡히는 대로 들고나온 담뱃갑의 비닐을 벗겼다. '북극성'이라는 이름의 북한 담배였다. 한 개비 꺼내 불을 붙이고 평소보다 깊게 들이마셨다. 식도가 꽉 막히는 느낌이 들었다. 타르 함량을 보니 13밀리그램이다. 독한 북한 담배 중에서도 제일 센 놈을 가져왔다. 권력자를 숭배하는 북한 사람들이나 돈의 노예가 되어 발버둥치는 남한 사람들이나 우상 밑에 깔려 신음하긴 마찬가지였다. 나도

모르게 한숨 같은 연기를 내뱉으며 고개를 돌렸다. 유리창 밖 건너
편 연결 통로에서 차장이 인상을 쓰고 내 담배를 손가락으로 가리켰
다. 나는 미소를 지으며 보란 듯이 한 모금을 더 빨았다. 차장의 손에
도 불붙은 담배가 들려 있었기 때문이다.

## 씻기의 철학

시간이 지남에 따라 여행자들은 횡단 열차 생활에 완전히 적응했다.
할 수 있는 것과 없는 것이 무엇인지 알게 되면서 주어진 조건에 몸
을 맞추게 되었다. 한여름 땀에 젖은 승객들이 제일 바라는 것은 편
하게 씻는 일이었다. 하지만 열차에서 씻을 공간은 화장실뿐이다.
화장실 점유를 위해서는 여러 가지 난관을 극복해야 했다. 차장은
역에 정차하기 30분 전부터 화장실 문을 잠근다. 배설물이 아래로
떨어지는 직하 처리 방식이라 여러 곤란한 일들이 생기기 때문이다.
   해가 뜬 뒤에는, 나처럼 눈곱만 떼면 된다는 생각을 하는 이와 달
리 반드시 얼굴을 씻어야 하는 사람들이 화장실 앞에 줄을 선다. 줄
이 긴 경우에는 객실 안까지 이어진다. 아침 식사 후에는 활발한 대
장 운동의 결과를 증명하려는 사람들이 화장실로 모여든다. 화장실
앞 차창에 기대어 어금니를 문 채 눈을 지그시 감은 사람이 보이면
아름다운 인류애가 발휘되어 순서를 바꿔 주기도 한다. 저녁에도 수
건과 칫솔을 든 사람들이 화장실 밖에서 차례를 기다린다. 화장실은
객실 양쪽 끝에 있다. 운이 좋아 갈 때마다 화장실이 비어 있는 사람
도 있지만 반대의 경우도 적지 않다. 화장실 안에는 웬만해서는 맨
살을 밀착하고 싶지 않은 좌변기가 있고 바로 앞에 세면대가 있다.

세면대의 수도꼭지에는 스프링식 쇠 막대가 달려 있는데, 이 막대를 위로 올리고 있는 동안에만 물이 나온다. 양손으로 물을 받아 얼굴로 가져가면 물이 끊긴다. 세면대 구멍을 막으려고 골프공을 준비하기도 하는데 신통치 않다. 그나마 유용한 방식은 2리터 정도의 빈 페트병에 물을 받아 사용하는 것이다. 이런 조건에서 사람들은 삶을 대하는 각자의 태도에 따라 자기만의 방식으로 씻었다. 불가사의하지만 매일 밤 목욕하는 사람도 있었고, 나처럼 식후 양치질과 고양이 세수로 버티는 사람도 있었다(나 말고도 또 있었을 것이다). 땀이 마르고 다시 흐르기를 반복하면서 온몸을 겹겹이 코팅했다. 며칠째 교환되지 않고 있는 속옷에 비하면 견딜 만했다.

## 지구를 구하는 북조선 청년

열차 안의 남북 관계는 해빙의 상태를 넘어 펄펄 끓더니 쫄아들어 끈적끈적하게 변했다. 조심스럽게 응하던 사진 촬영도 거리낌 없어졌다. 서울에서 개성이나 평양은 러시아나 중국의 철도 여행 개념으로 보면 코앞을 오가는 것이다. 우리와 북한 노동자들은 기껏해야 200킬로미터 남짓한 거리에 떨어져 사는 이웃이었다. 휴전선만 뚫린다면 서울 사람이 전주나 대구에 가듯 언제라도 놀러가 만날 수 있는 사람들이다.

북쪽 노동자들은 우리가 가져간 디지털 기기에도 관심을 보였다. 스마트폰은 물론, 디지털카메라의 사양이나 기능에 대해 물어보곤 했다. 북쪽 친구 몇은 남쪽 일행 한 명이 가져온 아이패드 때문에 잠을 설쳤다. 사악한 남쪽 친구가 북쪽 친구에게 도끼자루 썩는지도

—— 심야에 아이패드로 지구를 구하는 북한 노동자들

모르게 한다는 중독성 강한 게임을 알려 줬기 때문이다. 밀려오는
외계 비행체들을 우주 전투기로 맞서 지구를 구하는 게임이었다. 그
들 중 유일하게 평양이 아닌 해주에서 왔다는 친구가 탁월한 게임
감각을 보여 줬다. 몇 번의 시도 끝에 스테이지를 하나씩 돌파하더
니 신기록을 갱신해 나갔다. 동료 하나가 옆에 달라붙어 코치를 했
다. "야! 기거이 보너스 먹을 욕심내지 말라우! 그거 먹으러 가다가
내께 터지잖이!" 둘은 모두가 잠든 밤에도 아이패드를 들고 몸을 이
리저리 기울이며 지구를 구했다.

4장

# 치타 – 울란우데
## Chita - UlanUde

치타
하바롭스크
울란우데
우수리스크
블라디보스토크
인천

"어떤 날은 종일 보리밭 사이를 달리다가, 또 어떤 날은 호수를 끼고 한없이 달리기도 했다." 1936년 베를린 올림픽에 출전하기 위해 시베리아 횡단 열차에 올랐던 손기정의 증언이다. 손기정이 한없이 달린 호수가 바로 바이칼이었다. 현지 적응 훈련을 위해 본진보다 일찍 도쿄를 떠난 손기정은 부산항에서 경부선을 타고 서울역에 와 다시 경의선을 달려 만주로 가는 국제 열차로 갈아탔다. 치타에서 시베리아 횡단 열차를 타야 했는데 일주일에 두 번 있는 정규 열차 편 시간이 맞지 않아 화물열차를 탔다. 화물열차에 몸을 싣고 고단한 여정을 견딘 식민지 청년은 베를린에 와서도 그리 환영받지 못했다. 대표 팀을 마중 나온 베를린 주재 일본 대사관 직원이 왜 조선인이 두 명이나 끼어 있냐며 면전에서 화를 냈기 때문이다. 보름이나 열차에서 시달린 손기정은 이때 왈칵 울음이 나오려는 걸 간신히 참았다고 회고한다.

○

# 한인들의
# 발자취가 서린 철길

## 옛 동청철도 노선의 시발점 치타

열차가 출발한 후 세 번째 밤 오전 1시경 치타에 도착했다. 치타는 베이징 – 선양 – 하얼빈 – 만저우리를 잇는 중국의 동북 지방을 관통하는 열차와 합류하는 곳이다. 치타에서 하얼빈을 거쳐 블라디보스토크까지 이어지는 철도 노선은 한때 동청철도라고 불렸다. 시베리아 횡단철도의 운행 거리를 단축하고 싶었던 러시아는 청나라로부터 만주 통과 노선을 얻어냈다. 청일전쟁의 뒤처리에 개입한 러시아가 일본에 압력을 가해 청나라의 배상 부담을 줄여 준 대가였다. 이 때문에 중국에서는 러시아에 우호적인 여론이 일었다. 하지만 중국인들은 동청철도의 권리가 러시아에 양도된 것을 알자 분노했다. 국제 관계에서의 선의란 자국의 이익을 감싸고 있는 포장지에 불과하다는 사실을 보여 준 사건이었다. 치타는 동청철도의 시점이 되었고 블라디보스토크는 시베리아 횡단철도의 동쪽 출발점이자 동청철도의 종점이 되었다. 그 중심에 있는 하얼빈은 러시아가 장악한 만주의 요충지였다. 러시아 철도 건설 노동자와 군인, 관리들이 들어오자 하얼빈은 유럽풍의 신도시로 탈바꿈했다.

1909년 안중근이 이토 히로부미를 암살하기 위해 하얼빈으로 향하던 열차의 출발지는 블라디보스토크역이었다. 그가 하얼빈으로 가면서 가장 크게 고민했던 것은 러시아어를 모른다는 사실이었다. 중국령이지만 러시아가 장악했던 하얼빈의 당시 현실을 짐작할 수 있는 대목이다. 10월 21일, 안중근 일행을 태운 열차가 중국 국경을 넘어 쑤이펀강에서 1시간가량 정차했다. 이때 안중근이 역 밖으로 나가 18세 소년 유동하를 데려왔다. 유동하는 안중근의 지인인 한의사 유경집의 아들이다. 소년은 답답한 약방을 떠나 안중근을 따라나섰다. 그리고 안중근 일행의 통역과 하얼빈 안내는 물론 가는 김에 한

—— 치타역에서 열차 정비가 끝나길 기다리며 시간을 보내는 남북의 노동자들

약재를 사 오라는 부친의 심부름까지 여러 가지 임무를 부여받았다. 이때까지만 해도 그는 자신이 얼마나 엄청난 역사의 소용돌이 속으로 빨려들게 될지 꿈에도 몰랐을 것이다. 뤼순 법원 피고인석에 안중근과 나란히 앉은 유동하의 앳된 얼굴이 머릿속을 스쳐 지나갔다.

## 시베리아 경험이 낳은 이광수의 소설

새벽 시간임에도 적지 않은 승객이 열차에 타고 내렸다. 36분간의 정차 시간을 확인한 뒤 홀로 역 광장으로 나갔다. 어둠 속에서 치타 역이라고 쓰여 있는 전광판이 붉게 빛났다. 택시 기사 몇 명이 광장 앞 도로에서 호객하다가 승객이 나타나지 않자 떠나 버렸다. 역 건너편의 시가지는 택시마저 사라진 도로를 삼킨 채 깊은 어둠에 잠겨 있었다.

1914년 2월, 스물셋의 이광수가 치타에 도착했다. 이광수의 최종 목적지는 미국이었다. 샌프란시스코에서 발행되는 『신한민보』新韓民報의 주필을 맡기 위해 가는 길이었다. 그는 유럽에서 대서양을 건너는 배로 갈아타기 위해 횡단 열차에 올랐다. 그러나 미국에서 보내 주기로 한 여비가 계속 지체되었다. 별수 없이 기다리다 제1차 세계 대전이 터졌고, 이광수는 끝내 미국행을 포기하게 된다. 치타에 머물게 된 이광수는 시베리아와 북만주 일대의 민족주의자들을 중심으로 모인 한인 결사체인 대한인국민회의의 기관지 『대한인정교보』大韓人正教報 편집을 돕는다. 같은 해 6월에는 치타에서 열린 시베리아 국민회 대의회에서 『대한인정교보』의 주필로 임명된다. 조선과 일본, 만주와 하얼빈, 이르쿠츠크의 바이칼 호수를 배경으로 하는 춘

—— 심야의 치타역. 미국으로 가려다 발이 묶인 이광수를 생각했다.

원의 소설 『유정』은 이때의 경험을 바탕으로 쓰였다. 샌프란시스코
행을 고대하던 이광수는 종종 치타역을 찾았을 것이다. 만약 이광수
의 미국행이 성공했다면 어땠을까? 천왕을 위해 몸 바쳐 싸우자며
일본에 부역했던 매국의 길과는 다른 행로를 갔을까?

## 치타에서 합류한 한인 여장부

아침이 밝고 몇 번의 정차 역을 거친 뒤에야 우리 객실에 새로운 승
객이 합류한 사실을 알게 됐다. 북한 노동자들이 한 여성을 둘러싸
고 앉아 이야기 나누는 모습이 보였다. 연변에 사는 조선족 동포였
다. 열차 안에서 한민족대회라도 열어야 할 판이 되었다. 조선족 동
포는 1962년생, 54세라고 했다. 중국의 현대사를 돌파해 온 조선인
디아스포라였다. "남조선분이지요? 딱 보니 알겠네요." 먼저 자리
잡은 사람들이 공간을 좁혀 내 자리를 마련하는 동안 그가 명랑한

얼굴로 인사를 건넸다. 지난밤 치타에서 열차를 탔다는 그는 종착역인 노보쿠즈네츠크까지 간다고 했다. "복장 장사를 합니다." 그는 철의 실크로드를 따라 극동에서 중앙아시아까지 종횡무진 다니면서 옷 파는 일을 하고 있었다. 남한에서 장사할 생각도 있었지만 연변 동포들이 수지를 못 맞추는 걸 보고 생각을 바꿨다고 했다.

남과 북에 연변 동포가 참가한 한민족 대토론회는 우연한 계기로 열렸다. 이런저런 사는 이야기를 나누던 끝에 남자와 여자의 역할론까지 나와 각자의 생각을 나눴다. 그런데 여기서 의견이 부딪혀 불길이 일었다. 나는 어느 한 사람이 언성을 높이면 적절히 제지하면서 자연스럽게 사회자 역할을 맡게 되었다. '남자가 여자를 받들어야 하는가?'로 시작된 대화는 '국가냐, 개인이냐'의 주제로 이어졌다.

"나도 그전에는 북조선하고 생각이 똑같았어요, 그런데 살다 보니 그게 아냐. 내 쾌락이 중요하지, 내가 먼저 행복해야 하는 거야."

"아이고 어머니, 내 말씀 좀 들어보시라요. 조국이 있어야 내가 있는 거야요."

나는 권투 심판처럼 목소리를 높이는 북쪽 패널을 진정시키고는 토론 예절을 주지한 뒤 경기를 재개하게 했다. 새로운 패널이 말을 이었다.

"이봐요! 아주마이. 내가 조국을 위해서 일을 많이 하면, 그래서 조국이 잘살면 그 속에 내 행복도 있다. 그거만 알면 됩니다."

"물론 조국이 부흥하면 좋지요. 그런데 내가 행복하고 살기 편해야 조국도 잘되는 거야요."

연변 패널은 전혀 물러설 기색을 보이지 않았다.

—— 연변의 여장부 이야기에 귀를 기울이는 남북한 사람들

"조국은 어버이와 같아요. 조국을 위해 몸 바치는 것은 어버이를 섬기는 것과 같지요. 우리가 식민지 고통을 얼마나 받았습네까? 조국의 품이 없으면 나는 없는 거야요. 어버이 조국, 어버이 장군님의 품이 진짜 행복한 거예요."

"나도 어린 시절 모택동이가 전부인 줄 알았어요. 그런데 모택동이 죽고 나니까 뭐 아무것도 아니두만."

"아니, 이 아주마니 어따 대고 우리 장군님하고 모택동이를 비교해?"

사회자 권한으로 잠시 냉각기를 가졌다. 그 때문인지 분위기는 한결 누그러졌다. 토론의 마지막은 과거에는 배 나온 게 부자의 표식이었지만 지금은 고혈압과 관절염 등의 원인이 되는 비만일 뿐이라는 이야기로 종결됐다. 한참 떠들던 패널들과 구경꾼들이 자신들의 뱃가죽 두께를 손으로 재며 해산했다.

## 혁명의 피로 붉게 물들었던 우데강

블라디보스토크 출발 4일째 오전 10시, 열차는 부랴트공화국의 수도 울란우데에 도착했다. 소련 시절에는 부랴트-몽골 소비에트 사회주의 자치공화국의 수도였다. 몽골의 수도 울란바토르를 거쳐 시베리아 횡단철도에 연결되는 몽골 종단철도TMGR의 종점이다. 만주의 독립 투쟁사와 근대 철도의 흔적이 담긴 만철 노선과 동청철도 노선에 흥미를 갖고 있다면 하얼빈을 통과해 치타에 닿는 만주 횡단철도를, 몽골의 대평원과 사막을 느끼고 싶으면 몽골 종단철도를 이용하면 된다. 두 노선 모두 중국 베이징에서 출발한다. 역에 누군가를 마중 나온 이들의 얼굴이 한국 사람을 보는 듯 낯익었다. 익숙한 생김새인 몽골계 사람들이 말하는 러시아어가 묘하게 느껴졌다. 한국 사람의 말을 외국어 더빙으로 듣는 기분이었다.

카메라만 챙겨 역사를 빠져나왔다. 시베리아 횡단 초기의 증기기관차가 역 근처 거리에 전시되어 있다는 정보를 미리 챙긴 터였다. 역 광장에서 오른쪽으로 이어진 길을 따라 가볍게 뛰었다. 곧 가로수가 늘어선 2차선 도로 건너편에 기관차가 보였다. 증기기관차와 전기기관차가 한 대씩 서있었다. 증기기관차에는 러시아에서 조국수호 전쟁이라 부르는 제2차 세계대전의 승전 70주년 기념 장식이 설치되어 있었다. 소비에트연방 시절 횡단철도를 달렸던 2182호 텐더형 증기기관차는 무심히 지나치는 사람들 사이로 나타난, 먼 곳에서 찾아온 순례자를 맞이했다. '울란'은 붉다는 뜻으로 피를 의미한다. 1917년의 러시아혁명 정신은 대륙 동쪽의 한을 품은 사람들에게도 희망을 가져다주었다. 많은 몽골인이 혁명을 파괴하기 위해 나선

—— 울란우데역 앞에 전시된 제2차 세계대전 승전 70주년을 기념하는 증기기관차

백군과 이들을 지원한 일본군에 맞서 5년이나 지속된 빨치산 투쟁에 가담했다. 이 중에는 조선인 무장 부대도 있었다. 그해 이들이 흘린 피가 우데강을 붉게 물들였다. 혁명을 지켜낸 도시 베르흐네우딘스크는 이때부터 '울란우데'라고 바꿔 부르게 되었다.

서둘러 기차로 돌아와 자리에 앉았다. 긴 기적과 함께 열차가 서서히 움직이며 울란우데역을 떠났다. 여정의 첫 번째 하차 도시 이르쿠츠크 도착이 9시간도 안 남았다. 승객들은 가석방을 앞둔 죄수들처럼 얼굴에 여유를 되찾았다. 우리가 '마녀'라고 부른 규율을 엄격히 강요했던 간수, 아니 차장도 열차가 서쪽으로 갈수록 점점 너그러워졌다. 객차 연결 통로는 이미 공식 흡연실로 사용되고 있었다. 저녁 식사는 제대로 된 식당에서 먹을 수 있겠다는 기대감에 가벼운 마음으로 이르쿠츠크 지도를 펼칠 때였다. "저, 이런 말씀 드리기는 미안합네다만……."

　북쪽 친구가 어두운 얼굴로 찾아와 말을 걸었다.

○

# 마음은 지울 수
# 없다

## 메모리카드에 저장된 추억을 지우다

이르쿠츠크로 가는 동안 북쪽 일행 중 유독 한 사람이 우리와 잘 어울리지 않았다. 그이는 무더위 속에서도 러닝셔츠 차림으로 다니거나 맨몸을 드러내지 않았다. 북한 친구들이 대체로 마른 몸이었지만 그 혼자 배가 나온 점도 달랐다. 미루어 짐작건대 그는 아마 삼등석의 인솔 책임자였을 것이다. 울란우데역에 도착하기 전에 정차한 시골 역에서였다. 육교 위에서 망원렌즈를 장착한 카메라로 역의 이곳저곳을 담다가 평소와는 다른 분위기의 북한 노동자들을 보았다. 북한 노동자들 여럿이 그 앞에 고개를 숙이고 있었다. 혼이라도 나는 것처럼 보였다.

찾아온 북쪽 친구는 미안해하면서 그동안 함께 찍은 모든 사진을 지워 달라고 부탁했다. 그것도 알아서 지우라는 것이 아니라 자기 눈앞에서 지우라는 요청이었다. 우리는 아무런 토를 달지 않았다. 그저 착잡한 마음으로 그동안 찍은 사진들을 열었다. 열차 안과 정차 역에서 환한 미소로 렌즈를 향했던 얼굴들이 나타났다가 삭제 버

—— 이르쿠츠크에 가까이 오자 바이칼이 마중을 나왔다.

튼을 누름과 동시에 사라졌다. 지우다 보니 꽤 많은 사진을 찍은 것을 알았다. 북쪽 친구는 메모리카드를 거듭 확인하고는 몇 번이나 미안하고 고맙다는 말을 남긴 후 자리로 돌아갔다. 그래도 몇 장은 남았다. 무선 사진 전송 기능이 있는 카메라여서 때때로 휴대전화로 옮겨 놓은 덕분이었다.

### 청년 손기정이 만났던 바이칼

규칙적인 열차의 소음에 몸이 적응되면 그 소음 속에 드문드문 적막이 담겨 있음을 발견하게 된다. 무음 모드의 화면을 보는 것처럼 머리를 기댄 차창 밖의 풍경만이 시선을 채운다. 인간의 뇌는 신기한 조직이다. 생각에 골몰하면 굉음 속에서도 고요를 느낀다. 이런 내 몸을 깨운 것은 거대한 호수였다. "와우!" 몸을 일으켜 스파이더맨처

—— 남과 북의 여권

럼 차창에 달라붙었다. 바이칼이었다. 낮잠을 즐기고 있던 일행들을 깨웠다. 어느새 나타난 호수가 근사한 수평선을 내어놓고 있었다. 잠에서 덜 깬 표정으로 멍하니 밖을 보던 친구도 끝없이 펼쳐진 호수의 위엄에 넋을 잃었다. 객차 안 여기저기서 탄성이 터져 나왔다. 승객들이 호수가 보이는 창가 쪽으로 몰려갔다.

바이칼은 경상남북도를 합한 크기로 세계에서 가장 깊고, 아시아에서 제일 넓은 호수이다. "어떤 날은 종일 보리밭 사이를 달리다가, 또 어떤 날은 호수를 끼고 한없이 달리기도 했다." 1936년 베를린 올림픽에 출전하기 위해 시베리아 횡단 열차에 올랐던 손기정의 증언이다. 손기정이 한없이 달린 호수가 바로 바이칼이었다. 현지 적응 훈련을 위해 본진보다 일찍 도쿄를 떠난 손기정은 부산항에서 경부선을 타고 서울역에 와 다시 경의선을 달려 만주로 가는 국제 열차로 갈아탔다. 치타에서 시베리아 횡단 열차를 타야 했는데 일주일에 두 번 있는 정규 열차 편 시간이 맞지 않아 화물열차를 탔다. 화물열차에 몸을 싣고 고단한 여정을 견딘 식민지 청년은 베를린에 와서도 그리 환영받지 못했다. 대표 팀을 마중 나온 베를린 주재 일본 대사관 직원이 조선인이 왜 두 명이나 끼어 있냐며 면전에서 화를 냈기 때문이다. 보름이나 열차에서 시달린 손기정은 이때 왈칵 울음이 나오려는 걸 간신히 참았다고 회고한다. 1936년 8월 9일, 베를린 올림픽 스타디움의 마라톤 결승선을 최초로 통과한 스물네 살의 조선인 젊은이는 신발부터 벗어 던졌다. 작은 운동화 때문에 달리는 내내 고통스러웠기 때문이었다. 경기가 끝난 뒤의 기쁜 표정으로만 본다면 이날의 우승자는 2위를 한 영국인 하퍼였다. 세계신기록까지 세우며 1위를 한 손기정과 3위의 남승룡은 일절 웃지 않았다. 10만 관중이 운집한 올림픽 스타디움에서 시상식이 열렸다. 일본 국가가 연주되는 동안 손기정은 얼굴을 들지 못했고 우승자에게 주어지는 월계수로는 가슴의 일장기를 가렸다. 일본인들과 체육협회는 분노했고 이후 모든 육상경기에서 손기정의 출전을 금지했다. '대일본제국 만세'를 불렀던 조선인들이 떵떵거리며 살던 시대였다. 마라토너 손기정은 자신의 정체성을 잃지 않았다. 스스로 이룬 성취였음에도 불구하고 청년은 가슴에 조국의 깃발을 달지 못함이 그저 한스러웠다.

**통일되면 만날 수 있갔지요**

바이칼 호수는 마치 바다처럼 거세게 파도가 일었다. 열차는 호수가 연출하는 황홀한 풍광을 끼고 달렸다. 아직 이르쿠츠크까지는 3시간이 더 남았는데 사람들이 짐을 싸기 시작했다. 그만큼 모두 내리고 싶은 마음이 간절했다. 침대 매트리스의 시트와 베갯잇을 벗겨 차장에게 반납했다. 차장실 앞 바구니에는 승객들이 반납한 시트가 가득 쌓여 있었다. 사흘 밤을 누워 지낸 두꺼운 매트리스를 돌돌 말아 침대 한쪽에 몰아넣으니 목적지에 도착한 것 같은 기분이 들었다.

　배낭을 정리하고 있는데 회화책을 맞바꿨던 재석이 허리춤을 살짝 잡으며 따라오라는 눈짓을 보냈다. 우리는 흡연실로 즐겨 찾던 객차 연결 통로에 마주 섰다.

　"박 선생님! 아무 말도 하지 마시고 이거 받으시라요."

　재석 청년이 윗옷 속에 숨겨온 물건을 내놓았다. 나와 교환했던 러시아어 회화책이었다. 내가 입을 떼기도 전에 그가 빠르게 말을 이었다.

　"그렇다고 제가 드린 로어 회화책을 돌려달라는 것은 아닙네다. 사나이가 그럴 순 없지요."

　"정말 갖고 싶어 했잖아요. 나랑 바꾼 뒤에도 열심히 보는 것 봤어요. 그런데 왜?"

　"자세한 사정은 묻지 마시고 제 책만 기념으로 잘 간직해 주세요."

　"왜요? 자본주의 사상 물든 남조선 책 갖고 있으면 당성이 떨어진대요? 어젯밤부터 그쪽 분들 분위기 이상해진 거 알고 있어요. 남조선 사람한테 돌려줬다고 하고 그냥 쓰세요."

　재석 청년은 뜻 모를 미소를 지은 뒤 말했다.

　"일 없습니다."

　"그럼 재석 씨가 준 로어 책 돌려줄게요. 잠깐 기다려요."

　"박 선생님! 제 자존심 밟고 가시려면 돌려주시라요."

　어이없는 한숨을 내쉬는 나를 보고 재석은 씩 웃은 뒤 몸을 돌렸다.

　"그럼 저 먼저 돌아가겠습네다."

　"잠깐만요, 재석 동무!"

나흘간 같이 달려온 북의 청년이 몸을 돌렸다. 나는 손을 내밀며 말했다.

"3년간 아프지 말고, 절대 위험한 일에 나서지 말아요. 안전 장비 귀찮아하지 말고, 돈 많이 벌어서 평양의 부인하고 애기 만나야죠!"

우리는 악수를 하다가 누가 먼저랄 것도 없이 손목을 풀어 서로의 팔뚝을 잡았다.

"여행 잘 하시라요! 조국 통일되면 만날 수 있갔지요."

재석은 먼저 객실로 돌아갔다. 먹먹한 가슴을 다스리기 위해 주머니를 뒤져 담배를 꺼냈다. 독한 담배이기를 바랐지만, 순한 남한 담배가 나왔다.

## 부질없는 기약이 아니기를

살림살이를 모두 챙겼다. 고스란히 남은 5리터짜리 새 물병과 컵라면 하나를 기차를 며칠 더 가야 하는 연변 동포에게 건넸다. 북한 노동자들은 번듯한 정복 모드로 변신했다. 그들의 왼쪽 가슴에는 옛 지도자들의 얼굴이 새겨진 배지가 달려 있었다. 나는 맞은편에 앉은 북쪽 친구에게 배지를 가리키며 혹시 남는 게 있으면 내 물건과 바꾸자고 했다. 그러고는 바꿀 게 무엇이 있을까 생각하는데, 맞은편 친구가 어디다 감히 손가락질하느냐며 얼굴을 붉혔다. 존경하는 지도자 동지가 새겨진 배지를 손가락으로 가리키는 것은 불경이었다. 공손히 두 손바닥으로 가리켜야 했다. 장군님 배지는 함부로 누구와 바꾸는 것이 아니라는 훈계도 들었다. 이 모양을 지켜보던 남쪽 일행이 장난기 섞어 나를 꾸짖었다. 나는 북쪽 친구에게 정중히 사과

했다. 우리는 이후 여행하면서 레닌 동상이나 길고양이를 만나면 두 손을 펴 위로 받들 듯 가리켰다. 절대 존엄에 대한 예의를 갖추기 위해서였다.

열차가 서행하며 이르쿠츠크역에 도착할 기미를 보이자 남북의 노동자들은 서로 작별 인사를 나눴다. 통일되면 꼭 만나자고 다짐하는 우리의 인사가 부질없는 기약이 아니기를 바랐다. 승강장에 내리니 다른 칸에 탔던 북한 노동자들도 하나둘 다가왔다. 아쉬운 미소로 인사를 나눴다.

역 앞엔 트램 노선이 지나는 도로가 있었다. 20, 30명의 소그룹으로 나뉜 노동자들이 가방을 땅에 내려놓고 자신들을 태우고 갈 차량을 기다렸다. 그중에는 중국인 그룹도 있었는데, 승합차 한 대가 와 그들 열댓 명을 태운 뒤 사라졌다. 그들은 오랜 여행에 지친 얼굴로 자신들을 미지의 땅으로 데려갈 누군가를 기다리고 있었다.

5장

# 이르쿠츠크
## Irkutsk

치타
이르쿠츠크 울란우데
하바롭스크
우수리스크
블라디보스토크
인천

바이칼 순환 열차는 느린 속도로 달렸다. 절벽을 끼고 이어진 선로 변의 나뭇잎들이 유월의 햇살을 받아 초록의 빛살을 한껏 반사했다. 호수가 보이는 창가에서 여행자들은 각기 다른 표정과 모습으로 바이칼을 바라보고 있었다. 깊은 우수에 젖은 사람, 연신 감탄하는 사람, 바삐 카메라 셔터를 누르거나 긴 호흡으로 동영상을 촬영하는 사람들이 한데 어우러져 있었다. 여운형과 김규식도 이 길을 달렸다. 그들은 바이칼을 보면서 어떤 생각을 했을까? 바이칼은 알고 있을 것 같은데 아무 말이 없었다.

○

# 이르쿠츠크역에 내린
# 사람들

## 이르쿠츠크역에 내린 조선인 모스크바 밀사

역 밖으로 나오자마자 짐을 맡기고 화장실로 달려갔다. 10루블(200원)을 내고 터지기 직전에 이른 방광의 압력을 해소했다. 여유를 되찾은 나는 우편 취급소부터 찾았지만 보이지 않았다. 스마트폰 시대에 편지나 전보를 취급하는 곳이 아직 남아 있을 리 없었다.

1925년 6월 17일, 90년 전에 나처럼 블라디보스토크에서 출발한 열차를 타고 이르쿠츠크에 내린 이가 있었다. 28세의 박철환이었다. 박철환은 1시간가량의 정차 시간 동안 이르쿠츠크역의 우편 취급소에서 모스크바 도착 시각을 알리는 전보를 쳤다. 그의 옷소매 안감에는 '일본 제국주의의 완전한 타도, 조선의 완전한 독립'을 제1 강령으로 하는 조선공산당 결성에 참여한 사람들이 서명한 파견 위임장이 바느질되어 있었다. 이로부터 두 달 전인 1925년 4월 17일, 경성 황금정(을지로)의 중국음식점 아서원에서 조선공산당이 비밀리에 결성됐다. 박철환은 모스크바에 있는 국제공산당 본부에 이 사실을 알리기 위해 대표로 나선 길이었다.

'철환'이라는 가명을 택한 사람. 조선 해방의 강철 총탄이 되어 날아가겠다고 다짐한 배포 큰 청년은 누구였을까? 바로 죽산 조봉암이다. 3·1운동으로 삶이 바뀐 그가 식민지 극복을 위해 선택한 길은 공산주의였다. 해방 정국에는 미국과 소련에 기대는 정치 세력을 비판하며 자립적 조선 건설을 주창했고, 김일성과 박헌영의 노선에 따르는 좌익 세력도 비판했다. 한국전쟁 이후 치러진 1956년 대통령 선거에서 이승만과 맞붙은 조봉암은 30퍼센트의 득표율로 세상을 놀라게 했다. 이승만 정권과 국가보안법이 진보당의 기치를 내건 조봉암을 가만두지 않았다. 1959년 대한민국 법원은 간첩 혐의를 걸어 그에게 사형을 선고했고, 서둘러 집행했다. 근대를 지나오는 세월 속에 많은 이들이 어이없이 살해됐지만, 그중에서도 안타까운 죽음은 이런 것이다. 진보의 뿌리였던, 거목이라고 불러도 손색없는 사람이 허망하게 사라지고 말았다.

## 5일 만에 팬티를 갈아입다

인터넷으로 예약한 게스트하우스를 찾아 나섰다. 4일간의 열차 수감 생활에 지친 탓인지 길을 잘못 들었다. 지도 앱은 내 위치와 목적지가 꽤 멀리 떨어져 있다고 알려 주었지만, 안내에 따라 찾아간 목적지가 틀렸던 경험이 몇 번 있었기 때문에 앱만 의지할 수는 없었다. 어깨를 짓누르는 배낭에 비까지 오락가락하자 일행들 말투에 슬슬 짜증이 섞이기 시작했다. 아무나 마주치는 사람에게 길을 묻기로 했다. 지도와 주소를 보여 주면 다들 열심히 설명해 주긴 하는데 뭐라 하는지 통 알아들을 수 없었다. 그뿐만 아니라 듣는 사람마다 유추한 해석이 다 달랐다. "이쪽 길로 가라 그런 거야!" "건너편에서 우회전하라 그런 게 아니고?" "왔던 길로 다시 가라는 것 같았는데?" 여러 번의 시도 끝에 초급 영어 구사가 가능한 고등학생 남녀를 만났다. 남자아이의 이름은 알톤이었다. 내가 보여 준 지도를 한참 보더니 근처 자기 집으로 들어가 스마트폰을 들고 나왔다. 알톤이 러시아 지도 앱을 켜고 기꺼이 앞장섰다. 그를 따라 거의 20분을 걸었나 보다. 마침내 후미진 동네의 맨션아파트 1층을 임대해 호스텔로 운영하는 우리의 숙소에 도착했다. 아마 알톤이 아니었으면 우리는 두어 시간쯤 더 헤매다가 서로 멱살을 잡고 다투다가 조기 귀국했을지도 모른다. 러시아 사람들이 대개 웃음기가 없고 불친절하다고 설명한 일부 여행서의 소개에는 동의할 수 없다.

진동하지 않는 널찍한 침대, 물이 콸콸 쏟아지는 샤워기와 욕조, 냄새 없는 하얀 변기……. 인생은 얼마나 아름다운가. 드디어 5일 만에 팬티를 갈아입었다. 샤워를 마치고 인간의 모습으로 돌아온 우리는 반바지에 슬리퍼를 끌고, 손에 든 카메라만 아니면 동네 사람이라고 해도 될 차림으로 호스텔을 나섰다. 배가 고팠으나 숙소 근처에는 작은 슈퍼뿐이었다. 땅거미가 지고 있었으므로 늦게까지 식당을 여는 역 근처로 나가기로 했다. 낮에 헤맨 탓에 역으로 가는 길은 쉽게 찾을 수 있었다.

역 앞에는 식당이 몇 군데 열려 있었다. 역사 왼편 중국 식당의 분위기를 슬쩍 엿본 뒤 역 맞은편의 러시아 식당으로 갔다. 빵과 고기, 샐러드와 생맥주를 시켰다. 나흘 만의 편안한 식사였다. 게다가 샤워까지 마친 상태라 아주 천천히 때늦은 만찬을 즐겼다. 식사 후 숙소로 돌아오는 길은 어둡고 인적이 드물었지만, 건장한 세 명의 남자라 아주 조금만 쫄았다.

## 안가라강 위의 남만춘 다리

침대에서 나오기 싫었다. 오후쯤 일어나 동네나 어슬렁거리다가 돌아와 차가운 맥주나 마시고 싶었다. 그러나 마음과는 다르게 어느새 숙소를 뒤로하고 있었다. 숙소에서 5분쯤 걸어 나오자 내리막길 끝으로 이르쿠츠크시를 가로지르는 안가라강과 역이 보였다. 걸음을 보태 강을 건너는 다리 앞에 섰다. 이르쿠츠크역은 시 외곽에 있다. 시내로 들어가려면 역 바로 옆에 있는 글라즈코브스키 다리를 건너야 한다. 이르쿠츠크에서 가장 오래된 다리로, 1932년 새로 지어 1936년에 완공됐다. 역에서 시내로 가는 1번 트램을 타도 되지만 다리만큼은 걸어서 건너 보고 싶었다. 다리 초입에 올라서니 이르쿠츠크역이 보였다. 이르쿠츠크역은 내가 일하는 수색지구와 많이 닮아 있었다. 역과 더불어 객차와 화차를 정비하는 사업소도 있다. 다리 밑에 기관차가 잔뜩 모여 있는 것으로 봐서는 기관사들과 정비 노동자가 근무하는 기관차 사업소가 있는 게 분명하다. 이르쿠츠크역이 극동으로 가는 출입구 역할을 하는 만큼 큰 규모로 조성된 것이다. 나는 다리를 건너며 일행들에게 앞으로 이 다리를 '남만춘 다리'라고 부르자고 제안했다. 한 친구가 그 이유를 물었다.

1917년 세계를 뒤흔든 러시아혁명은 곧바로 큰 벽에 부딪혔다. 혁명을 분쇄하고 다시 옛 체제를 복원하자고 나선 귀족과 군부가 군대를 일으켰다. 백군이었다. 혁명을 두려워한 이웃 국가 지배자들이

—— 이르쿠츠크역에서 안가라강을 넘어 시내로 연결되는 글라즈코브스키 다리

연합군을 만들어 백군을 지원했다. 볼셰비키가 이끄는 적군과 국제 연합군의 지원을 받는 백군은 운명을 건 싸움에 돌입했다. 혁명의 진원지 상트페테르부르크와 모스크바에서 멀어질수록 백군의 기세가 드셌다. 시베리아 횡단철도 노선은 거의 백군의 차지였다. 1917년 12월, 이르쿠츠크역에 중무장한 백군 병사들이 주둔하고 있었다. 현재의 남만춘 다리는 대형 선박을 통과시키기 위해 중앙 부분이 높은 아치 형태지만, 당시의 다리는 강물 바로 위에 설치되어 있어 배가 통과할 때마다 중앙이 열리게 되어 있었다. 다리 건너편, 이르쿠

츠크 중심으로 향하는 도로 입구는 적군 부대가 방어하고 있었다. 어느 날 백군은 총공세를 펼치면서 다리를 건넜다. 수세에 몰린 적군은 다리를 포기하고 후퇴해야 할 지경에까지 이르렀다. 이때 러시아 사관학교 출신 536연대 소속 중대장 남만춘이 적군 연대장을 설득해 특공대를 조직했다. 스물다섯 명의 특공대는 모두 한인이었다. 이들은 모두 일본을 비롯한 제국주의 군대의 지원을 받는 백군을 물리치고 혁명을 사수하는 것이 조선 해방으로 가는 지름길이라고 생각한 전사들이었다. 전투는 아침부터 저녁까지 종일 계속되었다. 다리를 맡았던 25명은 모두 전사했고 남만춘만 부상한 채 살아남았다. 그들 25명은 아마 10대 후반에서 20대의 젊은이들이었을 것이다. 일찍이 러시아로 이주한 세대의 2세일 수도 있고, 일본 유학 중이었거나 나라를 되찾기 위해 자발적으로 무장 부대를 찾아온 이도 있을 것이다. 창창한 조선의 청춘이 안가라강을 타고 노을 속으로 사라졌다.

## 한인 혁명가 오하묵이 여단장을 맡았던 5군단 거리

남만춘 다리를 건넌 뒤 1번 트램 노선을 따라 계속 걸었다. 이 길은 '5군단 거리'로 불린다. 부대 이름이 거리 이름으로 자리 잡았다. 그만큼 이르쿠츠크에서 5군단이라는 이름이 갖는 상징성은 크다. 혁명을 수호한 5군단에는 특별한 부대가 있었다. 조선인들로 구성된 특립고려여단으로, 여단장은 칼란다라슈발리에 이어 오하묵이 맡았다. 여단의 군정위원장은 박승만이었다. 자유시 참변 이후 여러 경로로 떠돌던 한인 무장 대원들과 이르쿠츠크의 고려인들이 소속 부

—— 5군단 거리의 오래된 집들

대원이 되었다. 20개 중대에 2,000명이 넘는 규모였다. 독립 투쟁 시기의 5군단 거리에는 조선말이 넘쳐났을 것이다. 그러나 세월은 무심히 흘렀고 한적한 거리에는 평일 오전의 나른함만이 느껴질 뿐이었다. 수천 명의 한인 투사들이 살았던 마을이 여기에 있었다는 사실이 실감 나지 않았다.

5군단 거리가 끝나는 지점에는 레닌 광장이 있다. 여기에는 볼셰비키 혁명을 이끌었던 레닌이 손을 들고 서있다. 동상 앞을 무심히 지나는 현지인들과 달리 여행자들은 레닌을 배경으로 사진을 찍었다.

## 고려공산당 창당대회가 열렸던 레닌 거리 23번지

레닌 광장을 낀 동상 맞은편의 사거리에는 유서 깊은 건물이 있다. 레닌 거리 23번지의 주소를 가진, 오페라와 연극을 상연하는 극장이다. 1921년 당시 인민회관이었던 건물이다. 1921년 5월 4일, 인민회관 대강당에서 고려공산당 창당대회가 열렸다. 일본 제국주의에 맞선 조선 해방 투쟁과 노동자와 농민을 위한 나라를 건설하겠다는 다짐이 울려 퍼졌던 곳이었다. 이는 이르쿠츠크파로 불리는 공산주의 세력이 공식화되는 출발점이기도 했다. 안타까웠던 점은 대회의 상당 부분이 상하이파로 대변되던 한인사회당을 비난하는 것으로 채워졌다는 사실이다. 상하이파는 이르쿠츠크파에 이어 5월 20일 상하이의 프랑스 조계에서 고려공산당을 창당했다. 조선을 대표하겠다고 나선 두 개의 공산당은 국제공산당 조직인 코민테른으로부터 승인받기 위해 서로 치고받았다. 두 조직이 싸운 배경에는 디아스포라로서의 조선인들의 운명이 포함돼 있었다. 러시아에 일찍부터 삶을 뿌리박은 사람과 그렇지 않은 사람의 차이, 극동과 중국의 독립 투사 간의 대립, 또 이들과 볼셰비키화한 한인들 간의 미묘한 갈등, 이로부터 비롯된 러시아 사회주의 건설과 조선 독립 중 어떤 것을 우위에 놓아야 하는가의 문제, 모스크바로부터 받은 활동 자금을 둘러싼 다툼이 한데 뒤섞였다. 조선인 사회주의자들은 자신이 속한 당파의 껍데기를 깨지 못했다.

## 좋은 놈, 나쁜 놈, 이상한 놈들의 거리

옛 인민회관 앞에서 택시를 타고 레닌 거리를 거슬러 올라갔다. 오전에 바이칼 순환 열차 탑승권을 찾기 위해 현지 여행사에 들렀다가 여행사 직원 아나스타샤로부터 맛있는 러시아 음식점을 알아 놨다. 아침 식사를 케이크와 커피로 대충 때운 탓에 배가 출출했다.

우리가 찾아간 식당은 1900년대 초의 이르쿠츠크는 영화 〈스타워즈〉에 나오는 타투인 행성 같은 곳이었다. 행성의 지배자 자바의 용병들, 여기저기서 들어온 은하계의 밀입국자들, 다스베이더의 제국군, 제다이 기사, 광속 화물선으로 한몫 챙기려는 한솔로 같은 중개업자들이 섞여 있어 일촉즉발의 묘한 분위기가 감도는 세계. 만약 1910년대의 이르쿠츠크 술집에 문을 열고 들어설 일이 있다면 일제히 집중되는 눈초리에 기죽지 말아야 한다. 타타르인, 부랴트인, 러시아인, 조선인, 중국인, 일본인, 유럽인, 미국인이 테이블을 하나씩 차지하고 있을 것이다. 조선인이나 중국인일지라도 무장 항쟁에 나선 독립투사일 수도 있고 일본군의 밀정일 수도 있으며 아편을 밀매하는 마적단이 보낸 암거래상일 수도 있다. 좋은 놈, 나쁜 놈, 이상한 놈들이 뒤섞여 있는 담배 연기 자욱한 공간에서 재빨리 내 편과 적을 구별해 내야 한다. 나는 서부영화의 총잡이처럼 심호흡을 한 번 하고는 음식점의 여닫이문을 당겼다. 혹시라도 누군가가 달려들면 허리춤의 콜트 45구경 6발 장전 리볼버 권총을 뽑아야 했다. 식당 안은 점심을 먹으러 온 현지인들로 가득 차 있었다. 주황색 모자와 앞치마를 두른 점원이 바쁘게 움직였다. 길게 늘어선 유리 뚜껑 아래에 있는 음식들을 가리키면 쟁반에 담아 준다. 계산대에서 값을 치른 후 테이블에 자리를 잡았다. 유리창으로는 바깥 거리 풍경이 보였다. 다행히 지금은 21세기여서 누구와도 시비를 붙지 않았다. 러시아식 만두와 닭고기 요리, 양배추 절임, 샐러드로 배를 채웠다.

# 혁명 정신이 만든
# 도시

## 유배자들이 만든 시베리아의 파리

이르쿠츠크는 제정러시아 시절 죄인들을 귀양 보내는 시베리아의 유배지였다. 1902년 8월, 바이칼 호수를 끼고 있는 유배지 베르홀렌스크를 탈출한 레프 다비도비치 브론슈타인은 건초 더미를 실은 수레에 몸을 숨겨 이르쿠츠크에 도착했다. 동지들이 내민 가방에는 새옷과 위조 신분증이 들어 있었다. 새 신분증에는 이름을 써넣어야했다. 브론슈타인은 잠깐 고민한 끝에 자신이 오데사 감옥에 수감되었을 때의 담당 간수 이름을 생각해 냈다. '트로츠키'라고 서명한 신분증으로 열차에 오른 탈주자는 1917년 10월 혁명 이후 적백내전을 진두지휘하는 무장 장갑열차의 총지휘관이 된다.

이르쿠츠크는 '시베리아의 파리'로 불린다. 그렇다고 해서 이르쿠츠크가 프랑스식 건축양식을 본 딴 파리의 미니어처 같은 모습은 아니다. 이르쿠츠크가 시베리아의 파리로 불리는 것은 특별한 유배자들 때문이다. 제1차 조국 전쟁이라고 불리는 나폴레옹과의 전투에서 파리까지 진군해 들어간 러시아군 중에는 러시아의 귀족 자제인 청

—— 이르쿠츠크역 전경

년 장교들도 있었다. 청년 장교들은 파리에서 자유·평등·연대의 불
순한 공기에 취해 러시아로 돌아왔고, 자신들의 영지를 중심으로 비
밀 모임을 만들었다. 그들은 '레미제라블'인 농노를 해방하지 않으
면 끝내 귀족들이 쫓겨날 거라 생각했다. 또 전제군주를 타도해야만
사회를 개혁할 수 있다고 판단해 1825년 12월 14일 니콜라이 1세의
즉위식을 디데이 삼은 쿠데타 계획을 세웠다. 그러나 밀고자에 의해
거사가 발각되면서 주모자들이 체포되고 만다. 봉기를 시도한 12월
에서 이름을 따 이들을 '데카브리스트'(12월당)라고 불렀다. 처형을
면한 데카브리스트들은 이르쿠츠크로 유배당했고, 아내들이 귀족
신분을 버리고 뒤를 쫓았다. 이 데카브리스트들이 시베리아의 황량
한 유배지 이르쿠츠크를 문화와 예술, 교육이 어우러지는 도시로 일
구었다. 시베리아에서 가장 개방적이고 진보적인 도시 이르쿠츠크

는 파리의 혁명 정신이 만든 도시였다.

## 이르쿠츠크 시내를 훑다

점심 식사 후 지도를 들고 뙤약볕이 내리쬐는 거리를 걸었다. 데카
브리스트 중 한 명이었던 세르게이 볼콘스키가 살았던 집에 가기 위
해서다. 2층의 목조건물은 방마다 옛 러시아 귀족의 삶을 고스란히
보여 주고 있었다. 톨스토이의『전쟁과 평화』는 러시아와 프랑스의
전쟁, 즉 데카브리스트의 참전 경험을 토대로 쓰였다. 세르게이 볼
콘스키는 이 소설의 주인공 안드레이 볼콘스키의 모델이기도 했다.

볼콘스키 저택에서 조금 걸어가면 이르쿠츠크 중앙시장이 나온
다. 우리는 음료수를 한 병씩 사 들고 좌판이 보이는 시장 거리의 벤
치 위에 널브러졌다. 상인과 손님이 어우러진 시장 풍경이 남대문시
장과 그리 다르지 않았다. 택시를 찾아 200루블(4,000원)에 흥정하고

—— 볼콘스키 백작의 집

는 북쪽 안가라 강변에 있는 '영원의 불꽃'으로 향했다. 이르쿠츠크 '영원의 불꽃'은 제2차 세계대전의 승전을 기념하기 위해 만들어졌다. 가스버너가 24시간 365일 꺼지지 않고 불꽃을 피워 올린다. 러시아 웬만한 도시의 광장이나 공원에는 예외 없이 불꽃이 타오른다. 그중에서도 이르쿠츠크의 '영원의 불꽃'은 300년의 역사를 가진 스파스카야 교회 앞에 있어 결혼을 앞둔 남녀가 영원한 사랑을 약속하기 위해 찾곤 한다. 신에 대한 믿음과 애국심을 섞어 경건한 맹세를 할 수 있는 장소이기 때문이다. 한 커플이 결혼 기념 촬영을 하고 있었다. 웃음소리가 끊이지 않았다. 젊음과 사랑은 한순간에 지나가기 때문에 아름다운 것인지 모른다. '영원의 불꽃'을 피워 올리려면 가스값이 얼마나 들까 궁금해하면서 광장을 걸어 나왔다.

광장 양옆에는 게시판이 길게 늘어서 있었다. 제2차 세계대전에 참전한 사람들의 흑백 사진이 걸려 있었는데, 그중 동양인의 풍모를 가진 이들도 적지 않게 보였다. 혹시나 그들의 러시아 이름 중에 김이나 박 같은 조선인의 성이 있는지 살펴보았으나 찾지 못했다. 그러나 사진 속 몇몇 눈동자가 어쩌면 조선인일지도 모르겠다는 심증을 갖게 했다.


**이르쿠츠크에서 만난 해운대행 시내버스**

마지막 목적지로 가기 위해 버스 정류장으로 갔다. 이르쿠츠크 센트럴파크, 혁명 전사 상이 있는 곳이다. 버스 정류장에 있던 사람들에게 번역 앱의 러시아어와 지도를 보여 주고 겨우 버스 번호를 알아냈다. 지면의 뜨거운 열기로 발바닥에 불이 나고 있었다. 이때 해운

—— 이르쿠츠크 중앙시장의 트램 정류장　　—— 이르쿠츠크 중앙시장의 풍경

대행 버스가 정류장에 나타났다. 블라디보스토크, 하바롭스크, 이르쿠츠크에는 한국에서 수입한 중고 버스들이 활보하고 있다. 이르쿠츠크에서 해운대까지는 얼마나 걸릴까? 시원한 바닷물이 눈 앞에 펼쳐진다면 당장에라도 뛰어들 것이다. 키릴문자와 한글이 뒤섞인 버스의 외관을 보며 이르쿠츠크와 한반도의 끈질긴 인연을 다시 생각했다. 이르쿠츠크의 대중교통 요금은 12루블, 한화로 300원이 안 되는 가격이다. 빵, 전기와 함께 러시아의 3대 저가 품목이다.

처음 방문한 도시에서 길을 잃지 않기 위해서는 내가 어디쯤 있는지 수시로 확인해야 한다. 버스 노선과 지도를 보며 어디서 내릴지 결정해야 했다. 시내를 관통하던 버스가 시 외곽으로 빠지려는 느낌이 들어 버스에서 급히 내렸다. 승강장에 내려 다시 구글 지도를 보려 하는데 어디에도 휴대전화가 보이지 않았다. 순간 심장이 멎는 것 같았다. 얼른 뒤를 돌아보니 우리가 내린 버스에 아직 승객이 타고 있었다. 9회 말, 1점 차 승부를 되돌리기 위해 홈스틸에 나선 3루 주자처럼 버스를 향해 돌진했다. 막 출발하려는 버스를 가까스로 잡았다. 내 표정을 본 운전기사와 승객들이 놀라서 눈을 크게 떴지만,

—— 버스 정류장에서 만난 해운대행 버스

말로 설명할 길이 없었고 그들도 아무 말 하지 않았다. 내가 앉았던 자리에 앉은 승객에게 몸짓으로 양해를 구하고 의자를 살펴봤으나 없었다. 버스 바닥에 납작 엎드려 의자 밑을 봤더니 거기 있었다. 전화를 얼른 집어든 나는 운전기사와 승객들을 향해 연신 '스파시바'를 외치며 고개 숙였다. 버스 요금을 계산하려고 지갑을 뒤지다가 의자와 버스 벽 사이의 틈으로 빠뜨린 모양이었다. 버스는 바로 떠나 버렸다. 걱정하며 기다리던 일행이 나의 표정을 보고 안도의 한숨을 쉬었다. 만약 되찾지 못했다면 지난 여정의 자료를 날리고는 우울한 여정을 이어갔을 것이다. 놀란 가슴을 애써 진정시키며 혁명 전사 상이 있는 센트럴파크로 향했다.

## 화석이 되어가는 혁명 전사 상과 평양냉면

이르쿠츠크의 센트럴파크는 머릿속 상상과 달랐다. 뉴욕 센트럴파크나 서울숲 같은 모습을 생각했는데 관리되지 않은 나무가 우거진 동산이었다. 지도를 들고 숲길을 헤맨 끝에 혁명 전사 상을 찾았다. 혁명 전사 상은 이르쿠츠크 시내가 한눈에 내려다보이는 언덕에 서 있었다. 혁명을 우러르던 시절 여러 가지를 고려해 상징적인 장소를 찾아 상을 세웠을 것이다. 그러나 러시아혁명은 내장이 발라진 채 박제된 지 오래다. 아무도 돌보지 않은 돌상은 곳곳에 균열을 드러낸 채 삭아 가고 있었다. 보수공사를 시작했다가 손을 놓았는지 낡은 목재 보강 틀이 혁명 전사를 겨우 부축하고 있었다. 인간 해방을 믿고 총을 들었던 전사들은 그렇게 화석이 되어 가고 있었다.

쓸쓸한 마음으로 혁명 전사와 작별인사를 나눴다. 저녁을 먹으러 가기로 했다. 메뉴는 이미 정해져 있었다. 열차 안에서 북한 친구로부터 이르쿠츠크에도 평양냉면집이 있다는 정보를 얻었다. 여행사에서 만난 아나스타샤가 냉면집 전화번호도 적어 주었다. 센트럴파크에서 멀지 않았다. 자세한 위치를 물어보려고 전화를 걸었더니 북한 말투가 넘어왔다. 난생처음 하는 북한 사람과의 통화였다. 최대한 예의를 갖춰서 물었다.

"예, 제가 지금 그곳을 찾아가려 합니다. 위치를 설명해 주실 수 있나요?"

남한 말투에 놀란 것 같았다. 다른 이가 전화를 받았다.

"누구십니까?"

"아 예, 관광객인데요. 한국, 아니 조선 음식이 먹고 싶어서요."

상대는 우리가 있는 곳을 물은 뒤 식당의 위치를 열심히 설명했다. 전화를 끊고 식당을 찾아 나섰다. 온종일 돌아다닌 탓에 배가 고팠다. 몇 그릇이라도 먹을 자신이 있었다.

몇 번을 엉뚱한 길로 빠져 헤맨 끝에 발견한 평양식당의 간판이 캄캄한 망망대해에서 발견한 등대 불빛처럼 반가웠다. 상가 건물 2층에 자리 잡은 식당의 문을 열었다. 서너 명의 북한 사람들이 노래 반주기를 틀어 놓고 노래를 부르며 춤추고 있다가 우리를 보고는 하던 일을 멈추었다. 반주기도 꺼졌다. 제법 넓은 홀에 묘한 정적이 흘렀다. 우리 일행은 테이블 하나를 차지하고 앉았다. 한 여성이 오더니 조심스럽게 메뉴판을 건넸다. 평양냉면 세 그릇에 만두와 해물파전을 시켰다. 보드카도 골랐다. 메뉴판의 한글이 반가웠다. 메뉴판에는 닭알공기찜 같은 처음 보는 메뉴도 있었다. 알고 보니 남한의 계란찜과 비슷한 메뉴였다. 큰 놋쇠 그릇에 담은 냉면이 나왔다. 닭고기와 쇠고기, 돼지고기 고명이 올라간 붉은빛 육수의 냉면이었다. 먼저 차가운 국물부터 들이켰다. 기대했던 맛은 나지 않았다. 무엇인가 밋밋한, 마치 간이 안 된 느낌이었다. 남한의 냉면 맛에 길든 미각 탓이라고 여기며 열심히 냉면 가닥을 입에 넣었다. 오징어가 듬뿍 들어간 해물파전이 보드카를 당겼다. 만두를 한입 가득 넣고 우물거리며 보드카 잔을 꺾었다.

## 장군님 노랫말에 실어 부르는 그리운 고향

기분 좋은 만찬에 취기가 오를 때쯤 노래 반주기가 다시 켜졌다. 갑자기 들이닥친 남조선 사람들에 긴장했던 북한 사람들이 시간이 지나자 긴장을 푼 모양이었다. 테이블에 앉아 술잔을 기울이던 그들은 우리 때문에 중단했던 여흥을 다시 시작했다. 북한 노래 〈휘파람〉이

울려 퍼졌다. 홀 중앙의 대형화면에는 가사 자막과 함께 미소 띤 얼굴로 노래 부르는 여성 합창단이 나오고 있었다. 이 노래는 우리를 위해 틀어 준 것이 분명했다. 이어서 마이크를 잡은 두 사람이 춤사위를 곁들여 〈반갑습니다〉를 불렀다. 우리는 몸을 돌려 박수로 그들의 호의에 답했다. 우리는 다시 술을 마시면서도 신경이 등 뒤 북한 사람들의 놀이에 꽂혀 있었다. 취한 두 남자가 손을 맞잡고 춤추면서 노래를 부르기도 하고 한 사람은 장조의 노래를 여운 깊게 부르기도 했다. 부르는 노래의 가사들이 죄다 '장군님' 칭송이라 가슴에 와 닿지 않았다. 그들은 '조국의 품' '어버이 장군님의 따스한 손길' '강성 조국의 길' '선군의 길' '장군님의 사랑' 같은 가사를 담은 노래들을 연이어 불렀다. 때로는 애절하게 때로는 힘차게 부르면서 노래 부르는 이마다 눈을 감고 몸을 꼬았다. 노랫말이 '조국' '충성' '어버이' '장군님' 같은 것들이긴 해도. 어쩌면 그들이 살아오며 접한 거의 모든 노래가 그런 것일 수도 있겠다는 생각이 들었다. 애써 노랫말이 아닌 곡조에 귀 기울였다.

만호가 인상을 찌푸리며 말했다. "그래도 여기서 저렇게 춤추는 사람들은 간부급이겠지. 우리가 이르쿠츠크까지 오는 동안 만났던 노동자들이 3년의 계약 기간 동안 이런 데 한 번이나 오겠어?" 일리가 있는 말이었다. 영업이 끝나가는 시간에 노래 반주기를 틀어 놓고 지배인과 어울려 술 마시고 춤출 수 있다니, 꽤 높은 지위의 사람들일 것이다. 메뉴판에 쓰인 음식 가격은 우리가 들은 북한 노동자들 월급으로는 감당하기 벅찬 액수였다. 어쩌면 귀국 전에나 한 번 들르는 곳일지도 모르겠다는 생각이 들었다.

## 잘못 탄 트램 덕에 시내 한 바퀴

평양식당을 나오니 해가 지고 있었다. 숙소로 가기 위해 가까운 트램 정류장으로 향했다. 이르쿠츠크역 근처 숙소로 가기 위해서는 중앙 시장 쪽으로 가는 트램을 타야 했다. 마지막 석양을 받아 반짝이는 가로수 사이로 일행 둘이 앞서 걸었다. 마치 두 사람이 산란하는 태양빛의 실루엣처럼 보였다. 막 도착한 트램에 몸을 실었다. 갑자기 어둠이 몰려왔고 그렇게 얼마를 달리다가 이상한 기분이 들었다. 불길한 예감은 빗나가지 않는 법. 내릴 곳을 놓친 뒤였다. 일어나 노선도를 보니 색깔별로 7개의 트램 노선이 있었다. 옆자리 승객에게 손으로 짚어 물어본 끝에 우리가 탄 트램이 노란색 3번 노선임을 확인했다. 불행 중 다행은 3번이 도시 순환선이라는 것이었다. 서울 지하철 2호선처럼 시내를 한 바퀴 돌면 다시 제자리로 올 수 있었다. 어차피 내려서 중앙시장행 교통편을 알아보니 심야 버스로 시내 관광하는 셈 치고 눌러앉았다. 창에 비친 이르쿠츠크 거리에는 장바구니를 손에 든 여성, 책을 품에 안은 학생, 쉬지 않고 서로를 간질이는 연인, 엄마와 그 등에 업혀 잠든 아기가 보였다. 시내 순환 관광 비용으로 12루블(250원)이라면 아마도 전 세계에서 가장 싼 축에 끼지 않을까. 시내 한 바퀴를 돌아 중앙시장에 내렸다. 밤 11시가 다 되고 있었다. 혹시나 막차를 놓칠까 싶어 트램 정류장으로 뛰었다. 철시한 시장 앞 도로가 황량했다. 이 시간까지 차가 있을까 걱정하며 텅 빈 트램 정류장에서 서있었다. 얼마를 기다렸을까? 전조등을 환하게 켠 1번 트램이 다가왔다. 안도의 한숨이 절로 나왔다. 우리를 태운 트램은 어둠이 깔린 5군단 거리와 남만춘 다리를 넘어 이르쿠츠크역 앞에 섰다.

## 심야의 불법 주류 구매

숙소로 향하던 나는 일행을 먼저 들여보내고 동네 슈퍼에 들렀다. 부족한 혈중알코올농도를 채우기 위해 맥주라도 몇 캔 더 사야 했다. 하지만 러시아의 상점에서는 저녁 10시 이후의 주류 판매가 금지되어 있다. 실패하더라도 한번은 시도해 봐야겠다는 각오로 슈퍼 문을 열었다. 계단을 약간 내려가야 하는 반지하의 슈퍼에 할머니 한 분이 앉아 계셨다. 내려가자마자 주류 판매대를 슬쩍 봤다. 술 진열장으로 가는 길은 이미 아이스크림 냉장고가 바리케이드처럼 막고 있었다. 애처로운 표정으로 할머니에게 다가갔다. 할머니는 이미 알고 있었다. 내가 말을 꺼내기도 전에 할머니가 물었다. "알코르?" "다(예)" 할머니는 검지를 입에 대며 계산대 안쪽을 가리켰다. 나도 같은 몸짓으로 답한 뒤 안쪽으로 이어진 통로를 따라 창고에 들어가 맥주 네 병을 꺼내 왔다. 할머니가 검은 봉투에 담아 주고는 서둘러 잔돈을 거슬러 주었다. 몇 번에 걸쳐 고맙다는 인사를 건네고 나와 숙소로 향하려는 중 잔돈을 정리하려고 거스름돈을 꺼냈는데 358(7,200원)루블이 들어 있었다. 받아야 할 돈은 178루블(3,600원)이었다. 슈퍼에 다시 들어서자 할머니가 놀라는 눈치였다. 전자계산기를 들고 자초지종을 설명하자 그제야 "스파시바"를 연발하며 미소를 보였다. 이국의 동네 구멍가게에서 잔돈을 챙기며 행운이라 여기긴 싫었다.

얼마나 기다렸을까?

전조등을 환하게 켠 1번 트램이 다가왔다.

안도의 한숨이 절로 나왔다.

—— 트램 위에서 본 이르쿠츠크의 해질녘 모습

# 아!
바이칼

**시베리아 횡단철도의 옛 모습을 찾아서**

알람이 울렸다. 다행히 휴대전화가 손에 닿지 않아 던져 버리는 불상사는 일어나지 않았다. 오전 6시 30분, 다시 누워도 최소한 반나절은 꼼짝 않고 잘 수 있을 것 같았다. 술을 줄이고 조금 일찍 잘 것을, 수십 년째 아침마다 하는 후회를 여행지에서도 되풀이했다. 호스텔의 관리인에게 인사를 한 뒤 이르쿠츠크역으로 향했다.

이날의 일정은 이르쿠츠크역에서 아침 8시에 출발하는 바이칼 순환 열차를 타고 바이칼 호수를 도는 것이다. 바이칼 순환 열차는 바이칼 호수를 끼고 달리는 관광 열차로 매주 수요일과 토요일에 이르쿠츠크역에서 출발한다. 바이칼을 돌아 다시 이르쿠츠크에 도착하는 시간은 밤 10시이므로, 역에서 시간을 보내다 새벽 1시 2분에 서쪽으로 향하는 횡단 열차를 타야 한다. 바이칼은 이르쿠츠크에 오는 여행자라면 반드시 찾는 곳이다. 그중에서도 바이칼 호수 안에 있는 알혼섬을 많이들 찾지만, 나는 처음부터 알혼섬은 염두에 두지 않았다. 여행의 목적이 시베리아 횡단에 있었기 때문이다. 관광 노선으

—— 이르쿠츠크역 승강장으로 들어오는 바이칼 순환 열차

로 운행되는 바이칼 순환 열차는 초기의 시베리아 횡단철도 노선을 달린다. 철도에 미친 나 같은 사람에겐 시베리아 횡단철도의 옛 모습을 간직하고 있는 선로를 찾는 것은 과업과 같은 일이다.

이르쿠츠크역 짐 보관소에 개당 160루블(3,200원)을 주고 배낭을 맡긴 뒤 승강장으로 나왔다. 잠시 후 붉은색 전철이 들어왔다. 표를 보여 준 차장에게 안내받은 칸은 일등칸이었다. 항공권과 횡단 열차의 구간별 열차표는 모두 한국에서 예매했지만, 바이칼 순환 열차만큼은 현지 여행사에서 표를 구했다. 한국에서 구입할 방법이 딱히 없거니와 여름 성수기라 혹여 표가 없을지도 모른다고 생각했기 때문이다. 우리가 끊은 표 중에서 베를린행 국제 열차를 제외하고는 가장 비싼 열차였다. 1인당 83달러라는 거금을 들였다. 현장에서 보니 사람들이 많기는 했지만 좌석이 매진될 정도는 아니었다. 거의 비어

— 바이칼 순환 열차의
텅 빈 삼등석 객실

있던 삼등칸 좌석은 일등석에 비해서는 다소 딱딱해 보였지만, 바이 칼을 즐기기에는 충분했다.

## 바이칼 순환 열차를 타려면

오전 8시, 열차는 정시에 출발했다. 곧이어 마이크를 든 중년의 여성 가이드가 들어오더니 인사말을 시작으로 열변을 토해 냈다. 장내에 작은 웃음이 돌았다. 승객의 상당수가 유럽과 미국에서 온 사람들이 었고 우리 셋만 동양인이었다. 러시아어를 알아듣는 이가 거의 없는 데도 당차게 설명하는 가이드에게 어느새 모두 손뼉을 쳤다. 가이드 는 유쾌한 웃음을 남긴 채 다음 칸으로 넘어갔다. 잠시 후 식사 시간 인지 카트가 들어와 승객들에게 음식을 날랐다. 승무원이 우리가 앉 은 좌석 번호를 대조해 보더니 그냥 지나쳤다. 우리가 끊은 표는 일 등칸이었지만, 식사 옵션을 포함하지 않은 것이었다. 컵라면을 먹는 둥 마는 둥 하고 나온 터라 입에 침이 고였다. 먹을거리를 많이 준비 해 가라는 팁을 무시한 탓에 미니 초콜릿 바로 겨우 혈당을 높였다.

이르쿠츠크는 산으로 둘러싸인 도시다. 열차는 계속 산등성이를 타고 달린 끝에 바이칼 순환 노선이 시작되는 슬루지앙카역에 도착했다. 슬루지앙카에서 바이칼 호수를 끼고 종착역인 포트 바이칼까지 달린다. 슬루지앙카역에서는 구선로로 들어서기 위해 디젤기관차를 연결했다. 구 선로에는 전기 공급을 위한 전차선이 설치되어 있지 않기 때문이다. 한국에서 사용하는 4400호대와 비슷한 형식의 소형 디젤기관차가 연결된 후 제동 기능 시험이 이루어졌다. 이 시간 동안 승객들은 역사 주변을 둘러본다. 역 바로 앞에 있는 러시아 정교회 성당을 구경하거나 역을 배경으로 기념사진을 찍는다. 특이한 모양과 조명 때문에 밤이면 '드라큘라 성'이라는 별칭으로 불리는 슬루지앙카역은 아담한 단층의 석조 건물이다. 기관차가 힘차게 기적을 세 번 울렸다. 열차 출발을 알리는 러시아의 오래된 방식이다.

—— 창밖으로 보이는 바이칼 호숫가의 집

열차가 움직이자 판매원이 카트를 들고 등장했다. 바이칼에서 잡히는 연어과 물고기를 훈제한 '오물'이라는 특산품을 팔고 있었다. 바이칼 철도의 기원을 따라 달리는 여정이 본격적으로 시작됐다.

## 조선총독부 폭파 사건의 주인공 김익상과 김원봉

1921년 11월 여운형은 김규식 등과 함께 이르쿠츠크로 향했다. 이르쿠츠크에서 열리는 극동민족대회에 참여하기 위해서였다. 그러나 이르쿠츠크에 도착한 여운형은 다시 모스크바로 향한다. 대회 장소가 모스크바로 변경되었기 때문이다. 조선의 독립 운동가들은 제1차 세계대전의 승전국이 모인 파리강화회의에 기대를 걸었다. 미국의 윌슨 대통령이 천명한 민족자결원칙이 해방을 바라던 조선인들에게 희망을 주었기 때문이다. 그러나 파리강화회의를 통해 조선 독립의 당위성을 알리려 한 김규식에게 서구 열강 어느 곳도 문을 열어 주지 않았다. 민족자결원칙에는 식민지 약소민족이 포함되지 않았다. 이때 제국주의 열강에 맞서 단결하자는 슬로건 아래 약소민족의 각성을 촉구하는 극동민족대회가 열리게 된다. 베이징과 펑톈(봉천. 지금의 선양)을 잇는 경봉선 열차를 타고 베이징을 떠난 여운형 일행은 일본 경찰의 미행을 눈치채고 만주로 가던 길을 급히 돌린다. 계획대로 하얼빈을 거쳐 치타에서 시베리아 횡단 열차로 갈아탔다간 일본 경찰에 의해 검거될 게 뻔한 상황이었다. 만주철도는 이미 일본이 장악한 상태였다.

당시 일본 군경이 중국에서 활동하는 조선인 독립 운동가들을 잡기 위해 안달이 났던 계기가 있었다. 그로부터 두 달 전인 1921년 9

월 12일 오전 10시, 경성의 조선총독부에서 폭탄이 터졌다. 식민지 최고 권력기관 건물 한쪽이 무너져 내리자 일본의 지배자들은 경악했다. 폭파를 감행한 자는 김익상이었다. 그는 전기 수리공으로 변장해 조선총독부에 진입한 후 폭탄을 던졌다. 혼란한 틈을 타 유유히 사라진 김익상은 곧바로 경성역에서 열차를 타고 신의주로 갔고, 거기서 국경을 넘었다. 김익상이 베이징에서 만나 성과를 보고한 이는 약산 김원봉이다. 김익상은 조선으로 잠입하기 전 김원봉으로부터 폭탄 두 개와 권총 두 자루를 받았다. 『아리랑』의 주인공인 독립운동가 김산은 혁명가 김원봉을 도서관에서 책 읽던 모습으로 회고했다. 김원봉은 투르게네프의 소설 『아버지와 아들』을 좋아했고 톨스토이를 읽는 문학청년이었다. 김원봉의 젊은 시절 사진을 보면 준수한 용모를 지녔다. 냉소적인 표정으로 일관하다가 이따금 입가에 미소를 짓는 아나키스트의 얼굴을 상상해 본다. 독서광이자 폭탄 제조 기술자라는 다소 어울리지 않는 조합을 가진 김원봉의 후원자는 상하이의 공산주의 지도자 이동휘였다. 상하이 고려공산당 재무 담당 중앙위원 김철수는 레닌으로부터 받은 독립운동 자금 가운데 1차로 가져온 40만 원 중 가장 많은 돈을 김원봉에게 전했다. 일본 경찰은 김익상과 김원봉, 그리고 이들을 후원한 조선인 공산주의자들을 잡기 위해 혈안이 되어 있었다.

**여운형, 김규식, 홍범도, 손기정이 달렸던 길**

극동민족대회에 조선 대표로 참가한 여운형, 김규식은 모스크바가 조선 독립을 지원하는 것에 대한 고마운 마음을 가지고 있었다. 조선의 혁명 투사들은 대회에 참가해 구체적인 투쟁 방안을 모색하려는 각오를 단단히 하고 베이징을 떠나는 열차에 올랐을 것이다. 그들은 일본 경찰의 추적을 따돌리기 위해 열차에서 내렸고, 육로로 이동해야 하는 몽골로 방향을 틀었다. 그리고 밤이면 영하 30도까지 떨어지는 고비사막에서 10여 일의 풍찬노숙을 하고서야 겨우 시베리아에 발을 들였다.

바이칼 순환 열차는 느린 속도로 달렸다. 절벽을 끼고 이어진 선로 변의 나뭇잎들이 유월의 햇살을 받아 초록의 빛살을 한껏 반사했다. 호수가 보이는 창가에서 여행자들은 각기 다른 표정과 모습으로 바이칼을 바라보고 있었다. 깊은 우수에 젖은 사람, 연신 감탄하는 사람, 바삐 카메라 셔터를 누르거나 긴 호흡으로 동영상을 촬영하는 사람들이 한데 어우러져 있었다. 여운형과 김규식도 이 길을 달렸다. 그들은 바이칼을 보면서 어떤 생각을 했을까? 바이칼은 알고 있을 것 같은데 아무 말이 없었다.

### 러시아 강철 벨트의 황금 버클

'러시아 강철 벨트의 황금 버클', 바이칼 순환 철도의 별칭이다. 이 이름에는 두 개의 의미가 있다. 노선 신설의 난이도가 높아 엄청난 공사비가 투입되었다. 그야말로 돈이 많이 든 노선이라는 의미다. 다른 하나는 시베리아 횡단철도 노선 중 가장 찬란한 풍경을 보여주는 구간임을 의미한다. 이르쿠츠크를 시작으로 안가라강을 따라 부설된 철길이 바이칼 호수 앞에서 막힌다. 호수 건너편의 횡단철도와 연결하기 위해서는 호수의 남쪽 둘레를 따라 동서를 잇는 선로를

—— 바이칼을 끼고 달리는 순환 열차

놔야 했다. 이 중에서도 서쪽 지형은 깎아지른 절벽과 산등성이 때문에 감히 선로를 놓을 엄두를 내지 못했다. 건설 당국이 1888년부터 1900년까지 몇 차례나 조사했지만, 끝내 기술적 한계를 극복하지 못했다. 1901년에는 이탈리아, 독일, 미국 등 여러 나라의 기술자들이 초빙되었고, 1902년 6월에서야 시공 업체가 결정되었다.

공사가 시작되자 밤낮없이 선로 부설 작업이 이어졌다. 바위를 깨 노반을 놓고, 터널을 뚫고, 역을 만들고, 다리를 건설하는 작업이 동시다발적으로 이루어졌다. 돈벌이를 위해 찾아온 노동자들이 목숨을 건 노동에 나섰다. 이 중 상당수가 불법 체류자로 분류되는 미등록 이주 노동자들이었다. 유배자들과 죄수들도 공사에 동원됐다. 사진을 검색해 보면 상투를 틀고 있는 사람들도 더러 보인다. 조선인들도 공사에 참여했던 것이다. 1903년의 공식 기록에 따르면 그해에만 200명이 공사 현장에서 죽었다. 기록에 누락된 이주 노동자들의 죽음까지 포함한다면 훨씬 더 많은 노동자가 사고로 죽었을 것이다.

바이칼 순환 열차는 바이칼 호수의 남쪽 둘레를 동서로 잇는 철길 중에서 신선 건설로 운행이 중단된 서쪽의 약 100킬로미터 구간을 운행한다. 시속 30킬로미터 정도의 느린 속도로 운행하다가 옛 역사나 다리, 터널이 나오면 열차가 잠시 정차한다. 승객들은 열차에서 내려 110년 전에 놓인 옛 구조물들을 구경하며 감탄한다. 한 세기 전 노동자들의 피땀과 목숨값을 치르며 놓인 터널과 다리가 산등성이를 뚫고 절벽을 이어 철길을 연결했다.

오후 두 시, 허기로 정신이 혼미해질 즈음 열차가 폴로비니 정거장에 도착했다. 산비탈을 달리던 열차가 계곡에서 바이칼로 흐르는 폴로비나야강을 건넌 후 다리를 넘으면 나오는 일종의 간이역 같은 승강장이다. 이곳에서 베레모를 쓴 꼬마가 러시아 차와 빵을 팔았다. 옆에는 기념품 천막 노점이 열렸다. 한 개에 2,000원쯤 하는 바이칼 돌 목걸이와 레닌 배지, 사진엽서 등을 팔길래 뭐라도 살까 하며 한참 기웃거렸다.

폴로비니는 동화 속 마을처럼 아름다운 곳이다. 계곡 사이로 이어진 강을 따라 그림 같은 집들이 모여 있고 바이칼을 마주 보는 산이 병풍처럼 마을을 감싸고 있다. 열차에서 내린 사람들이 열차가 지나온 다리를 구경하고 있었다. 두 개의 다리 중 하나는 한강철교와 같은 철골 트러스교로, 선로가 걷혀 있었다. 최초로 놓인 단선 노선이 다니던 길이다. 바로 옆 바이칼 쪽 다리는 현재 순환 열차가 다니는 것으로, 석조 교각 위에 부챗살 모양의 콘크리트 기둥이 다리 상판

—— 폴로비니 마을로 이어지는 철교 위의 사람들

을 받치고 있었다. 복선을 놓을 때 신기술로 도입된 콘크리트 타설 법이 적용된 탓이다. 두 다리의 구조물이 하나는 위로, 다른 하나는 아래로 되어 있어 마치 데칼코마니의 기법을 사용한 설치미술 같은 모양새를 하고 있다.

폴로비니역에서는 1시간 동안 정차한다. 우리는 주린 배를 움켜 쥐고 마을로 들어갔다. 관광객들의 하차 시각에 맞춰 음식을 준비한 식당에서 맛있는 음식 냄새를 풍기고 있었다. 시골집 앞마당 같은 분위기의 천막에 긴 나무 탁자와 의자들이 놓여 있었다. 아쉽게도 우리가 앉은 자리는 중국인 단체 관광객들의 옆자리여서 음식을 시 키려면 소리를 지를 수밖에 없었다. 마침내 주인 할머니가 우리에게 다가왔다. "아, 그냥 여기 기본으로 나오는 정식 메뉴 주세요. 빵 하 고요." 할머니는 옆 테이블의 중국인들을 가리켰는데 일행이냐고 묻

—— 옛 철교 너머 바이칼이 보인다.

는 눈치였다. 나는 고개를 흔들며 손가락 세 개를 펴서 3인분만 달라고 했다. 음식이 조금 더 늦게 나왔더라면 오케스트라처럼 울려 퍼지는 중국어 대화 때문에 내 입에서도 중국어가 터져 나왔을지 모른다. 식사로 러시아 전통 수프 보르시와 빵과 잼, 마요네즈, 그리고 몇 가지 채소가 소스와 함께 나왔다. 익힌 토마토와 각종 채소가 고기 육수와 어우러진 보르시는 끝내주는 맛이었다. 보르시에 빵을 적셔 한입 먹으니 눈앞의 모든 것이 아름답게 보였다.

## 얼음 위에 선로를 놓게 한 러일전쟁

이르쿠츠크에서 출발해 안가라강을 따라 내려온 횡단철도를 막아선 것은 바이칼이었다. 둘레만 해도 2,100킬로미터에 이르는 거대한 호수가 극동으로 가는 길을 막고 있었다. 열차가 달려야 할 호수 남쪽의 절벽이 바이칼을 호위하듯 인간의 접근을 차단했다. 대자연 바이칼은 철길을 놓으려는 인간에게 호락호락하지 않았다.

사람들은 바이칼 남쪽 절벽과의 악전고투 끝에 임시방편을 찾았다. 바이칼과 만나는 안가라강 입구에 큰 배를 댈 수 있는 시설을 만든 것이다. 포트 바이칼이라 불리는 이 항구에서 열차 페리를 운행하기 위해서였다. 서쪽에서 달려온 횡단 열차는 포트 바이칼에서 증기선으로 옮겨져 호수 건너편 미소바야까지 간 뒤, 다시 육지로 내려져 동쪽으로 가는 선로를 탔다. 두 척의 배가 영국에서 부품 상태로 들어와 리스트비얀카 조선소에서 조립되었다. 그중 하나의 이름은 '바이칼'로 당시 유럽에서 제일 큰 페리였다. 바이칼호는 800명을 수용하는 객실을 갖췄고 화물 적재 칸에 장치된 선로 위로 28량의 객차를 적재할 수 있었다. 다른 한 척은 '안가라'였는데, 150명의 승객을 태울 수 있었다. 날씨가 좋을 때는 편도 4시간 정도의 뱃길을 하루에 두 번 왕복했다. 바이칼호는 쇄빙 기능이 있어 초겨울 얼음 정도는 깰 수 있었다. 바이칼호가 얼음을 부수며 길을 개척하면 안가라호가 그 뒤를 따랐다. 여름이라도 호수에 폭풍우가 치거나 기상이 안 좋은 날이면 승객들은 날이 좋아질 때까지 항구에 머물러 있어야 했다. 겨울 추위가 시작되어 바이칼의 얼음이 두꺼워지면 쇄빙선인 바이칼호도 운행할 수 없었다. 대신 이때는 썰매와 4륜 마차가 동원됐다. 봄부터 가을까지의 열차 페리도 사람들에게 파도와 멀미라는 공포와 고통을 주었지만, 겨울의 바이칼 횡단은 더욱 끔찍한 고난을 각오해야 하는 고행길이었다. 영하 30~40도의 혹한 속에 7시간 이상 썰매를 타는 일은 그야말로 지옥을 통과하는 여정이었다. 얼음 호수 위 6.5킬로미터마다 설치된 간이 휴게소에서 잠시 몸을 녹일 수는 있었지만, 길을 나서면 곧바로 살을 에는 추위가 썰매의 승객들을 덮쳤다.

이런 고통을 줄이기 위해 기발한 아이디어가 제안되었다. 얼음 위에 임시 선로를 놓아 열차를 보내는 것이다. 이미 발트해에서는 수도 상트페테르부르크에서 가까운 섬 크론시타트까지 약 32킬로미터 거리의 빙판 위로 임시 선로를 부설해 겨울철 혹한기 운행을 하던 터였다. 하지만 바이칼의 얼음 두께는 발트해처럼 균일하지 않았고, 곳곳에 얼음이 갈라져 생긴 크레바스가 있어 위험천만한 도전이었다. 그 때문에 얼음 위 임시 철도 부설은 공상으로 치부되며 한동안 시도조차 되지 않았다. 그러다가 더는 피할 수 없는 계기를 맞게 되었다. 전쟁이었다.

러일전쟁은 러시아가 바이칼 순환 철도 건설에 온 힘을 쏟는 계기가 되었다. 뤼순과 제물포에서 일본군에 일격을 당한 러시아 해군의 복수를 위해서는 만주와 조선에서도 육군이 나서야 했다. 군대를 파견하고 물자를 보급하기 위한 병참 철도가 무엇보다 절실했다. 러시아 군사령관 크로파트킨은 시베리아 횡단철도가 제 역할을 못 하면 전쟁에서 이길 수 없다는 사실을 잘 알고 있었다. 그는 황제 니콜라이 2세에게 바이칼 순환 열차의 개통이 시급하다는 내용의 편지를 썼

—— 기차가 내는 규칙적인 소리와 움직임이 달콤한 잠을 부른다.

다. 그러나 바이칼 순환 철도의 건설 공정은 더디기만 했고, 얼음 위에 선로를 건설하는 방안이 서둘러 추진되었다. 1904년 3월, 러시아군은 급한 대로 바이칼 얼음 위에 선로를 놓았다. 해빙기가 다가와 얼음이 깨질지도 모르는 공포를 안고 1,600량의 화물열차와 군사들이 얼음 위의 선로를 횡단했다. 걸어서 바이칼을 건너던 병사들은 추위로 얼어 죽을지도 모른다는 공포를 덜었지만, 그 대신 얼음이 갈라지는 소리가 들릴 때마다 이대로 세상에서 가장 깊은 호수로 빨려들지 모른다는 두려움에 떨어야 했다. 두려움은 곧 현실이 되었다. 4월의 바이칼은 러시아군의 보급품과 병력을 태운 열차의 무게를 견디지 못했다. 기관차와 화차가 병사들과 함께 얼음 호수 속으로 사라졌다. 일본 언론은 천왕의 신령스러운 바람 가미카제가 얼음을 녹여 러시아군을 삼켰다고 대서특필했다. 경부선과 경의선을 타고 북쪽 전선으로 진격한 일본군은 이미 추위와 굶주림과의 전쟁에서 패배한 러시아군을 구석으로 몰아넣고 소나기 펀치를 퍼부었다.

## 100년 전의 흔적을 품고 있는 포트 바이칼

우리는 순환 열차 식당 칸에 자리를 잡았다. 열차 여행을 하면서 맥주 한 캔 따지 않는 것은 여행자의 도리가 아니다. 안주로 훈제 생선인 오물을 시켰다. 촉촉하면서도 찰진 식감의 오물은 맥주 안주로 그만이었다. 한국에서 먹는 노가리나 먹태 같은 마른안주와는 또 다른 맛이었다. 식당 칸에서는 바이칼 순환 열차의 역사와 운행 노선의 정보가 담긴 책들을 팔았다. 몇 권 남지 않은 영문판을 하나 골라 들었는데 물에 젖었다 마른 흔적이 있었다. 이때부터 흥정이 시작되었다. 판매원과 나는 수산시장 경매원 같은 진지한 얼굴로 전자계산기에 숫자를 적었다. 판매원이 고개를 흔들면 나는 책의 불어 터진 쪽을 펼쳤다. 원하던 가격으로 흥정을 마친 뒤 만족스럽게 돌아서자마자 조금 더 깎아도 되지 않았을까 하는 후회가 들었다. 만족을 모르는 인간의 마음은 어쩔 수가 없다.

거의 10시간에 가까운 운행을 마치고 순환 열차가 포트 바이칼역에 도착하고 있었다. 서행하는 열차의 차창으로 항구와 관련 시설들이 보였다. 녹슨 배며 어구, 정비창 같은 것들이 아무렇게나 방치되어 있었다. 미래소년 코난이 불쑥 나타나거나 로봇 군단과 저항군이 격전을 벌여도 이상하지 않을 것 같은 그로테스크한 분위기이다. 항구 끝에서 열차가 멈춰 섰다.

바이칼 순환 열차의 승객들은 보통 강 하구 건너편 리스트비얀카

—— 바이칼의 특산물인 연어과 훈제 생선 '오물'을 팔고 있는 승무원

로 가 이르쿠츠크로 돌아가는 버스를 타거나 하룻밤 묵은 뒤 알혼섬으로 향한다. 둘 다 우선 포트 바이칼 선착장으로 이동해야 한다. 선착장에 꼭 찾아보고 싶은 것이 있었다. 일행들을 앞질러 빠른 걸음으로 선착장을 향했다. 걸음을 옮길 때마다 심장이 쿵쾅거렸다.

마침내 그곳에 이르렀다. 100년 전만 해도 선로 전환기가 있던 자리다. 포트 바이칼에는 바이칼호가 댈 수 있는 자리가 두 군데 있었다. 역에서 나온 선로는 선착장으로 이어지다가 바다를 향해 난 둑을 따라 Y자로 갈라진다. 일반적인 선로 규정 방식을 준수했다면 역과 가까운 선로는 선착 1번이나 부두 1번으로 정해졌을 것이고, 나머지가 선착 2번이 되었을 것이다. 역에서 출발한 열차는 이곳 선로 분기점에 일단 정차해야 했다. 선로 전환수가 배가 들어와 있는 부두를 향해 선로 전환기를 돌리면 기관차가 입을 벌리고 있는 페리

—— 포트 바이칼에 방치된 낡은 배

안으로 객차나 화차를 밀어 넣는다. 양쪽으로 갈라지는 선착장과 철
도 노선의 흔적을 쉽게 찾을 수 있었던 것은 수십 번도 더 봤던 100
년 전 사진 덕분이었다. 1903년 영국 『타임스』와 『인디펜던트』 지
의 특파원이자 여행 저널리스트였던 조지 린치George Lynch는 일본에
서 출발해 조선과 만주를 거쳐 대륙을 횡단하는 시베리아 횡단 열차
를 탔다. 그는 바이칼 동쪽의 미소바야에서 서쪽의 포트 바이칼까지
열차 페리를 타고 건넜다. 국내에서 『제국의 통로』The Path of Empire라는
제목으로 번역 출간된 그의 책 표지 사진이 바로 포트 바이칼의 100

년 전 모습이다. 나보다 한발 늦게 도착한 일행에게 사진을 보여 주었다. 모두 신기한 표정으로 주변을 둘러보며 옛 사진과 닮은 흔적들을 찾아내기 시작했다. 목재로 만들어진 증기기관차 급수대가 있던 자리, 페리가 육지의 선로와 정확히 맞추기 위해 접근했을 선착장 끝의 구조물을 찾았다. 100년 전 이곳에 있던 사람들의 북적이는 소리와 증기기관차의 기적 소리가 들릴 것만 같았다. 한 손에 J형 손잡이가 달린 우산을 들고 밑단이 레이스로 치장된 치마를 입은 여인이 추격자를 피해 두리번거리며 어서 페리로 올라타자고 내 손을 잡아끌 것만 같았다.

그러나 나를 부른 것은 바이칼 순환 열차의 승무원이었다. 승무원은 예정되어 있던 이르쿠츠크행 버스 편이 취소되어 배로 가게 되었다고 말했다. 사전 약속과 달라 미안하다며 양해를 구했지만, 나는 속으로 이게 웬 행운인가 싶어 쾌재를 불렀다. 150명 정도의 정원인 배에 올라타자마자 갑판 뒤쪽으로 올랐다.

## 전설을 생각하다

항구를 떠난 배가 속력을 높여 안가라강의 품으로 달음질쳤다. 조금씩 바이칼이 시야에서 사라졌다. 안녕! 바이칼! 배는 한 시간 넘게 물살을 헤쳤다. 바이칼이 흘린 눈물. 안가라는 바이칼의 딸이었다. 그녀는 사랑하는 연인 예니세이를 찾아 길을 떠났다. 전해 내려오는 전설을 생각하는 동안 도도하게 흐르는 안가라의 바람이 쉬지 않고 머리를 날렸다.

거대한 호수는 그 자체로 경외심이 들게 했다.

—— 순환 노선에서 내려다본 바이칼

# 바이칼 순환 열차

바이칼 호수를 끼고 달리는 열차. 옛 시베리아 횡단철도 노선을 따라 천천히 달리는 열차를 타고 과거로의 시간여행을 떠날 수 있다. 정차할 때는 과거의 터널과 다리, 마을들을 둘러보다가 바이칼 호수에 손을 씻거나 발을 담가 볼 수 있다. 계절에 따라 운행하는 요일이 바뀌고 매일 운행하지 않기 때문에 반드시 사전에 일정을 확인해야 한다. 일등석과 삼등석의 요금이 크게 차이 나지 않으므로 좌석 등급을 고민하지 않아도 된다.

**타는 법** | 이르쿠츠크역에서 출발한다. 승차권은 현지 한인 여행사에 구매 대행을 의뢰하거나 직접 구입한다. 자세한 열차 스케줄 및 정보는 http://baikaltrain. ru/ 참조.

6장

# 크라스노야르스크

## Krasnoyarsk

크라스노야르스크  치타
이르쿠츠크 울란우데  하바롭스크
우수리스크
블라디보스토크

인천

나는 인적 없이 잡초가 우거진 강둑의 한 지점에서 예니세이 철교를 향해
소리쳤다. "너를 보기 위해 수천 킬로미터를 달려왔어! 정말 반갑다!" 누
군가 내 목소리를 들었으면 신고라도 했을지 모르겠다. 그러나 그곳엔 아
무도 없었고 내 말을 이해할 수 있는 것은 100년 된 철교뿐이었다.

○

# 너를 보기 위해
# 달려왔어

## 고단한 여행의 낭만

이르쿠츠크 선착장에 내렸지만 내린 곳이 어디인지, 이르쿠츠크역
까지는 어떻게 가야 하는 감이 서질 않았다. 저녁 9시가 넘었고, 해
는 거의 넘어갔다. 상트페테르부르크에서 온 서른 즈음의 여행자 안
나가 우리의 갈 길을 안내해 주었다. 안나는 우리와 함께 선착장에
내린 바이칼 관광객이었다. 어둠 속에서 꽤 오래 걸은 끝에 버스 정
류장에 도착했다. 안나는 현지인에게 이르쿠츠크역으로 가는 버스
를 물은 뒤 한 번에 가는 것은 없다고 알려 주었다. 나는 중앙시장까
지만 가면 역을 찾아갈 수 있으니 중앙시장행 버스가 몇 번인지 알
려 달라고 부탁했다. 그러자 안나는 환한 미소를 지으며 자신과 같
은 버스를 타면 된다고 말했다. 우리가 탄 작은 버스는 사람들로 가
득 차 있었다. 우리는 그 틈을 용케 비집고 들어갔다. 퇴근길 K16번
승합차에 구겨지듯 적재된 우리는 정원의 두 배가 넘는 사람들 틈에
섞여 신음을 삼켰다. 제대로 인사도 못 했는데 안나가 먼저 쓸려나
갔다. 얼마를 더 가 이르쿠츠크 중앙시장역에 내려서야 허파에 맑은

—— 이르쿠츠크역에서 서쪽으로 가는 승객을 태우고 있는 횡단 열차

공기를 들여보낼 수 있었다.

내게 이르쿠츠크 중앙시장은 어느새 우리 동네처럼 익숙한 곳이 되었다. 트램 정류장에서는 옷가지와 인형 등을 팔던 노점상이 물건을 정리하고 있었다. 이제 1번 트램을 타고 15분 정도 달려 5군단 거리와 남만춘 다리를 지나면 바로 이르쿠츠크역이다. 짐 보관소에 맡긴 배낭을 찾고 대합실에 앉아 열차를 기다렸다. 전기 콘센트가 있는 벽 쪽 바닥에 충전기들이 가득 꽂혀 있었다. 그 옆에 배낭을 쌓아 놓고 팔을 모은 채 얼굴을 묻은 여행자들이 보였다. 열차에 다시 갇힌다는 사실이 두렵기도 했지만, 온종일 돌아다닌 고단한 여행자에게 어디라도 누울 자리가 있다는 안도가 이내 밀려왔다. 자정이 지나 열차가 들어왔다. 한 무더기의 승객들이 열차에서 내리고 또 그만큼 탔다. 어둠 속에서 차장이 손전등을 비춰 가며 승객의 여권과

승차권을 일일이 확인했다. 새벽 1시 2분, 열차는 정시에 출발했다. 차장이 객차 안을 돌며 다시 승차권을 확인한 후 침구를 나눠 주었다. 능숙한 솜씨로 매트리스 위에 시트를 씌우고 잠을 청하려다가 한국에서 가져온 소주가 아직 남아 있음이 기억났다. 장거리 행로에서는 무조건 짐을 줄여야 한다. 주저하지 않고 잔을 챙겼다.

## 저항 세력의 비밀 아지트 같았던 게스트하우스

흔들리는 침대를 요람 삼아 곯아떨어졌다가 차창을 두들기는 바람 소리에 잠을 깼다. 열차는 정거장에 서서 숨을 고르는 중이었다. 습관적으로 휴대전화부터 열어 인터넷이 연결되는지 확인했다. 간밤에 메일이 하나 와있었다. 발신자는 우리가 도착할 도시인 크라스노야르스크에 예약한 호스텔의 주인이었다. 그의 이름은 알톤이었다. 이르쿠츠크에서 길 잃은 우리를 안내한 천사의 이름도 알톤이었다. 우리는 알톤이란 이름을 러시아의 김 서방쯤으로 여기자며 싱거운 농담을 나눴다. 알톤은 픽업을 원하면 기차역으로 데리러 오겠다며 답장을 달라고 했다. 이미 이르쿠츠크에서 한바탕 헤맨 경험이 있었던지라 기쁜 마음으로 답장을 보냈다. 얼마 후 알톤으로부터 열차 도착 시각에 광장 앞에서 만나자는 회신이 왔다. 기분이 한결 편해졌다.

　여행 초반 3박 4일간의 지독한 열차 경험이 예방주사 역할을 톡톡히 했다. 이르쿠츠크에서 크라스노야르스크까지 16시간의 여정은 이제 너끈히 버틸 수 있었다. 객차가 신형이어서 화장실이 하나 더 있었고 이 때문에 물도 마음대로 쓸 수 있었다. 또 하나의 화장실이

—— 예니세이강과 산으로 둘러싸인 철도역과 기지

있다는 것은 누군가 화장실을 점유하고 있을지도 모른다는 불안감
을 떨쳐 주었고 실제로도 한결 편했다.

오후 6시, 열차는 예니세이강을 건너는 철교를 통과한 뒤 얼마 지
나지 않아 크라스노야르스크역에 도착했다. 역에서 나오자 역사 오
른쪽 건물에 거대한 벽화가 그려져 있었다. 벽돌 모자이크로 그려
진 3개의 대형 그림에는 붉은 기를 들고 행진하는 군중, 트렌치코트
를 입은 레닌과 그의 동지들이 걷는 모습 등이 담겨 있었다. 러시아
에서는 횡단철도가 다니는 주요 도시 어디에서나 레닌을 만날 수 있
다. 지나간 시절에 대한 향수든 트라우마든 간에 여전히 혁명과 사
회주의는 러시아를 관통하는 줄기다.

낡은 도요타 승용차를 몰고 온 알톤은 우리를 바로 알아봤다. 그는
차로 10분 정도 달려 한적한 주택가의 15층 정도 되는 맨션아파트

앞에 차를 세웠다. 거리는 과연 사람이 사는 곳인가 하는 의심이 들 정도로 고요했다. 호스텔 같은 것은 있을 법하지 않았고 간판도 따로 보이지 않았다. 알톤은 맨션아파트 한쪽의 지하로 내려가는 계단으로 우리를 안내했다. 계단은 시멘트 담으로 가려져 밖에서는 보이지 않았다. 알톤이 데리러 오지 않았다면 쉽게 찾을 수 없었을 것이다. 지하로 이어진 계단을 한 번 더 꺾어 내려간 뒤에야 현관에 당도할 수 있었다. 저항 세력의 비밀 아지트 같은 곳이었다. 문을 열면 레지스탕스 대원들이 달려 나와 두 손을 맞잡고 환영해 줄 것만 같았다.

근사한 저녁을 먹고 싶었다. 16시간을 열차로 달려온 여행객이라면 누구라도 그럴 것이다. 허기진 나그네들은 러시아 전통 바비큐 샤슬릭을 먹기로 합의했다. 알톤에게 맛있는 샤슬릭 집을 소개해 달라고 부탁했더니 전화번호가 적힌 광고지를 주며 식당 위치를 알려 주었다. 음식점을 찾아 크라스노야르스크의 한적한 주택가를 걸었다. 시베리아의 겨울을 나기 위해서인지 목조건물들은 하나같이 이중창을 갖추고 있었다. 창문틀은 꽃무늬 등의 문양으로 조각되어 있고 세월에 빛바랜 페인트칠을 그대로 얹고 있었다. 한가한 저녁 시

붉은 혁명의 흔적이 남아 있는 거리

문을 열면
레지스탕스 대원들이
달려 나와
두 손을 맞잡고
환영해 줄 것만 같았다.

크라스노야르스크 도심 건물의 벽에서 시민들을 바라보고 있는 레닌

간의 교차로 두 개를 지나 드디어 알톤이 알려준 식당을 찾았다. 외관부터 범상치 않은 기운을 풍겼지만, 우리는 용감하게 음식점 문을 열었다. 고급스러운 인테리어가 한눈에 들어왔다. 음식점에 앉은 남자 손님들은 모두 정장 차림이었고 여자들의 옷차림도 그에 못지않았다. 입구의 데스크에 있던 웨이터가 우리 일행을 위아래로 훑어보았다. 땀에 찌든 티셔츠에 반바지, 샌들 차림이었던 우리는 이질적인 존재였다. 웨이터는 예약을 했냐고 물었다. 예약 같은 걸 했을 리 없는 우리는 몇 마디 더 해보기도 전에 보기 좋게 쫓겨났다. 거리를 어슬렁거린 끝에 일본 식당으로 들어갔다. 일본식 인테리어에 초밥집이었는데 메뉴판이 참으로 다국적이었다. 피자와 짜장면을 닮은 면 요리, 감자볶음과 수프, 생맥주를 시켰다. 모든 음식이 한결같이 짰다. 쌀밥을 주문해 밥을 비볐는데도 짰다. 그 때문에 생맥주를 계속 시켰고 물도 많이 마셨다. 숙소로 돌아와서야 짜게 먹은 대가를 치러야 한다는 것을 깨달았다. 우리 방엔 화장실이 없었다. 복도에 있는 화장실에 가려면 그때마다 옷을 갖춰 입어야 했다. 그 밤, 요의가 우리를 몽유병 환자처럼 침대에서 일으켜 세웠다.

### 파리만국박람회를 빛낸 크라스노야르스크 철교

눈가에 다크서클이 내려앉았지만 아침 일찍 서둘렀다. 배낭을 챙겨 호스텔 로비에 가니 한 할머니가 앉아 계셨다. 알톤의 장모라고 했다. 알톤은 그의 아내, 장모와 함께 교대로 호스텔을 꾸려 가고 있었다. 장모는 알톤 부부가 아이들을 챙길 오전 시간 잠깐 일을 도와주는 모양이었다. 잠깐의 대화 끝에 인사를 건네고 비밀 아지트를 나섰다.

—— 예니세이 강변의 나무 의자 조형물. 한 여성이 앉아 쉬고 있다.

크라스노야르스크역으로 가서 짐을 맡겼다. 날은 점점 뜨거워지고 있어 각오를 단단히 해야 했다. 첫 목적지인 예니세이강을 건너는 철교를 향해 걸었다. 크라스노야르스크를 찾는 여행자 중에 이 철교를 찾는 이들은 아마도 우리 일행뿐일 것이다. 흔한 관광 명소 목록에도 이름을 올리지 못한 다리 하나를 보러 수만 리 떨어진 곳에서 왔다고 하면 어이없어 할지도 모르겠다.

예니세이 철교는 100년 전의 러시아 철도 건설 기술을 세계에 알리는 상징적 다리이다. 횡단철도의 중앙 노선이라 부를 수 있는 첼랴빈스크에서 이르쿠츠크까지만 해도 635개의 단선 철도교와 23개의 복선 철도교가 건설됐다. 당시 강을 건너는 다리는 대부분 나무로 만들어졌지만, 예니세이강을 건너는 850미터 길이의 가장 긴 다리는 강철로 건설됐다. 철골 트러스 구조로 완공된 다리는 1900년 파리

언덕 위에서 내려다본
크라스노야르스크 철교

만국박람회에서 금메달을 수상했다. '유럽과 극동을 연결하는 교두
보'는 1900년 파리 박람회에서 시베리아 횡단철도를 선전하는 문구
였다. 참빗과 담뱃대, 도자기 등을 출품한 대한제국관이 동방의 숨겨
진 나라를 소개하고 있었다면, 러시아는 미지의 땅을 개척하는 철마
를 세계에 알리고 있었다. 근대는 신철기 시대였고, 철도가 연 세상이
었다. 기관차, 선로, 역이 모두 강철로 만들어졌다. 그해 산업화의 성
취를 이룬 국가들이 모여 기술적 성과를 자랑하기 위해 개최한 만국
박람회의 주인공은 '철'이었고, 철이 만든 구조물을 채우는 것은 '유
리'였다. 런던의 수정궁, 파리의 만국박람회장과 거대한 역들이 이전
에는 존재하지 않던, 철과 유리의 조합으로 완성된 새 공간이었다.

역에서 이어진 철로 변 주택가를 따라 걸었다. 발아래로 기차가 다
니는 육교를 넘어 강이 있을 법한 곳으로 계속 나아갔지만, 어쩐지
우리는 반대로 시내 깊숙이 들어가고 있었다. 마주치는 사람에게 길
을 물어보았다가 우리가 엉뚱한 곳에 '와있음을 알게 됐다. 후회와
막막함으로 머릿속이 하애지려는데 저만치 러시아 철도공사 제복을

입은 여성 노동자를 발견하고는 다시 길을 물었다. 그는 꽤 먼 길을 동행해 예니세이 철교로 향하는 버스가 다니는 정류장까지 우리를 안내해 주었다. 철도 노동자가 알려준 대로 26번 버스를 타고 종점에 내렸다. 크라스노야르스크의 버스 요금은 19루블(400원)로, 12루블이었던 이르쿠츠크보다는 7루블이 더 비쌌다. 버스 종점은 버스가 모이는 종합 환승장 같은 곳이었는데 아파트로 둘러싸여 있어 강이라고는 주변에 보이지 않았다. 유모차를 끄는 젊은 엄마에게 강으로 가는 방향을 물었다. 그가 알려준 방향으로 조금 걸어가니 거짓말처럼 예니세이강과 철교가 나타났다. 강둑에 우거진 나무들과 철망 때문에 철교로 가까이 다가가는 것은 불가능해 보였다. 러시아 철교엔 초소가 있어 군인들이 경계를 서고 있다. 나는 인적 없이 잡초가 우거진 강둑의 한 지점에서 예니세이 철교를 향해 소리쳤다.

"너를 보기 위해 수천 킬로미터를 달려왔어! 정말 반갑다!"

누군가 내 목소리를 들었으면 신고라도 했을지 모르겠다. 그러나 그곳엔 아무도 없었고 내 말을 이해할 수 있는 것은 100년 된 철교뿐이었다.

## 10루블짜리 지폐에 등장하는 도시

크라스노야르스크는 횡단철도 노선을 지나며 방문한 도시 중에 가장 아름다운 도시다. 64번 버스를 타고 관광 안내 지도에 1번으로 소개된 장소를 찾았다. 바로 시내를 한눈에 내려다볼 수 있는 카라울니 언덕과 성 파라스케바 피아트니차 정교회 성당이다. 언덕에 서니 어째서 10루블짜리 지폐 도안에 성 파라스케바 피아트니차 성당

—— 카라울니 언덕의 나무 움막. 화장실이다.

과 크라스노야르스크 시내 그림이 들어갔는지 알 것만 같다. 아름다웠다. 언덕을 걸어 내려와 제2차 세계대전을 기리는 추모공원에서 '영원의 불꽃'과 인사를 나누고는 바로 다음 목적지로 향했다.

몇 번의 헤맨 끝에 크라스노야르스크에서 대중교통으로 어딘가에 가려면 일단 역으로 가는 게 편하다는 것을 깨달았다. 역 앞 버스 정류장에서는 시내 곳곳으로 가는 거의 모든 버스 노선을 알 수 있기 때문이다. 다시 역으로 돌아와 81번 버스를 타고 성 니콜라스 배 박물관이 있는 시내 서쪽의 강변으로 향했다.

### 레닌이 유배지로 가면서 탔던 배에 오르다

성 니콜라스 배 박물관은 실제 운행됐던 증기선을 박물관으로 꾸며 강둑 위에 전시해 놓은 곳이다. 1891년 장차 니콜라스 2세 황제로

러시아의 두 지도자 니콜라스 2세와
레닌을 태웠던 배는 박물관이 되었다.

등극하는 황태자가 이 배를 타고 크라스노야르스크로 왔다. 황제를
태웠던 배는 또 다른 러시아 지도자를 승선시켰다. 1897년 레닌은
이 배로 예니세이강을 거슬러 유배지로 이송되었다. 이듬해 남편이
있는 곳으로 갔던 크룹스카야는 이렇게 회고한다.

> 우리가 크라스노야르스크에 도착한 것은 1898년 5월 1일이었
> 는데, 거기서부터 예니세이까지는 배를 타고 올라가야 했다.
> 우리가 블라디미르 일리치가 살고 있던 슈센스코예 마을에 도착
> 한 것은 해 질 무렵이었다. 블리디미르 일리치는 사냥을 나가 있
> 었다.*

거대한 물레방아가 배 양옆에 장착된 증기선에 입장료 200루블(400
원)을 내고 올랐다. 배의 과거를 보여 주는 흑백사진과 황태자가 휴
식을 취했을 화려한 방, 레닌이 유배지로 가는 동안 누웠던 이층 침

---

* 나제주다 꼰스딴지노브나 끄룹스카야, 『레닌을 회상하며』, 최호정 옮김, 박종철출판사, 2001, 39, 40쪽.

대와 작은 탁자가 놓여 있는 선실이 잘 보존되어 있었다. 러시아의 변혁기에 두 지도자를 품었던 증기선 엔진에 연결된 강철 크랭크축의 윤활유는 말라 있었다. 시간의 무상함을 새기며 발길을 돌렸다.

저녁을 먹기 위해 버스를 타고 시내 한복판의 광장으로 갔다. 그동안 돈 쓸 일이 없었던지라 고급 레스토랑을 택했다. 나비넥타이를 맨 웨이터가 메뉴판을 들고 나타났다. 고급스러운 분위기에 주눅이 약간 들었지만 다시 나가기는 싫었다. 훌륭한 음식에 비해 값이 비싸지 않았다. 저녁을 먹는 동안 옆자리 노부부가 계속 말을 걸었다. 호기심 가득한 눈길로 이런저런 이야기를 묻다가 우리의 국적이 한국이라는 것을 알고는 갑자기 표정이 굳어졌다. "잠깐, 당신들 언제 한국에서 출발했는데?" 여자가 의심의 눈초리로 물었다. 이어 심각한 표정으로 남자에게 한 말을 모두 알아들을 수는 없었으나 '메르스'라는 단어는 똑똑히 들었다. 한국에서 창궐한 메르스가 국제 뉴스를 장식하던 때라 적잖이 당황했다. 남자가 의심의 눈초리를 거두지 않은 채 메르스에 관해 물었다. 나는 시치미를 뚝 떼고 우리가 메르스 발병 전부터 여행했기에 병과는 상관없다고 둘러댔다. 그때야 노부부가 태도를 누그러뜨리고 태연히 화제를 돌렸다.

## 저녁이 있는 삶을 즐기는 시민들

만족스러운 저녁 식사를 마치고 중앙공원을 산책했다. 레닌이 석양 속에 옷깃을 여민 채 예니세이강을 바라보고 있었다. 우리는 레닌의 시선을 따라 강가로 갔다. 강변은 산책 나온 사람들로 북적였다. 노천 음식점에서는 샤슬릭을 굽는 고소한 냄새가 코를 찔렀다. 테이블 곳곳에서 청춘 남녀가 자리를 잡고 한가롭게 대화를 나누고 있었다. 강변의 잔디밭과 산책로에 유모차를 끄는 젊은 부부, 다정히 손을 잡은 노부부가 여유롭게 걷고 있었다. 중고생 정도로 보이는 아이들이 친구들과 어울려 요란스럽게 놀고 있었다. 그야말로 자연스러운 저녁 풍경이었다.

어둠이 깔린 시간에야 크라스노야르스크역에 도착한 우리는 매표 창구로 갔다. 삼등석 열차표를 이등석으로 바꾸기 위해서였다. 다음

—— 석양의 레닌. 옆으로 러시아 철도공사 로고를 단 건물이 보인다.

목적지인 노보시비르스크까지는 이등석이었지만, 이는 우리가 예약한 구간 중 가장 짧은 것이었다. 우리는 남은 표를 모두 이등석으로 바꾸기로 했다. 삼등석은 지금까지의 경험으로 충분하다는 결론을 내렸기 때문이다. 매표창구는 두 군데 열려 있었다. 그나마 짧은 줄 뒤에 섰는데도 좀처럼 줄어들 기미가 보이지 않았다. 기다리는 사람들의 표정은 우리 빼곤 모두 태평스러웠다. '참을 인' 자를 새기며 서 있던 끝에 마침내 앞에 두 사람 정도 남았을 때, 창구 직원이 갑자기 "잠시 자리를 비웁니다"라는 팻말을 세우고는 사라졌다. 평정을 유지하던 앞사람도 뭔가 험한 말을 뱉으며 창구 벽을 쳤다. 나는 옆 창구 맨 뒷줄로 가 '참을 인' 자를 다시 새겨야 했다. 그리고 마침내 도저히 올 것 같지 않았던 내 차례가 왔다. 러시아어 번역기로 돌린 내용을 역무원에게 보여 줬다. 역무원이 손짓까지 해가며 말을 늘어놓는데 도무지 알아들을 수가 없었다. "플리즈 위 원트 체인지 디스 티켓." 급하게 영어까지 동원됐다. 역무원은 답답하다는 표정으로 눈을 치켜뜬 채 우리가 창구에 들이민 표들을 다시 돌려주었다. "티켓 체인지"를 몇 번 더 외치다가 포기하고 승강장으로 나갔다.

밤 11시, 노보시비르스크로 가는 7 열차 이등석에 오른 우리는 처음 접한 상급 객실의 모습을 보고 서로를 껴안으며 말했다. "표를 바꿨어야만 했어!" 출입문이 있는 4인실 침대칸의 장점은 무엇보다 두 발을 쭉 펼 수 있다는 것이다. 개방형 6인실의 통로를 걷다 보면 이층 침대에서 통로 쪽으로 삐져나온 발들에 어깨를 부딪치게 된다. 살아 있는 누군가의 생체를 지속해서 건드리는 것은 별로 유쾌한 일이 아니다. 부딪치는 사람이나 당하는 사람 모두에게 인간이 원래

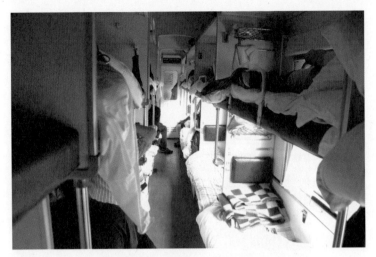
—— '플라즈카르타'라고 부르는 개방형 6인실 객차

야생동물이었음을 깨닫게 해준다. 무릎을 살짝 구부려 누웠던 6인실 자세를 당당히 버렸다. 베갯잇과 시트의 재질도 달랐다. 4인실에서 쓰는 수건과 비교하면 6인실의 수건은 헝겊 떼기에 불과했다. 11시 30분, 열차는 서쪽을 향해 바퀴를 굴렸다. 이등석 문을 닫고 에어컨 바람의 시원한 기운을 느끼며 보드카를 땄다. 행복한 잠자리에 대한 기대 때문인지 유난히 술이 달았다.

# 카라울니 언덕

10루블 지폐에 그려진 도안이 바로 크라스노야르스크의 카라울니 언덕이다. 아름다운 크라스노야르스크 시내를 한눈에 내려다볼 수 있는 언덕이다. 언덕 위에는 성 파라스케바 피아트니차 정교회 성당이 있다.

**주소** | ул. Степана Разина, 51, Красноярск, Красноярский край / ul. Stepana Razina, 51, Krasnoyarsk, Krasnoyarskiy kray,
**가는 법** | 64번 시내버스를 타고 언덕 위 마을에서 내려 성당으로 걸어가면 된다. 내려올 때는 큰길까지 걸어서 내려오는 걸 추천한다.

7장

# 노보시비르스크

## Novosibirsk

크라스노야르스크

노보시비르스크

이르쿠츠크 울란우데

치타

하바롭스크

우수리스크

블라디보스토크

인천

나를 가슴 아프게 했던 것은 김 아파나시의 아들 김 텔미르의 증언이었다. "나의 부친은 하바롭스크에 묻혀 있다. 어머니는 크림 엠파트라에, 외할아버지는 타슈켄트 미르자촌에, 친할아버지는 연해주 수하노프카촌에, 외할머니는 타슈켄트 주사마르스코예촌에, 그리고 친할머니는 카자흐스탄의 침켄트에, 형님은 연해주 크라스키노촌에 안치돼 있다. 그러니 이 고인들을 누가 모셔서 성묘할 것인가. 기가 막힌다." 부모 형제의 무덤이 러시아와 중앙아시아 전역에 고루 퍼져 있다. 한인 디아스포라의 운명을 이처럼 상징적으로 보여 주는 일이 또 어디 있으랴.

## 횡단 열차가 만든
## 도시

**새로운 시베리아**

그동안의 아침잠을 깨운 것은 뜨거운 객실 온도였지만 이등석에서
맞은 이날 아침은 전과 달리 상쾌했다. 목이며 팔에 달라붙은 땀을
닦기 위해 물휴지를 꺼낼 필요도 없었다. 개운한 마음으로 아침 식
사를 준비했다. 라면과 스프만 따로 포장해 온 컵라면을 코펠 용기
에 담고 마른 누룽지를 붓는다. 기호에 따라 집에서 가져온 볶음 고
추장이나 시판 고추장을 넣은 뒤 객차마다 설치된 온수기 사모바르
에서 받아온 뜨거운 물을 붓는다. 이렇게 하면 김치 없이 먹을 수 있
는 훌륭한 한 끼 식사가 완성된다. 컵라면과 마른 누룽지는 여행 경
비 절약의 일등 공신이었다.

아침 식사를 마치고 짐을 쌌다. 10시간의 비교적 짧은 여정 끝에
도착한 곳은 노보시비르스크다. 노보시비르스크는 시베리아 횡단철
도가 만든 도시다. '노보'란 영어의 'NEW'로 노보시비르스크는 '새
로운 시베리아'란 뜻이다. 허허벌판 시골 마을에 열차 노선이 생기
면서 도시가 번성하는 것은 흔한 일이었다. 그중에서도 노보시비르

스크는 러시아가 시베리아 횡단철도를 놓으면서 계획적으로 조성한 신도시다. 노보시비르스크에 사람들이 모이고 도시가 번성하게 된 이유 중 하나는 이곳이 바로 중앙아시아로 연결되는 철도의 분기점이 되었기 때문이다. 러시아와 국경을 맞대고 있는 카자흐스탄을 비롯해 우즈베키스탄, 키르기스스탄, 타지키스탄 같은 중앙아시아 국가로 향하려면 노보시비르스크에서 남쪽 선로를 타야 한다.

노보시비르스크는 극동의 소비에트연방공화국 영토에 살았던 한인들 대부분이 거쳐야 했던 역이기도 하다. 1937년 스탈린의 강제 이주 정책에 의해 서쪽으로 가는 횡단 열차로 내몰린 카레이스키들은 생사를 건 여정 끝에 겨우 살아남아 이곳 노보시비르스크에 발을 디뎠다. 나는 추위와 굶주림, 병에 시달린 얼굴로 노보시비르스크역 광장에 쪼그려 앉아 중앙아시아행 차편을 기다렸을 사람들을 생각하며, 증기기관차 모양을 본 따 만들었다는 역사를 빠져나왔다.

## 잔혹 동화의 희생자가 된 강제 이주 한인들

그리하여 레닌과 트로츠키가 이끈 혁명은 성공했데요. 그리고 러시아 민중들은 소비에트를 건설해 오래오래 행복하게 살았답니다. 끝. 할머니가 들려주는 이야기는 여기서 끝나겠지만 현실은 잔혹 동화였다. 스탈린의 명령에 희생된 시베리아의 첫 번째 제물은 카레이스키, 고려인 또는 조선인이라 불리는 한인들이었다.

1937년 8월 21일 "극동 변강 국경 지역 거주 한인 이주에 관한 공동 결의문"이 발표된다. 공동의 주체는 소련 인민위원회 소비에트와 전소 볼셰비키공산당 중앙위원회였고 서명자는 몰로토프와 스탈린이었다. 강제 이주의 명분은 극동 변강 내 일본 첩자의 침투를 차단한다는 것이었다. 한인 이주가 결정되자 극동뿐 아니라 러시아 전역에 살던 한인들이 졸지에 적국의 첩자 취급을 받았다. 극동에 살던 사람들은 일본과 내통하는 세력으로 간주됐고, 러시아혁명에 온몸을 바쳤던 한인들에게 조국 러시아를 배신했다는 엉뚱한 죄명이 쓰였다. 인민의 원수가 된 한인 혁명가들은 소비에트연방공화국 형법 58조에 따라 기소되는 대로 사형을 선고받았고 바로 총살형에 처했다. 소련 내무인민위원회에는 이미 제거 대상자 명부가 작성돼 있었다. 형식적 재판이 열리거나 아예 재판조차 없이 한인 지도자로 간주된 사람들이 총살장으로 끌려갔다. 그야말로 광범위한 살인극이 자행됐다.

강제 이주 열차를 탄 사람들은 58조의 기소를 면한 한인들이었다. 9월부터 연해주 지역 한인들에게 강제 이주 명령이 떨어졌다. 한인들은 5, 6일 치의 식량과 꼭 필요한 물건만 챙기라는 명령에 기껏해야 하바롭스크에나 가는 줄로 생각했다. 그들은 블라디보스토크 한인촌 언덕 밑의 페르바야레치카역, 블라디보스토크에서 차로 한 시간 거리의 라즈돌노예역, 그리고 우수리스크역에서 시베리아 횡단 열차에 올라탔다.

강제 이주 열차의 기관차 뒤에 50량의 객차와 화차를 연결했다. 호송을 책임지는 내무인민위원회 병력이 쓰는 여객 칸 1량, 위생보건 칸 1량, 식당 칸 1량이 연결되었고, 나머지는 화물이나 가축 수송용 차량이었다. 화물칸 하나에 5, 6가구 30여 명 정도를 태웠다. 열차가 출발하자 널빤지를 덧댄 화물칸에 칼바람이 들어왔다. 식수나 먹을 것은 제대로 제공되지 않았다. 위생 상태가 나쁜 데다 목욕도 할 수 없자 시간이 지날수록 사람들의 옷과 머리에 이가 득실거렸다. 열차가 설 때마다 플랫폼으로 나와 머리를 털면 하얀 이가 먼지처럼 쏟아져 내렸다. 면역력이 약한 유아들이 제일 먼저 병에 걸렸다. 곧이어 노인들이 몸져누웠다. 경비원들이 병자를 발견하는 대로 치료 후 돌려보내 주겠다며 데려갔지만, 이렇게 실려 간 환자들은 누구도 다시 돌아오지 않았다. 나중에는 아무리 병이 깊어도 내색하지 않았다. 죽어도 가족들 품속에서 죽겠다는 각오였다. 병을 얻은 대다수의 사람은 살아서 땅을 밟지 못했다. 모두 시베리아 횡단 열차의 기적 소리가 들리는 벌판에서 한 많은 생을 접어야 했다.

## 러시아 땅 여기저기에 묻힌 한국인들

한인 혁명가 김 아파나시(김성우)는 러시아 이주 한인 2세였다. 우수리스크에서 중학교에 다니던 김 아파나시는 1917년 러시아혁명을 맞자 이에 영향을 받아 고려인 학생 서클을 조직했다. 1920년 볼셰비키 당원이 된 그는 1922년 모스크바에서 열린 극동민족대회에서 레닌과 이동휘 회담의 통역을 맡기도 했다. 1934년에는 소련공산당 17차 당 대회 대표로 선발되기도 했으며, 최고 훈장인 레닌 훈장을 받았다. 이런 김 아파나시가 1936년 1월 블라디보스토크역에 내리자마자 내무인민위원회에 의해 체포됐다. 김 아파나시는 반혁명 활동과 일본군의 밀정 혐의로 재판을 받았다. 판결문은 간단했다. "김 아파나시 아르세니에비츠를 사형에 처한다. 판결은 최종적이며, 소련중앙집행위원회의 1934년 2월 1일부 결정을 근거로 판결을 그 즉

시로 집행할 것." 형 집행은 김 아파나시의 아내 유 예카테리나에게
도 알려지지 않았다.

중앙아시아로 강제 이주된 유 예카테리나는 교사로 일하며 남편
을 기다리다 1971년 사망했다. 김 아파나시에 대한 판결은 1989년
에서야 뒤집어진다. 소련 최고재판소 군사법원 서기국은 김 아파나
시가 죄 없이 유죄 선고를 받았으므로 기소를 취소한다는 결정을 내
렸다. 나를 가슴 아프게 했던 것은 김 아파나시의 아들 김 텔미르의
증언이었다.

> 나의 부친은 하바롭스크시에 묻혀 있다. 어머니는 크림주 옘파
> 트라시에, 외할아버지는 타슈켄트주 미르자촌에, 친할아버지는
> 연해주 수하노프카촌에, 외할머니는 타슈켄트주 사마르스코예
> 촌에, 그리고 친할머니는 카자흐스탄의 침켄트시에, 형님은 연
> 해주 크라스키노촌에 안치돼 있다. 그러니 이 고인들을 누가 모
> 셔서 성묘할 것인가. 기가 막힌다.[*]

부모 형제의 무덤이 러시아와 중앙아시아 전역에 고루 퍼져 있다.
한인 디아스포라의 운명을 이처럼 상징적으로 보여 주는 일이 또 어
디 있으랴.

극동에 퍼진 수십만 명의 한인들을 강제 이주시키다 보니 열차 사
고도 일어났다. 1937년 11월 초순 하바롭스크 베리노역에서 한인

---

[*] 강만길, 『회상의 열차를 타고』, 한길사, 1999, 65쪽.

이주민을 태운 505 열차가 충돌 사고를 일으켜 기관차 쪽에 연결된 객차 7량이 전복됐다. 이 사고로 21명의 한인이 죽었고 많은 사람이 중상을 입었다. 당시 한 살이었던 최 표도르, 네 살 남동희, 6세 김 바르바라, 16세 김 예카테리나, 같은 나이 박유라 등 한인 아이들이 사망자 명단에 포함됐다.

극동을 출발한 강제 이주 열차가 목적지인 중앙아시아에 도착할 때까지는 40여 일이 걸렸다고 한다. 현대식 열차로 달린 3박 4일간의 블라디보스토크 – 이르쿠츠크 구간조차 힘겨워했던 나는 상상조차 하기 힘든 여정이다. 강제 이주 여정의 마지막 분기점이었던 노보시비르스크역에 서니 80년 전 눈물을 삼키며 열차에서 내렸을 한인들에 대한 생각을 지울 수 없었다. 한인들은 추위와 굶주림에 혹사당했고 사랑하는 이들을 잃어 가며 눈물의 열차를 달렸다. 그리고 그들을 기다리고 있는 땅은 생전 처음 밟는 황량한 중앙아시아의 황무지였다. 참으로 가엾은 운명을 짊어진 사람들이었다.

## 노보시비르스크 교외선 열차 나들이

노보시비르스크역의 짐 보관소는 유럽 각지에서 온 배낭여행객들로 북적였다. 역사 밖으로 나오니 광장이 여행자들을 맞이했다. 상업 시설로 둘러싸인 한국의 역들처럼 숨 막히지 않았다. 하지만 가족을 잃고 절망 속에 발을 디뎠던 80년 전의 한인들에겐 황량하게만 느껴졌으리라. 찾아가기로 한 방문지 위치를 확인하기 위해 광장 매점에서 시내 지도를 샀다. 그러나 시내에서 떨어져 있어선지 지도에서 목적지를 확인할 수 없었다. 버스 정류장에 이어 상인들이 오가는 길목에도 나가 길을 물었으나 모두 고개를 가로저을 뿐이었다. 낭패감에 택시를 잡을까 고민하는 사이 조금 전 길을 물어봤던 상인 이 다가와 역으로 가라고 말했다.

노보시비르스크역 광장 오른쪽 끝에 교외선 전용 역이 있었다. 역 창구로 가 철도 박물관으로 가는 차표를 끊었다. 철도 박물관은 노 보시비르스크 외곽 세야텔 마을에 있었다. 전자식 게이트에 종이 티 켓의 바코드를 대니 칸막이가 걷혔다. 승강장에는 휴일을 맞아 교 외로 놀러 가는 청소년들과 주민들이 뒤섞여 와자지껄한 풍경을 연 출했다. 교외선 전철에 올라타 자리를 잡았다. 맞은편에 앉은 딸아 이 또래의 소녀와 눈으로 대화를 나눴다. 낯선 이와 마주 앉아 미소 를 주고받으며 차체의 흔들림에 몸을 맡기는 것도 기차 여행이 주는 묘미이리라. 양해를 구한 뒤 카메라를 들어 그에게 초점을 맞췄다. 뷰파인더 안 소녀는 환하게 웃고 있었다. 열차는 어느덧 세야텔역에 다 와갔다. 나는 내리면서 휴대용 프린터로 인쇄한 사진을 소녀에게 건네주었다. 사진을 받아든 소녀가 기쁨과 놀라움이 담긴 표정으로 '스파시바'를 연발했다. 노보시비르스크역에서 세야텔역까지는 한 시간 가까이 걸렸다. 택시를 잡았더라도 값을 흥정하다가 발길을 돌 렸을 거리였다.

세야텔역은 작고 아담했지만, 건축한 지 얼마 안 됐는지 쾌적하 고, 주변 풍경과도 잘 어울렸다. 하나같이 규모만 웅장한 한국의 신 설 역과는 분위기가 자못 달랐다. 역에서 내려 육교를 건너면 바로 철도 박물관이 있다. 세야텔역 한쪽 편 선로가 철도 박물관의 부지 인 셈이었다. 박물관 입구에는 조지 스티븐슨George Stephenson이 만든

—— 세야텔역 철도 박물관에 전시된 구소련 시대의 차량들

최초의 상용 기관차인 로켓호의 모형이 전시되어 있었다. 아이들이
모형 위에 뛰어올라 노는 모습이 귀여웠다. 기차는 아이들에게 인기
가 많다. 아이의 마음을 가져야 천국행 열차를 탈 수 있다는 2,000여
년 전 예수의 말은 틀린 말이 아니다.

철도 덕후에게는 테마파크보다 더 신나는 공간이 철도 박물관이
다. 세야텔역의 철도 박물관에는 구소련 시절 운행됐던 기차들이 전
시되어 있었다. 붉은 별을 머리에 단 증기기관차는 물론이고 기관차
앞에 커다란 삽을 장착한 제설차, 대포를 실은 군용 화차, 심지어는

'눈의 나라'이니만큼 제설 열차는 시베리아
철도의 기본 장비다.

쇠창살을 설치한 죄수 호송용 객차까지 다양한 기차의 실물들이 전
시되어 있었다. 발이 부르트도록 전시장의 기차들을 둘러본 뒤에야
박물관을 나섰다. 박물관에 전시된 열차들이 실제로 달렸을 시공간
과 열차에 탄 사람들이 겪었을 사연들은 또 얼마나 많을 것인가.

## 횡단 열차 퇴근길

노보시비르스크역 광장에서 지하로 연결되는 입구로 내려가 지하철
을 탔다. 노보시비르스크엔 두 개의 지하철 노선이 있다. 노보시비
르스크역에서 제르진스카야선이라고 부르는 녹색의 2호선을 타고
한 정거장 가면 레닌스카야선인 붉은색의 1호선으로 갈아탈 수 있
다. 서울 지하철의 1, 2호선과 색 구분이 똑같다. 환승 후 한 정거장
을 더 가 레닌 광장에서 내렸다.

노보시비르스크의 레닌 광장엔 내가 만난 것 중에 가장 큰 레닌 상
이 서있었다. 이전에 방문했던 도시와 다른 점은 레닌이 홀로 서있
는 것이 아니라 양옆으로 다섯 개의 거대 석상과 함께 있다는 것이
다. 혁명을 향해 전진하는 세 명의 전사는 레닌의 오른쪽에 서있고,

○

레닌은

뭐가 불만일까?

사회주의의 희망을 말하는 듯한 남녀 시민은 왼쪽에 서있다. 그 웅장함이 광장을 압도했다. 러시아혁명 이후 시베리아 개발이 본격화되면서 노보시비르스크는 시베리아 최대의 공업 도시로 탈바꿈했다. 시에서 30킬로미터 떨어진 곳에 조성된 과학 도시 아카뎀고로도크는 냉전 시절 러시아가 미국과 견줄 과학 기술력을 유지하게 해준 연구 단지이기도 하다. 그만큼 러시아와 혁명에 대한 자부심을 내세울 수 있는 도시이기에 거인 같은 석상들로 레닌 광장을 조성했으리라. 광장으로 놀러 나온 시민들은 거대한 석상이 만들어 낸 그늘에서 쉬고 있었다. 석상들의 경건한 표정과 그 아래 옹기종기 모여 오후의 나른한 휴식을 즐기는 사람들의 얼굴이 대조를 이루고 있었다. 무릎 보호대를 착용한 소녀가 스케이트보드를 타고 거인들을 전환점 삼아 돌고 있는 동안에도 혁명의 거인들은 한 번의 곁눈질없이 먼 하늘만 쳐다보고 있었다.

종일 도시를 탐방한 피곤한 몸을 이끌고 다시 열차에 올랐다. 이제 횡단 열차에 오르내리는 것이, 하루를 열심히 일하고 집으로 귀가하는 노동자처럼 자연스러운 일이 되었다. 오후 6시 2분, 예카테린부르크행 37 열차 삼등석으로 퇴근을 했다. 참치 통조림을 따고 보드카를 꺼냈다. 창밖에 자작나무 숲이 춤추는 근사한 레스토랑이 열렸다. 서쪽으로 20시간을 달려야 한다.

# 레닌 광장

거대한 레닌과 혁명 전사들의 석상이 들어서 있다. 러시아 도시
들을 순회하면서 본 것 중에 가장 큰 석상이었다. 혁명을 거친
후 시베리아 횡단철도를 통해 조성된 신도시 노보시비르스크에
혁명을 기리기 위한 거대한 구조물을 세웠다.

**가는 법** | 노보시비르스크역에서 붉은색 라인 지하철 1호선을 타고 레닌스카야역에
서 내린다.

8장

# 예카테린부르크
## Yekaterinburg

예카테린부르크
크라스노야르스크
노보시비르스크
이르쿠츠크 울란우데
치타
하바롭스크
우수리스크
블라디보스토크
인천

블라디보스토크역을 떠난 지 12일 만에 모스크바의 야로슬라브스키역에 도착했다. 9,288킬로미터의 시베리아 횡단철도 본선을 모두 주파한 것이다. 이 도시가 가지고 있는 수많은 별명만큼 복잡한 심경으로 승강장에 첫 발을 내디뎠다. 이제 도시를 헤매는 일이 익숙해진 우리는 여유만만하게 길을 물어볼 행인을 물색했다. 우리가 지도 위 어디에 있는지 확인해야 했다.

○

# 대륙의 경계에
# 서다

**부활한 레닌과 사라진 스탈린**

모든 나라의 철도 차량에는 고유한 명칭이 부여된다. 한국에서
DL7455라는 명칭은 디젤기관차 7400호대 55번째 제작 차량을 말
한다. 전기기관차에는 EL이라는 명칭이 붙고 여객용일 경우 8200,
화물용일 경우 8500으로 시작되는 네 자리 숫자가 기관차의 고유 식
별번호가 된다. DL은 'Diesel Locomotive'의 약자로 디젤기관차,
EL은 'Electric Locomotive'로 전기기관차의 영문 앞자리를 따왔
다. 일본은 231계, 700계 등으로 차량 형식과 특성에 맞춘 숫자를 부
여하는 한편, 러시아에서 주력 기관차로 쓰이는 전기기관차의 형식
명칭은 대부분 앞자리에 Вл이 붙고 뒤에 숫자가 따라오는 식이다.
러시아어로 Вл은 영어의 VL에 해당하는 것으로 'Vladimir Lenin',
즉 블라디미르 레닌의 이름에서 머리글자를 따온 것이다. 최근 나온
모델들에서는 다른 형식의 명칭도 보이지만, 시베리아를 달리다 보
면 레닌 전기기관차를 흔히 보게 된다. 재밌게도 레닌의 이름을 전
기기관차에 부여한 사람은 스탈린이었다. 1930년대 소련에서 전기

—— BL 23 – 501호 전기기관차. 형식명 BL은 블라디미르 레닌에서 따왔다.

기관차는 희귀종이었고 대부분이 증기기관차였다. 증기기관차의 명칭은 이미 IS＋숫자의 조합으로 정해진 뒤였다. IS는 'Iosif Stalin'의 앞 자로 절대 권력자 이오시프 스탈린을 의미하는 것이었다. 스탈린은 러시아 전역을 달리는 증기기관차에 자신의 이름을 새긴 후 얼마 안 되는 전기기관차는 선심 쓰듯 레닌에게 양도했다. 하지만 세월은 흘러 증기기관차는 역사 속으로 사라졌다. 전기기관차의 새 시대가 열리면서 레닌은 부활했고, 스탈린은 박물관에서야 볼 수 있는 신세가 되었다.

## 횡단 열차 승강장에서 보드카 사기

앞서 말했듯이 시베리아 횡단 열차에서의 음주는 금지되어 있다. 하지만 승객들은 아랑곳하지 않고 술을 구해다 마셨고, 가끔 올라타는 철도 경찰이 차내 승객들의 음주를 단속하고 술병을 빼앗아 가기도 했다. 운 나쁜 초보 여행자들이나 이미 만취해 단속반에 대한 경계를 놓친 승객들이 술을 빼앗겼다.

시베리아 벌판에 노을이 지고 열차의 조명 때문에 창밖 풍경과 열차 안 자기 모습이 차창에 겹쳐 보이기 시작하면 평소 술을 즐기지 않던 사람이라도 저절로 술 한잔이 생각나게 마련이다. 작은 마을이나 홀로 서있는 집 한 채가 보여도, 도무지 사람의 발길이 닿지 않을 것 같이 끝없이 펼쳐진 벌판을 봐도 술잔을 채우게 된다. 우리는 고향에 두고 온 식구들을 위해 건배하기도 하고 슬픔에 젖어 있을 안산을 생각하면서도 잔을 꺾었다. 이렇게 달리다 보면 술은 금방 떨어지게 되므로 시간표에서 다음 정차 역을 확인한다.

열차가 정차해 기관차를 교체하거나 객차 정비를 하는 동안 승객들은 우르르 승강장으로 내려간다. 상당수는 흡연을 하고, 또 한 무리는 역사나 승강장에 있는 매점으로 달려가 먹을 것을 산다. 술이 아쉬웠던 나는 수 시간 만에 정차한 역의 매점으로 달려갔다. 머리에 보자기를 둘러쓴 할머니가 내 입이 떨어지기를 기다렸다. 나는 "보드카. 노 보다"라고 속삭였다. 러시아 말로 '보다'는 물이다. 할머니는 곤란한 표정을 짓더니 주위를 한번 쓱 둘러보고는 내가 한 말을 거꾸로 되물었다. "노 보다? 보드카?" 나는 의미심장한 미소를 지으며 "야! 보드카"라고 답했다. 할머니는 매점 안쪽 창고에서 보드카를 꺼내다가 검은 봉지에 싸주었다. 콜라 한 캔과 보드카 한 병을 390루블(8,000원)에 샀다. 할머니는 보드카를 내주며 오른손 검지를 들어 좌우로 흔들었다. 표정만으로도 "걸리지 말고 잘 먹어라"라는 의미라는 걸 알 수 있었다. 깊은 바지 주머니에 술을 숨겨 반입할 수 있었다. 열차가 출발하자 2차 술자리가 시작됐다. 40도의 독한 술이었지만 취객들에겐 그저 달았다. 기분 좋게 침대 위에 뻗어 버렸다.

## 횡단 열차의 젊은이들

시베리아 횡단 열차의 주된 승객 중 하나는 10대 후반에서 20대 초반의 젊은 남자들이다. 이들은 현역 군인이거나 입영을 앞두고 고향을 떠나는 청년들이다. 아직 솜털이 가시지 않은 앳된 눈의 청춘들에게 횡단 열차는 가슴 아린 이별의 공간이다. 밤새 달린 열차가 햇살이 화사한 아침에 멈춰선 정차 역 승강장에 헤어짐을 아쉬워하는 사람들이 엉켜 있었다. 배웅 나온 가족들과 일일이 포옹하고 연인과 아쉬운 작별 키스를 나누는 짧은 머리 청년들의 모습이 안쓰러웠다. 러시아에서 24시간 정도의 열차 여행은 비교적 긴 거리가 아니지만, 완전히 낯선 곳으로 며칠을 달릴 수도 있는 러시아 젊은이들의 얼굴이 굳어 보였다. 열차에 오른 젊은이들은 자리를 정리하는 일을 팽개치고 창가에 붙어 앉아 객차 창을 어루만지는 가족이나 연인의 손에 자신의 손을 겹치곤 했다. 러시아도 한국과 마찬가지로 군대 내 폭력이 심심치 않게 일어난다고 한다. 위계질서에 의한 강압이 자행되는 폐쇄된 공간에서 징집병의 운명이 고단하기는 어디나 마찬가지일 것이다.

오후 3시, 예카테린부르크역 승강장에 또 한 무리의 젊은이들이 모여 흥에 겨운 표정으로 단체 사진을 찍고 있었다. 청량리역이나 성북역에서 경춘선 열차를 타고 MT를 떠나던 한국 대학생들의 모습과 다를 바 없는 풍경이었다.

## 아시아와 유럽의 경계

예카테린부르크역에 도착했다. 역사를 나오자마자 택시 승강장으로 갔다. 서울에서 인쇄해 온 목적지의 사진을 본 택시 기사가 목적지에 들렀다가 호텔까지 이동하는 조건으로 3,000루블(6만 원)을 불렀다. 막 흥정을 하려는 찰나 일행 중 한 명이 그냥 가자며 "오케이"를 외쳐 버렸다. 열차 여행에 지친 나머지 택시비 흥정을 포기했다. 트렁크에 배낭을 채워 넣고 여유로운 관광객의 자세로 조수석에 앉았다. 택시가 속도를 높이자 차창 안으로 바람이 들어와 더운 공기를 내몰았다. 흥정 없이 선뜻 차를 탄 이방인들에게 선심을 쓰듯 시내 안내를 자청한 택시 기사가 창밖 거리와 건물에 대해 열심히 설명했다. 단 한마디도 알아들을 수 없으면서도 고개를 끄덕이며 장단을 맞추는 수고를 해야 했다. 택시는 얼마 안 가 시 외곽으로 빠지는 고속도로로 들어섰다. 직선으로 뻗은 도로 위에 파란 하늘과 뭉게구름이 어우러져 있었다. 드문드문 나타나는 키릴문자 광고판이 이국적인 느낌을 물씬 풍겼다. 시내를 벗어나 30분 정도 달린 택시가 멈췄다. 우리가 도착한 곳은 예카테린부르크에서 서쪽으로 약 17킬로미터 떨어진 아시아와 유럽의 경계비가 있는 곳이었다.

지구라는 행성에 애초에 경계란 없었다. 오직 인간만이 선을 긋고

구역의 이름을 정했다. 유럽과 아시아를 어디서 나눌 것인가는 서구 지리학계의 오래된 논쟁거리이다. 러시아의 역사가 타티셰프Vasili Tatishchev는 18세기에 우랄산맥 – 우랄강 – 카스피해 – 흑해 – 터키의 보스프러스 해협을 잇는 선을 유럽과 아시아의 경계라고 주장했다. 타티셰프가 설정한 경계는 지금도 그대로 인정받고 있다. 우랄산맥 동쪽 아래로 내려와 처음 만나는 시베리아 도시 예카테린부르크에 그 경계석이 놓여 있다. 1829년 독일인 훔볼트Alexander von Humboldt와 로즈Roze가 예카테린부르크와 모스크바를 잇는 길이 나 있는 이곳에 말뚝을 박고 유럽과 아시아의 경계 표식을 세웠다. 원래의 경계 표식이 파괴되어 다시 만들어졌는데, 몇 번의 재건을 거쳐 지금처럼 화강암을 덧댄 기단 위에 철제 오벨리스크를 세운 모양이 되었다. 판문점의 남북 경계선처럼 땅바닥에 선을 그어 놓고는 한쪽은 아시아, 다른 쪽은 유럽으로 규정했다.

나는 양발을 벌려 아시아와 유럽 대륙에 한 발씩 걸쳐 놓고는 이 대륙에서 저 대륙으로 넘어가는 퍼포먼스를 벌였다. 그리스인 작가 니코스 카잔차키스는 러시아를 '아시아인과 유럽인이 반반씩 사는 나라'라고 했다. 그 반반의 물리적 상징 지점에서 유라시아라는 거대한 땅덩어리의 기운을 느끼는 예식을 거행했다. 러시아와 유럽의 관광객들이 아시아 여행자들을 반겨 주었다. 우리는 각각 아시아와 유럽으로 나누어진 땅 위에 서서 경계선을 넘겨 손을 맞잡으며 인류의 평화를 기원했다.

## 예카테린부르크의 젊은이들

시내로 돌아와 택시 기사가 데려다준 호텔에 짐을 풀었다. 비즈니스 호텔의 쾌적한 침대 시트를 뒤로하고 카메라만 든 채 큰길로 나섰다. 예카테린부르크의 주된 대중교통은 트램이다. 러시아에는 여성 트램 운전기사가 많은데 예카테린부르크는 그 비중이 훨씬 높게 느껴졌다. 검은색 선글라스를 낀 멋진 여성 기사에게 인사를 건네며 중심가로 가는 트램에 올랐다. 트램 요금은 23루블(500원)로 이르쿠츠크 12루블, 크라스노야르스크 19루블, 노보시비르스크 20루블보다 비쌌다. 서쪽으로 갈수록 대중교통 요금이 오르는 법칙이 여지없이 유효했다.

생맥주를 곁들인 저녁 식사를 하고 예카테린부르크 시내를 돌아보기 위한 준비를 끝냈다. 중심가 광장에 젊은이들이 넘쳐 났다. 젊은이들을 볼 때마다 큰 짐을 한 무더기씩 지고 사는 한국의 청춘들 생각이 스쳤다. 시내에는 큰 축제가 있는지 각양각색으로 몸을 치장한 사람들이 웃음에 중독된 것처럼 까르르거리며 거리를 활보했다. 카메라를 들면 축제 참가자들이 너나 할 것 없이 손으로 V 자를 그리며 흔쾌히 모델이 되어 주었다. 그중 네 명의 여성이 어깨동무를 하고 힘차게 노래 부르며 걸어오는 모습이 보였다. 영화 〈레미제라블〉의 주제가 〈민중의 노랫소리가 들리는가?〉Do you hear the people sing였다. 얼른 앞으로 달려가 동영상으로 담고 싶다며 방금 불렀던 노래를 다시 불러줄 수 있냐고 부탁했다. 소녀들은 처음엔 한 발 빼더니 서로 눈빛을 교환하고는 힘차게 행진을 재연해 주었다. 알록달록 물든 얼굴로 미소가 가득한 유쾌한 모습이 카메라에 고스란히 담겼다.

그중에는 놀랍게도 한국어를 공부한 학생이 있었다. 러시아 억양의 "안녕하세요"가 그렇게 정겨울 수 없었다.

## 러시아 마지막 황제의 처형 장소에 가다

다음 목적지는 러시아 역사의 한 페이지를 장식했던 피의 성당이었다. 지도를 참고하여 길을 물어가며 찾아 나섰다. 어느 도시에 가든 걸을 때만 보고 느낄 수 있는 게 있다. 붉은색 벽돌의 시청사 건물과 길 건너 레닌 동상이 마주 보고 있는 레닌 거리가 예카테린부르크의 중심가이다. 이곳에서 이세티강을 가로지르는 도로를 지나 북쪽으로 15분쯤 걸으면 9개의 황금색 돔형 탑이 눈에 띄는 정교회 성당을 만나게 된다. 2003년에 지어진 건축물답게 세월의 흔적은 느낄 수 없다. 바로 이곳 성당이 있던 자리가 제정러시아의 마지막 차르였던 니콜라이 2세와 그 일가가 최후를 맞이한 곳이다.

1917년 2월 혁명 이후 정권을 잡은 케렌스키 임시정부는 황제와 가족들을 예카테린부르크로 유배시켰다. 황제는 수도에서 멀리 떨어진 도시의 통나무집에서 목수 일을 배우며 평범한 삶을 살게 되었다. 옛 황제의 운명을 결정지은 것은 적백내전이었다. 볼셰비키에 반대해 반혁명을 일으킨 세력의 목표는 황제의 복권을 통한 제정러시아로의 회귀였다. 니콜라이 2세의 충직한 신하를 자처한 반혁명 세력이 주변 국가들의 지원으로 힘을 얻게 되자 러시아혁명은 좌초될 위기에 처했다. 10월 혁명으로 케렌스키를 몰아내고 권력을 잡은 볼셰비키로서는 반혁명 세력의 정신적 지주이자 상징적 인물이 된 니콜라이 2세와 그 가족들을 더는 살려둘 수 없었다. 반혁명군의 공

—— 러시아의 마지막 황제 니콜라이 2세가 죽은 장소에 세워진 정교회 성당

세가 한창이던 1918년 7월 16일, 백군이 황제를 구출하기 위해 예카테린부르크를 총공격할 것이라는 소문이 퍼진 밤이었다. 적군 장교와 병사들은 니콜라이 2세와 그의 아들 알렉세이, 부인과 딸들을 비롯해 하인들까지 11명을 지하실로 끌고 갔다. 지하실 벽에 세워진 황제와 그 식솔은 적군 병사들이 겨눈 총을 마주해야 했다. 니콜라이 2세의 죽음으로 1613년 미하일 1세로 시작되어 304년간 이어진 로마노프 왕조가 역사의 무대 뒤편으로 사라졌다.

니콜라이 2세 일가의 생전 모습이 담긴 대형 사진들이 걸려 있는 성당 앞 계단을 내려오며 역사에 관해 생각했다. 그는 비운에 쓰러진 마지막 황제인가? 아니면 러시아 민중의 심판을 받은 폭군인가? 1891년 5월 31일, 황태자 니콜라이 2세는 블라디보스토크역에서 열린 시베리아 횡단철도 기공식에 가장 중요한 인물로 서 있었다. 그날 동방의 출발역에 서 있었던 황태자의 앞길은 험난하기만 했다. 러일 전쟁과 제1차 세계대전, 이어지는 혁명의 소용돌이 속에서 전제군주란 더는 불을 밝힐 수 없는 소진된 촛불이었다.

## 아시아에서의 마지막 밤

피의 성당을 떠나 예카테린부르크를 관통하는 이세터 강가로 향했다. 강변은 러시아의 여러 도시가 그렇듯 산책하기 좋게 꾸며져 있었다. 경차를 이용해 꾸민 노점 카페에서 에스프레소 한 잔을 샀다. 노을이 살짝 지는 강변이 그 자체로 운치가 있었다. 곳곳에 은빛 물결이 살랑이는 강물을 바라보거나 석양에 물든 서로의 얼굴을 마주보고 있는 연인들이 보였다. 강둑 한쪽에서는 붉은 민소매 티에 청바지를 입은 여성이 기타를 치며 노래를 불렀다. 노래를 부르다가도 쑥스러운 웃음을 참지 못하는 거리의 가수에게 사람들이 격려의 박수를 아끼지 않았다. 우리는 어느새 눈이 마주치는 이들과 인사를 나누고 있었다. 어둠이 깔리고 트램의 전조등이 하나둘 켜지면서 거리는 밤이 만들어 내는 또 다른 풍경으로 변해 갔다. 아름다운 사람들이 있는 아름다운 도시 예카테린부르크의 밤이다.

다음 날 아침, 커튼을 통과한 햇살이 산란을 일으키며 얼굴을 간질

—— 시의 여러 곳을 향하는 트램 선로

이는 통에 눈을 떴다. 침대 옆 테이블에는 아시아에서의 마지막 밤을 불태우게 했던 빈 맥주병들이 공 맞은 볼링핀처럼 아무렇게나 누워 있었다. 집을 떠나온 지 11일째 되는 아침, 마음속에 불편함이 생겼다. 귀국 선물 때문이다. 한국에 있는 이들은 우리가 세월 좋게 유람을 즐긴다고 생각할 게 분명하다. 20여 일의 여행 끝에 레닌 배지 몇 개를 던져 놓는다면 무사할 수 없을지 모른다. 아침 일찍 시내로 나가 시청사 맞은편의 쇼핑센터로 갔다. 예카테린부르크를 기억할 수 있는 물건을 고르기 위해 상점들을 뒤졌다. 내가 산 것은 돌 느낌이 나지만 나무로 만들어진, 소파에 누워 책을 읽는 안경 낀 고양이 조각이었다. 제법 근사한 선물을 샀다는 생각에 안도의 한숨을 내쉬었다.

## 러시아에선 차보다 사람이 우선이다

호텔로 돌아와 택시를 불렀다. 2차선 도로인 호텔 앞에서 차 두 대가 보닛을 열고 점프 선을 연결하고 있었다. 차의 배터리가 방전된 것이다. 보닛을 밀착시킨 두 차량 뒤로 차들이 길게 늘어섰다. 두 차의 운전자는 심각한 표정으로 점프 선을 이리저리 옮기며 멈춘 차를 살리려 했지만, 어쩐지 행동이 여유만만하고 굼떠 보였다. 한국 같았으면 벌써 자동차 경적이 울리고 운전자 몇몇이 내려 거들거나 아니면 불평했을 상황이지만, 러시아의 운전자들은 차 안에서 얌전히 기다리고 있었다. 열차 시간을 놓치면 안 되는 우리만 사태가 해결되기를 바라며 발을 동동거렸다. 드디어 방전된 차에 시동이 걸리고 길게 늘어선 차들이 움직이기 시작했다.

우리가 부른 택시를 알아보려면 과연 어떤 차가 우리에게 다가오는지 살펴야 했다. 만일의 사태에 대비해 넉넉한 시간을 두고 택시를 부른 게 다행이었다. 대신 점심은 역 앞 맥도널드에서 해결했다. 서울역에서도 종종 먹던 고향의 맛이었다.

# 아시아와 유럽의 경계 지점

시에서 17킬로미터 떨어진 외곽에 있는 곳으로 아시아와 유럽 대륙을 나누는 지점이다. 오벨리스크가 서있고 그 양쪽으로 한쪽엔 아시아, 오른쪽엔 유럽이라고 쓰여 있다. 하루에도 수십 번 아시아와 유럽을 오가는 장난을 칠 수 있는 곳이다.

**가는 법** | 역이나 호텔에서 택시를 이용한다. 휴대전화에 오벨리스크 사진을 저장했다가 기사에게 보여 주면 편하다.

○
# 모스크바로
# 가는 길

**마지막 구간이 시작되다**

오전 11시 24분 발 모스크바행 67 열차는 이미 승강장에 도착해 있었다. 열차 시각은 모스크바를 기준으로 하므로 모스크바와의 시차가 3시간 나는 예카테린부르크의 현지 시각은 오후 2시 24분이다. 러시아에서 열차를 이용할 때는 승차권에 인쇄된 시간이 모스크바 기준이라는 것을 상기해야 한다. 잠깐 착각으로 열차를 놓치거나 하염없이 기다리는 수가 있기 때문이다. 맞은편 승강장에는 초호화 시베리아 횡단 열차 골든이글 익스프레스호가 서있었다. 칸마다 개별 응접실과 더블 침대, 전용 샤워 부스가 딸린 객차로, 나 같은 여행자들에게는 아예 접근조차 허락하지 않는다. 화려한 장식의 커튼 너머로 물끄러미 밖을 내려다보는 귀족들의 시선을 뒤로하고 평민 분수에 맞는 열차에 올랐다. 이제 시베리아 횡단은 마지막 구간인 모스크바까지 29시간의 여정만 남았다.

예카테린부르크에서 모스크바까지는 이용객이 많아 우리는 서로 떨어져 앉을 수밖에 없었다. 내가 탈 6인 구역에 누가 앉을지 궁금해하며 자리를 찾았다. 할머니 두 분이 온화한 미소로 반겨 주었다. 이층 침대 위에 짐을 풀고 맞은편 침대의 꼬마에게 윙크를 건넸다. 열차는 잠깐 움찔하더니 천천히 풍경을 뒤로 밀어내기 시작했다. 늘 그렇듯 차장이 침구 세트를 가져다주었고 다시 열차 안의 일상이 시작되었다. 할머니 두 분의 매트리스에 시트를 끼워 드렸더니 괜찮다고 손사래를 치며 사양하면서도 흐뭇한 미소를 돌려주었다. 줄어든 휴대전화의 안테나 표시로 보아 열차가 시내를 벗어났음을 알 수 있었다.

창밖으로 보이는 언덕과 나무가 선로에 가까이 붙어 있었다. 산을 오르는 게 분명했다. 우랄산맥이다. 아시아를 넘어 유럽으로 들어가는 숭고한 순간에 하필이면 배가 아팠다. 얼른 화장실로 달려가 마음과 몸을 비우며 엄숙한 마음으로 경계를 넘었다. 산맥을 넘은 열차는 산등성이의 작은 마을 몇 개를 지나쳐 제법 큰 도시를 지났다. 이런 도시들을 지나다 보면 자연히 철길이 도로를 가로막고 달리는 일이 잦아진다. 이때 만나는 것이 철도 건널목이다. 철도가 다니는 곳이라면 세계 어디에서나 볼 수 있지만, 러시아에는 색다른 점이 있다. 보통 건널목에 열차가 접근해 오면 차량이나 사람이 철길로 진입하지 못하도록 차단기가 내려온다. 하지만 기차가 멀리 있다고 판단해 건널목을 급히 통과하다가 사고가 나는 일이 적지 않다. 러시아에서는 이 같은 건널목 사고가 완벽히 방지된다. 차단기뿐 아니라 도로 바닥에서 철판이 올라와 군부대 정문의 바리케이드처럼 진입을 막는다. 기발한 아이디어다. 그만큼 많은 사고의 대가로 만들어졌을 것이다.

밤 미션은 식당 칸에서의 만찬이었다. 횡단 내내 열차 안에서는 누룽지 곁들인 컵라면이나 전투식량 비빔밥을 먹은 우리는 한 번쯤 식당 칸에 가 정찬을 사 먹기로 했다. 바로 시베리아 횡단의 최종 구간인 오늘 밤이었다. 식당 칸은 예상했던 대로 한산했고 우리를 포함해 세 개의 테이블에만 손님이 앉아 있었다. 오래간만에 느긋하게 메뉴판을 받았으나 곧바로 휴대전화를 켜 번역 앱을 검색하는 수선을 떨어야 했다. 메뉴판의 러시아어를 사진 찍어 번역기로 돌렸다. 쇠고기, 돼지고기, 닭고기인지 알 수 있는 것만으로도 흥분했다. 열차 안에서의 주류 판매와 음주는 금지되어 있지만, 식당 칸만큼은 예외다. 우랄산맥 서쪽 언저리의 경치를 감상하며 술잔을 기울이는 일은 횡단 열차 여행자라면 한 번쯤 해볼 만하다. 물론 세 사람의 여행자는 그동안 먹은 것 중 가장 큰 비용인 3,588루블(7만2천 원)을 치렀다.

### 러시아 승객들과의 좌충우돌 대화

우랄산맥 기슭에서 단잠에 빠졌다가 유럽에서의 첫 아침을 맞았다. 날렵한 고릴라처럼 이층 침대에서 내려와 아래층 침대에 걸터앉았다. 할머니 두 분이 아침을 먹으라며 챙겨 주셨다. 할머니들의 눈빛과 손짓이 섞인 러시아어 어감만으로도 충분히 뜻을 알아듣는 게 신기했다.

아침 식사를 마친 뒤 한·러 민간 친선 화합 대회가 열렸다. 통역으로는 모스크바에서 대학에 다니는 청년이 동원됐다. 할머니 두 분과 6살 꼬마와 여행하는 젊은 엄마, 두 명의 남자 대학생, 옆 구역에서

우랄산맥을 넘는 열차 안에
차려진 만찬

넘어온 40대의 아저씨가 나를 중앙에 놓고 마주 보고 있는 침대에
옹기종기 걸터앉았다. 각자 꺼내온 먹을거리로 간단한 다과가 준비
됐다. 러시아어 – 영어 – 러시아어로 중계되는 이야기에 모두 토끼처
럼 귀를 쫑긋하며 눈을 반짝였다. 직업, 나이, 가족 관계, 여행 목적
등 기초 조사가 진행됐다. 이어서 한국의 열차 여행 환경과 내가 가
진 카메라 가격, 휴대전화의 한 달 요금 등 한국의 물가를 밝혔다. 그
러고는 휴대전화에 있는 가족사진을 돌려 보며 서로 엄지손가락을
치켜세웠다. 고르바트바 알라 알렉쉐나 할머니는 다소 낡았지만 고
급스러운 양장 사진첩을 지니고 있었다. 사진첩 안에는 눈부시게 예
뻤던 할머니의 젊은 시절 모습과 그녀의 아들, 손녀들의 사진이 들
어 있었다. 혹시 영화배우였냐는 나의 질문에 할머니가 웃었다. 대

—— 연락처를 적고 있는 알렉쉐나 할머니

화가 일사천리로 진행된 것만은 아니다. 달리는 기차의 소음과 나의
빈약한 영어 듣기 실력이 더해져 황당한 장면이 연출되기도 했다.
"코리아 템플"이란 소리를 듣고는 아니 이 사람들이 어떻게 템플 스
테이를 알지? 궁금해하면서 매력적인 프로그램이고 값도 비싸지 않
다고 설명했다. 통역하는 대학생의 어이없는 표정과 그것을 전해 들
은 러시아 친구들의 황당한 얼굴에서 무언가 잘못됐다는 것을 알았
다. 단어를 적어 달라고 했다. 대학생이 적어 준 말은 영어로 '온도'
를 뜻하는 'temperature'였다. 나는 그제야 겨울은 러시아보다 훨씬
덜 춥고 여름은 훨씬 더 덥다고 설명했다. 모스크바로 향하는 동안
한·러 민간 친선 모임은 모이기와 흩어지기를 되풀이하며 돈독한 우
정을 쌓았다. 알렉쉐나 할머니는 내 노트에 모스크바 집 주소와 전

화번호 두 개를 적어 주었다. 알렉쉐나는 시간 나면 언제든지 자신의 집에 방문하라며 당부를 거듭했다.

## 시베리아 횡단철도 전 구간을 주파하다

오후 다섯 시, 블라디보스토크역을 떠난 지 12일 만에 모스크바의 야로슬라브스키역에 도착했다. 9,288킬로미터의 시베리아 횡단철도 본선을 모두 주파한 것이다. 이 도시가 가지고 있는 수많은 별명만큼 복잡한 심경으로 승강장에 첫발을 내디뎠다.

모스크바는 수십 개의 수식어를 붙여도 모자란 도시다. 하나의 사상이 시대를 관통했고 절대 권력이 바벨탑처럼 솟구치다가 무너져 내렸다. 예술의 도시이자 혁명의 도시, 철의 장막에 가려진 비밀의 땅이었던 곳. 모스크바의 하늘이 잔뜩 흐려 있었다. 열차가 도착한 승강장에는 여행을 마친 승객들과 마중 나온 가족들이 뒤섞여 북적였다. 우리는 일단 주린 배를 채우기 위해 승강장 끝의 카페테리아에서 커피와 기름에 튀긴 납작한 러시아 빵을 사 먹었다. 작별 인사를 하고 헤어졌던 알렉쉐나 할머니가 마중 나온 가족들을 데리고 와 소개해 줬다. 아는 사람 하나 없던 모스크바에서 정겹게 팔을 잡아끄는 친구를 얻은 것은 열차 여행이 준 최고의 선물이었다.

지하철을 타고 호텔로 갔다. 모든 일정 중에 가장 비싼 값을 치르고 예약한 호텔이다. 시베리아 횡단을 마친 뒤에 묵는 숙소인 만큼 최대한 편안하게 지내기로 계획했다. 로비에 상점과 술집을 갖춘 진짜 호텔이었다. 머리맡에 은은한 조명이 켜지는 호텔 침대에 높이뛰기 선수처럼 뒤로 다이빙을 했다가 일어나 시내를 탐험하러 방을 나섰다. 호텔 바로 앞 트램 종점에서 막 출발하려는 차에 올라탔다. 30여 분을 달리다가 시 외곽으로 빠지는 느낌이 들어 일단 내렸다. 이제 도시를 헤매는 일이 익숙해진 우리는 여유만만하게 길을 물어볼 행인을 물색했다. 우리가 지도 위 어디쯤 있는지 확인해야 했다.

9장

# 모스크바

## Moskva

모스크바
예카테린부르크
노보시비르스크
크라스노야르스크
이르쿠츠크 울란우데
치타
하바롭스크
우수리스크
블라디보스토크
인천

홍범도가 트로츠키의 안내를 받아 도착한 방에는 레닌이 기다리고 있었
다. 홍범도가 들어오자 레닌이 얼굴 가득 미소를 지으며 반겼다. "홍범
도 동지! 당신의 명성은 익히 들어 알고 있습니다. 이렇게 만나게 되니 정
말 반갑습니다." 레닌과 트로츠키, 러시아혁명의 두 거두와 단독으로 만
난 사람은 민족대회에 참가했던 한인으로서는 홍범도가 유일하다. 레닌
은 홍범도가 항일 투쟁 전선에서 러시아와 함께 일본에 대항해 혁혁한 전
과를 세운 것을 치하했다. 회동이 끝날 무렵 레닌은 미리 준비해둔 선물을
홍범도에게 전달했다. 고려혁명군 대장의 격에 어울리는 군모와 군복, 레
닌과 홍범도 장군의 머리글자가 새겨진 권총, 금화 100루블이었다.

# 모스크바에 대해
## 말하고 싶은
## 두세 가지 것들

**모스크바 밤거리**

모스크바 시내에서 길을 잃었을 때는 지하철역을 찾는 게 좋다. 모스크바의 땅 밑을 거미줄처럼 이어 주는 지하철은 편리하고 안전하고 빠른 철도의 장점을 여지없이 증명해 주는 존재다. 길을 물은 끝에 한참을 걸어 지하철역을 발견했다. 지하철 요금이 50루블(1,000원)로 방문한 도시 중 가장 비싼 대중교통요금이었다. 5회권이 180루블(3,600원)이므로 시내를 돌아다니는 여행자라면 고민할 필요도 없이 승차권 묶음을 사면 된다.

　지하철을 타고 알렉산드로프스키 사드역에 내렸다. '알렉산더의 정원'이란 뜻이다. 러시아가 페르시아를 정복하고 제국을 세웠던 마케도니아의 왕 알렉산더의 후계자를 자처하는 데는 이유가 있다. 러시아의 뿌리가 고대 그리스로부터 이어지는 유럽이었음을 은근하게 드러내려는 것이다. 알렉산더의 정원을 나오면 붉은색의 크렘린궁이 보인다. 크렘린은 러시아어로 '성채'를 이르는 말이다. 성채는 해자로 둘러싸인 섬 모양의 요새로 적의 공격에 대비했다. 또 길게 이

어진 성벽 앞 모스크바강이 천혜의 울타리 역할을 했다. 그러나 16세기 후반부터 타타르의 침략에 대비한 크렘린을 공격한 것은 타타르인이 아니라 나폴레옹이었다. 1812년 불가능을 믿지 않았던 프랑스 황제가 군대를 이끌고 러시아의 심장부 모스크바로 진격했다. 나폴레옹이 모스크바에 발을 들여놓는 순간 자존심 강한 러시아인들은 모스크바에 불을 질렀다. 성난 불길은 모스크바를 집어삼켰고, 크렘린을 제외한 시의 대부분이 잿더미가 되었다. 모스크바강 위를 가로지르는 다리 위에서 크렘린을 바라보았다. 각도를 낮춘 태양 빛이 크렘린의 붉은 벽돌을 더 붉게 물들이고 있었다. 크렘린은 모스

—— 아름다운 모스크바 지하철역. 미술관이나 고급 저택 안에 들어온 기분이다.

크바를 유지하는 심장이다. 크렘린을 둘러싼 도시의 모든 것이 폐허 속에서 다시 일어난 것들이다.

　호텔 근처의 무슬림 식당에서 늦은 저녁을 먹었다. 번화가인데도 음식값이 저렴했다. 사람들이 바글거려 맛집인 줄 알고 들어갔다가 이슬람 디아스포라들이 모이는 만남의 장소라는 것을 알았다. 조도 가 낮은 식당 구석진 곳에 자리를 잡고 메뉴판을 보다가 소스라치게 놀랐다. 내 발 옆에 누군가의 등이 보였기 때문이다. 우리가 앉은 자리 바로 옆이 메카를 향해 기도를 올리는 장소였다. 기도를 마친 사람이 일어난 바닥에는 숱한 무슬림의 무릎이 닿으면서 무늬가 희미해진 양탄자가 깔려 있었다.

## 세계 최고의 지하철역

모스크바의 출근길 인파에 섞여 지하철에 탔다. 지하철이 아름다운 도시 경연이 있다면 모스크바가 대상을 받지 않았을까? 역 하나하나가 그 자체로 예술작품이다. 모스크바의 지하를 거미줄로 연결해 나가는 과정에서 크렘린의 지도자들이 고민한 것은 서방의 공격에 대비하는 일이었다. 런던 지하철이 독일 공군의 폭격으로부터 시민들을 보호했던 것처럼 지하철은 수도를 보호하는 전략적 시설이어야했다. 공산주의의 심장부를 보호하기 위해서는 깊은 땅속으로 철길을 내야 했다. 여기에 체제를 상징하는 미술 작품과 조형물이 더해져 시민들이 사회주의적 의식을 고양할 수 있도록 했다. 자연스럽게 공사 규모가 커질 수밖에 없었다. 1935년 모스크바 지하철 1호선이 개통되었을 때 교통인민위원(교통부 장관)이었던 카가노비치는 '프롤레타리아트의 궁전'이라는 찬사를 보냈다. 그는 인민들이 사회주의로 빛나는 궁전 안에 있는 자신의 모습을 떠올릴 것이라고 말했다. 모스크바 시민들은 고루한 현실을 잊고 미래의 유토피아를 상상할 수 있도록 하는 당의 배려를 지하철역을 통해 받았다.

80년의 역사를 자랑하는 모스크바 지하철을 탈 때는 적응력이 필요하다. 방문객이 처음 빠른 속도로 달리는 에스컬레이터에 탑승하려면 점프 타이밍을 잘 잡아야 한다. 에스컬레이터에 오른 뒤에는 내려가는 깊이에 놀라게 된다. 모스크바 지하철에서 외지인을 구별하는 방법은 간단하다. 끝없이 내려가는 에스컬레이터 손잡이를 부여잡고 화려한 역사의 모습에 감탄하는 사람들은 이 도시의 방문객이다.

붉은 광장의 출구로 나왔다. 전 세계 관광객들이 한때 비밀의 장막을 덮어쓴 사회주의의 심장부였던 거리를 활보했다. 광장 입구인 두

—— 바실리 성당 앞에 전 세계 관광객들이 모여 있었다.

개의 문을 지나면 오른쪽으론 크렘린이 있고 그 앞쪽에 조성된 '혁
명의 아버지' 레닌의 무덤을 볼 수 있다. 이제는 빛바랜 관광객 유치
용 장치이지만, 한때는 사회주의혁명의 영원성을 기리는 성지였다.
레닌의 후계자들은 고대 이집트 사람들이 그랬듯 죽은 레닌의 몸을
미라로 만들었다. 썩지 않는 혁명가의 얼굴이 유리관 안에서 조용히
두 눈을 감고 있다.

**극동민족대회에 참가한 한인들의 흔적을 찾아서**

광장 끝에는 바실리 성당이 서있다. '테트리스'로 낯익은 성당을 배

—— 붉은 광장의 레닌 무덤

경으로 사진 찍는 관광객들이 테트리스 블록처럼 흩어져 있었다. 나
는 주소가 적힌 메모와 지도를 번갈아 확인하며 붉은 광장에서 뻗어
나가는 거리 하나를 찾았다. 굼 백화점 입구를 지나는 리콜리 거리
다. 7-9, 13……. 건물 벽에 붙은 숫자를 따라가는 내 가슴이 뛰었
다. 드디어 15, 17이라는 지번이 붙은 석조 건물들이 눈에 들어왔다.
7-9에서 17번지까지 건물들은 1922년 1월 극동민족대회가 열렸던
장소이자 한인 대표단이 묵었던 숙소가 있던 곳이다. 이곳에 식민
지 약소민족의 해방을 염원하는 여러 나라의 독립투사들이 모였다.
원래는 '피압박민족'이라고 이름 붙였다가 대회에 참가한 일본인들

이 피압박민족이 아니란 이유로 조정되었다. 본 대회는 크렘린궁에서 열렸다. 의결권을 가진 144명의 각국 대표 중 한인이 56명으로 가장 많았고 중국인 42명, 일본인 16명, 몽골인 14명, 부랴트인 3명, 인도인 2명 등이 대표로 참가했다. 해방의 열정을 안은 독립투사들은 모스크바로의 장거리 행로를 마다하지 않았다. 김규식, 여운형, 이동휘, 조봉암, 김단야, 홍범도……. 이름만으로도 머리를 조아리게 하는 조선 독립의 거인들이 모였던 거리에 섰다. 이날 한인 독립투사들은 크렘린의 환대를 받았다. 일본 제국주의의 총칼에 억눌려 비탄에 빠진 조선 땅을 이역만리에 둔 한인 독립투사들은 러시아와 중국, 만주 각지에서 모여든 서로의 손을 잡고 감격의 만남을 가졌다. 모스크바가 지원하는 독립운동의 주도권을 잡으려는 상하이파와 이르쿠츠크파의 갈등도 있었지만, 이들은 모두 조선 독립이라는 하나의 소명을 가슴에 품은 사람들이었다.

—— 극동민족대회가 열렸던 리콜리 거리 17번지 건물

## 홍범도, 트로츠키의 안내를 받아 레닌을 만나다

청산리 전투의 영웅 홍범도가 모스크바에 도착한 것은 1921년 12월이었다. 홍범도가 도착하자 먼저 모스크바에 와있던 이동휘가 홍범도가 묵고 있던 여관을 찾았다. 2년 만에 낯선 타향에서 만난 두 사람은 쌓아 두었던 이야기보따리를 풀었다. 극동민족대회 기간 중의 어느 날이었다. 이번엔 소비에트 군관이 한인 통역을 데리고 홍범도를 찾아왔다. 군관은 고려혁명군 대장 자격으로 극동민족대회에 참가한 홍범도에게 예를 갖춘 뒤 친근하게 말을 건넸다.

"홍범도 대장! 장군님을 만나고 싶어 하시는 분이 밖에서 기다립니다. 같이 가주셨으면 합니다."

홍범도는 여관을 나서 밖에서 대기하고 있던 차량에 올라탔다. 홍범도를 반갑게 맞이한 사람은 러시아혁명의 탁월한 전략 전술가 트로츠키였다. 민족대회장 청중석에서 트로츠키의 격정적 연설을 본 적 있던 홍범도는 레닌과 버금가는 혁명가가 자신을 찾은 것에 놀라지 않을 수 없었다. 적백내전 시기 무장 장갑열차를 동원해 혁명의 야전 사령관 임무를 수행한 트로츠키는 '무장한 예언자'라는 별명으로 이름을 날리던 소비에트 러시아 건설의 주역이었다. 트로츠키는 놀라는 홍범도를 안심시키며 말을 이었다.

"홍 장군! 내가 장군을 보고 싶어 하는 것을 안 또 다른 분이 함께 보자고 하시는군요. 같이 가시지요."

홍범도가 트로츠키의 안내를 받아 도착한 방에는 레닌이 기다리고 있었다. 홍범도가 들어오자 레닌이 얼굴 가득 미소를 지으며 반겼다.

"홍범도 동지! 당신의 명성은 익히 들어 알고 있습니다. 이렇게 만나게 되니 정말 반갑습니다."

　레닌과 트로츠키, 러시아혁명의 두 거두와 단독으로 만난 사람은 극동민족대회에 참가했던 한인으로서는 홍범도가 유일하다. 레닌은 홍범도가 항일 투쟁 전선에서 러시아와 함께 일본에 대항해 혁혁한 전과를 세운 것을 치하했다. 회동이 끝날 무렵 레닌은 미리 준비한 선물을 홍범도에게 전했다. 고려혁명군 대장의 격에 어울리는 군모와 군복, 레닌과 홍범도 장군의 머리글자가 새겨진 권총, 금화 100루블이었다.

　홍범도가 소련공산당에 가입한 것은 1927년이다. 식민지 해방과 인민이 주인 되는 세상을 건설하겠다는 각오를 가진 홍범도였다. 공산주의 사상은 고향을 떠나 풍찬노숙을 일삼으며 투쟁한 한인 혁명가를 인도하는 별이었다. 홍범도는 욕심이 없는 사람이었다. 그는 레닌에게 받은 돈을 몽땅 한인 농민들을 위한 농업협동조합사업 기금에 보탰다. 그는 타향에서 악전고투를 벌이는 한인들에게 무엇보다 필요한 것은 경제적 자립이라고 여겼다. 땅과 농업은 한인들의 생존 기반을 견고히 하는 가장 중요한 요소였다. 이에 협동조합의 구조를 갖춰 누구나 평등하게 노동과 사업 결정에 참여하게 했다. 지주가 소작농을 착취하는 반인간적 구조를 벗어나겠다는 홍범도의 신념이 묻어나는 대목이다. 안타까운 것은 홍범도 같은 독립운동의 거인이 남과 북 어디에서도 조명받지 못했다는 사실이다. 그는 소련 공산당의 당원이었고 사회주의 사상을 품은 이력 때문에 반공을 국시로 삼은 남한에서 외면받을 수밖에 없었다. 북한에서도 절대 존엄 김일성의 항일 투쟁만을 치켜세우다 보니 홍범도와 같은 이들을 독립운동의 주역으로 기리지 않았다. '민족의 태양'이 이끈 독립운동이 여러 투쟁 중의 하나로 축소되어서는 안 되었기 때문이다.

## 푸시킨을 만나러 가다

리콜리 거리 17번지를 뒤로하고 지하철을 타기 위해 다시 붉은 광장 쪽으로 걸었다. 광장 입구에서 스탈린이 웃으며 다가왔다. 곧이어 친애하는 레닌 동지가 나타났다. 우리는 반갑게 악수를 하고 나란히 서서 사진을 찍었다. 기념 촬영을 마친 뒤 소비에트의 현황과 전망을 물으려 했는데 스탈린이 내게 400루블(8,000원)을 요구했다. 나는 정색을 하며 너무 비싸다고 말했다. 스탈린은 자기가 다 먹는 게 아니라 레닌과 반반으로 나눠야 한다면서 결코 비싼 게 아니라고 설명했다. 흥정 끝에 150루블(3,000원)로 낙찰을 봤다. 인사를 나누고 막 헤어지려는데 어디서 나타났는지 선글라스를 낀 푸틴이 뛰어와 한발 늦었음을 아쉬워했다. 푸틴과는 촬영하고 싶은 마음이 없다고 딱 잘라서 말하고 싶었지만 러시아어를 못 하는 내겐 무리였다. 그사이 레닌과 스탈린은 다른 관광객들과 어깨동무를 하고 있었다.

붉은 광장을 뒤로하고 지하철을 이용해 푸시킨 박물관을 찾았다. 푸시킨 박물관의 입장료는 150루블(3,000원), 사진 촬영권 100루블(2,000원)을 더하면 총 250루블(5,000원)이다. 푸시킨 박물관의 사진 촬영권을 사면 키릴문자로 '포토'라고 쓰여 있는 작은 스티커를 줘서 눈에 띄는 곳에 붙이게 한다. 카메라 핸드그립에 붙였더니 뭔가 그럴싸해 보였다. 거짓말을 조금 보태면 블라디보스토크에서 모스크바까지 다녔던 러시아 모든 도시에 푸시킨 동상이 세워져 있다. 러시아문학 하면 톨스토이나 도스토옙스키를 떠올리기 십상이지만 푸시킨이야말로 러시아 사람들이 친근하게 생각하는 문학가인지 모른다.

## 러시아의 김광석, 빅토르 최

푸시킨이 남긴 친필 글씨를 비롯한 여러 가지 전시물을 구경한 뒤에 걸어서 20분 정도 걸리는 아르바트 거리로 향했다. 빅토르 최의 추모 벽부터 찾았다. 낡은 담벼락 위에 그려진 빅토르 최의 얼굴 아래 몇 다발의 꽃이 놓여 있었다. 여행자들이 빅토르 최의 얼굴 벽화를 배경으로 사진을 찍었다. 상트페테르부르크에서 고려인의 아들로 태어난 빅토르 최는 상트페테르부르크 국립문화예술대학에서 성적 불량으로 쫓겨나 록가수의 길을 걸었다. 당시 록은 기존 질서를 향해 날리는 돌멩이였다. 당과 소비에트라는 규격 안에 갇혀 있어야 했던 젊은 영혼들이 숨통을 트이고자 기존 질서에 도전했다. 빅토르 최가 청춘을 살던 시대는 세계가 온통 잿빛이었다. 평화와 평등의 이상은 오래전에 사라졌고 그 대신 빛바랜 혁명 전사의 입간판만이 거리를 장식했다. 간판 속의 혁명 전사들이 가리킨 손끝에는 아무것도 보이지 않았다. 훈장을 주렁주렁 단 배불뚝이 관료들이 체제를 걱정하는 척하며 권력자에 충성을 맹세하는 흉측한 모습이 미화되는 텔레비전의 풍경은 인민의 삶 바깥에 있었다. 1962년생인 빅토르 최는 1980년대를 질주한 끝에 1990년 8월 15일 불의의 교통사고로 숨졌다. 전날까지 스튜디오에서 녹음에 매진하다 홀로 떠난 여행길이었다. 그는 맞은편 도로에서 달려오던 버스와 충돌했다. 빅토르 최의 차는 처참하게 일그러졌다. 그리고 아쉽게 가버린 그의 음악은

—— 자유를 노래한 음유시인 빅토르 최의 추모 벽

러시아 청춘들 가슴속에 더 깊이 스며들었다.

암울한 1980년대 한국에서도 사람들을 위로한 가수가 있었다. 빅토르 최보다 2년 늦게 태어난 김광석이다. 빅토르 최를 생각하다가 김광석을 떠올린 건 그들이 산 시대와 짧은 삶이 닮았기 때문이다. 러시아와 한국에서 불꽃처럼 살다가 생을 마감한 두 음유시인의 노래는 여전히 우리의 영혼을 정화하고 있다.

## 관광객들에 점령당한 철의 장막

모스크바의 아르바트 거리는 세계 각지에서 오는 관광객들로 붐볐다. 거리 양쪽에는 기념품 가게들이 늘어서 있다. 구소련 시대의 골동품부터 러시아 전통 인형인 마트료시카까지 관광객들의 눈길을 끄는 상점들이 문을 활짝 열어 놓고 있었다. 몇 군데 들러 가격대와 할인 폭을 확인하고는 가장 맘에 드는 가게에 다시 들어섰다. 마트료시카 인형과 구소련 시대의 동전, 레닌 배지 같은 아기자기한 기념품들을 서둘러 골랐다. 빠듯한 일정이었기에 마냥 쇼핑을 즐길 시간이 없었다.

크렘린궁으로 가기 위해 모스크바강 쪽으로 걸었다. 아르바트 거리와 이어진 보즈드비젠카 거리를 10여 분 걸으면 알렉산드로프스키 사드역이 나온다. 모스크바에 도착해 처음 찾은 곳이었다. 역 출구에서 이어진 광장에는 국립도서관이 웅장하게 서있다. 도서관 앞에 한쪽 손을 무릎 위 허벅지에 짚은 채 약간은 불편한 듯 엉거주춤한 자세로 앉아 있는 노인이 있다. 족히 2미터는 돼 보이는 기단 위에 있어 누구라도 우러러볼 수밖에 없는 이 할아버지는 도스토옙스키이다. 도스토옙스키의 발아래 펼쳐진 광장에 모여 있던 수백 마리의 비둘기들이 먹이를 던져주는 행인들에게 달려들었다.

지하도를 건너 크렘린궁 매표소로 갔다. 입장료는 1인당 500루블(1,000원). 그동안 방문했던 곳 중 가장 비싼 관람료를 받는 곳이었다. 배낭을 맡기고 보안 검색을 받은 뒤 궁전 안으로 들어갔다. 크렘린궁은 푸틴을 비롯한 러시아의 고위직들의 집무 공간을 제외하고는 모두 개방되어 있다. 로마노프 왕조 시대의 청동 대포들과 종탑에서

—— 아르바트 거리의 그림 판매상

내려진 청동 종이 궁 안 광장에 전시되어 있다. 황금색 지붕의 정교회 성당이 붉은색의 크렘린 건물 속에서 빛을 발하고 있다. 한때 냉전이라는 시소의 반대편 의자에는 백악관이 있었다. 워싱턴의 백악관을 팽팽한 인장력으로 당겼던 모스크바의 크렘린을 아무런 제지 없이 돌아다닐 수 있는 호사를 누릴지 어찌 알았을까. 냉전 시대 양대 진영의 상징물 중 하나였던 크렘린의 현재는 평화롭고 한가하기만 하다.

**여행에서 다음은 없다**

크렘린에서 나오자마자 지하철역으로 갔다. 저녁 식사를 해결할 겸 재래시장을 찾아가기로 했다. 목적지는 이즈마일로보 시장이다. 모스크바 지하철 노선에서 남색 3호선을 타고 시의 북동쪽에 있는 파르티잔스카야역에 내리면 된다. 지하철로 20여 분 만에 파르티잔스

궁 안에 전시된 대포와 포탄.
게임에 등장하는 아이템 같다.

카야역에 도착했다. 파르티잔은 '빨치산'이란 뜻이다. 혁명 투쟁에 나선 유격 부대를 이르는 말이다. 승강장에 내리면 대리석 벽과 기둥에 빨치산 전사들이 사용했던 무기들이 부조로 조각되어 있다. 승강장에서 역사로 나오는 계단 턱에는 무장 전사들의 동상이 서있다. 진지한 표정으로 앞을 바라보는 세 명의 전사는 이 도시가 사회주의 혁명의 소용돌이가 지났던 곳임을 다시 일깨워 주었다.

　지하철역 밖으로 나오니 멀리 웅장한 성채가 보였다. 이즈마일로보 시장을 찾은 이유는 이곳에 샤슬릭 집이 많다는 정보를 얻었기 때문이다. 우리는 천천히 시장으로 보이는 곳을 향해 걸었지만 어째 분위기가 불길했다. 상식적으로 생각하는 시장의 시끌벅적한 분위기나 인파를 전혀 느낄 수 없었다. 불길한 예감은 적중했다. 장이 열리지 않는 날이었다. 상점 몇 군데만 문을 열고 기념품을 팔았다. 아르바트 거리에서 본 것과 다르지 않은 품질에 종류도 더 많아 보였다. 정신 건강을 위해 가격을 묻지 않으려 했지만, 튀어 오르는 궁금증을 참을 수가 없었다. 상인들이 부른 가격을 듣고 입맛을 쩍 다셨

—— 파르티잔스카야역 출구의 빨치산 전사들

다. 흥정이 시작되면 더 떨어질 게 뻔한데 호가부터 아르바트 거리
보다 쌌다. 다음에 모스크바에 온다면 반드시 이즈마일로보 시장에
서 기념품을 사리라 다짐했지만 여행에서 '다음'이란 한국에서 언제
밥 한번 먹자는 약속보다 기약 없는 일임을 잘 알고 있다.

쓸쓸한 입맛을 다시며 북방의 거인이라도 나올 것 같은 성채로 향
했다. 성으로 넘어가는 아치형 다리는 보수라도 하는지 레미콘 차량
이 금방이라도 시멘트를 쏟아부을 것 같은 모양을 하고 있었다. 시
장이 쉬는 날이라 다 같이 쉬는지 성 앞을 오가는 이들이 손에 꼽을
정도로 보이지 않았다. 이미 근사한 저녁 식사 계획은 틀어졌다. 음
식점 골목이 죽 늘어선 거리에서 왁자지껄한 시장통 소음을 배경음
악 삼아 실컷 배를 채우겠다는 계획은 날아가 버렸다. 할 수 없이 다
시 파르티잔스카야역으로 돌아가기로 했다. 우리는 코스를 완주하
지 못한 마라토너처럼 어기적어기적 걸었다.

## 최고의 샤슬릭 식당

한참을 걸어 나오니 고급 호텔이 하나 보였다. 호텔을 드나드는 승용차들을 보니 우리 같은 나그네들은 넘볼 수 없는 곳 같았다. 그 호텔 앞쪽에 테라스가 보기 좋은 식당이 있었다. 고급스러운 분위기의 식당이라 그냥 지나치려는데 참숯 타는 냄새, 고기 익는 소리, 하얀 연기가 어우러져 우리를 포박했다. 식당 앞 작은 건물이 주방이고 그 앞마당에서 바비큐를 굽고 있었다. 우리는 의견을 나눌 것도 없이 어느새 테라스에 놓인 테이블에 둘러앉았다. 식당의 근사함에 비해 음식 가격이 아름다웠다. 샤슬릭은 긴 칼에 고기를 꽂아 숯불에 돌려 굽는 요리다. 고기 사이에 채소나 감자를 같이 끼워 굽기도 한다. 양고기와 쇠고기에 감자를 곁들인 구이를 시킨 후 요리가 만들어지는 과정을 주시했다. 전문가의 아우라가 물씬 풍기는 아저씨가 우리의 고기를 구웠다.

생맥주가 갈증을 풀어 흥을 돋을 때 즈음 사장이 다가와 말을 걸었다. 우리가 한국 사람임을 안 그는 자신도 남한에 간 적이 있다며 자연스럽게 합석했다. 그는 마치 우리와 십 년을 사귄 친구처럼 팔뚝 악수를 걸며 포옹을 했다. 두꺼운 어깨 근육과 헐렁한 셔츠 사이로 보이는 금목걸이가 자꾸 눈에 들어왔다. 샤슬릭을 굽던 요리사는 우리를 향해 다가와 자신이 구울 고기 꼬챙이를 보여 줬다. 50대 중후반으로 보이는 그는 리투아니아에서 왔다고 했다. 사장은 요리사를 직접 스카우트해 왔고 두 사람이 오랫동안 함께한 친구라고 했다. 드디어 고기가 나왔다. 숯불 향이 잘 배인 고기와 신선한 토마토, 오이와 양파가 소스와 함께 접시 위에 담겼다. 테이블 중앙에는 숯불

—— 우리의 샤슬릭 한상

에 구운 감자 요리가 놓였다. 우리는 바구니에 담긴 따뜻한 빵과 함께 식사에 돌입했다. 리투아니아인 요리사 아저씨가 팔짱을 끼고 우리의 반응을 살폈다. 샤슬릭 맛은? 훌륭했다. 요란스러운 감탄사를 뱉으며 요리사에게 엄지를 치켜들었다. 예의상 하는 말이 아니라 진심으로 맛있었다. 홀에 갔던 사장이 다시 와 샤슬릭 맛을 물었다. 우리는 아는 외국어를 죄다 동원해 "굿" "딜리셔스" "오이시이" "판타스틱"을 외쳤다. 식사를 마친 후 사장에게 함께 찍은 사진을 인화해 건넸을 때 황당한 일이 벌어졌다. 그가 닭똥 같은 눈물을 흘리며 나를 안았다. 내가 준 사진이 자신을 감동하게 했다며 손을 꼭 잡았다. 이런, 보기와 달리 그는 로맨티시스트였다.

배불리 먹고 마신 후 3,100루블(6만 원)을 냈다. 거스름돈을 팁으로 건넨 요금이었다. 예카테린부르크에서 우랄산맥을 넘는 열차 식당칸에서 낸 돈이 3,600루블(7만2천 원)인 것에 비하면, 멋진 식당에서 배불리 먹고도 1인당 2만 원밖에 들지 않았다니 성공이었다. 마라톤 기권자 모드에서 승리자의 여유를 되찾은 우리는 다음 목적지를 향해 파르티잔스카야 지하철에 들어섰다.

## 모스크바역이 없는 모스크바

3호선 파르티잔스카야역에서 네 정거장을 달려가 크루스카야역에서 5호선으로 갈아탔다. 모스크바의 5호선 지하철은 서울 지하철 2호선처럼 시내를 한 바퀴 도는 순환선이다. 이 순환선을 타고 반 시계 방향으로 한 정거장 더 가면 콤소몰스카야역이다. 콤소몰스카야역에 내려 지상으로 올라오면 기차역 두 개가 나란히 보인다. 하나는 동쪽에서 시베리아 횡단 열차를 타고 들어온 야로슬라브스키 보그잘이고 다른 하나가 바로 우리가 상트페테르부르크로 가는 열차를 탈 레닌그라드스키 보그잘이다. 레닌그라드는 상트페테르부르크의 옛 이름이다. 왕을 몰아낸 사람들이 블라디미르 울리야노프 레닌의 이름을 따라 도시 이름을 바꿨다. 도시는 혁명 이전의 이름으로 되돌아갔지만 역 이름은 아직 그대로 남아 있다.

모스크바에는 모스크바역이 없다. 신기하게도 모스크바에서 도착하는 지역 이름을 땄다. 이를테면 서울역에서 순천을 가기 위해 열차를 탄다면 서울에 있는 순천역을 찾아가야 하는 원리다. 레닌이 1917년 혁명의 한가운데로 가기 위해 망명지인 스위스에서 출발해 독일과 스웨덴, 핀란드를 거쳐 도착한 곳이 상트페테르부르크의 핀란드역이었다. 과거에 레닌이 왜 혁명이 물결쳤던 러시아가 아니라

모스크바의 지하철역에서 만난 레닌(왼쪽),
볼셰비키당 신문 『이스크라』 편집진 의 모습을 담은 지하철 벽화(오른쪽)

핀란드에 내렸을까 의혹을 가진 것도 이름 때문이었다. 핀란드역은
상트페테르부르크에서 핀란드를 오가는 열차의 종착역으로, 러시아
땅에 있다.

승차권에는 모스크바에서 상트페테르부르크로 오후 9시 27분 출
발하는 206 열차의 역 이름이 '10월'(옥트부스카야)이라 적혀 있었다.
승차권은 여전히 혁명의 시간을 기억하고 있었다. 붉은 10월. 러시
아에서 '붉음'은 아름다움과 같은 말이다. 많은 이들에게 1917년 10
월의 러시아혁명은 붉은 혁명이자 아름다운 혁명이었다. 하지만 모
든 아름다움은 인위적 덧칠로 인해 쉽게 추해지기도 한다. 밤새 달
려갈 열차에 올랐다. 백야로 내내 빛을 내던 태양이 조금씩 물러서
기 시작해 창밖이 노을에 물들고 있었다.

# 이즈마일로보 시장

가볼 곳이 셀 수 없이 많은 도시. 크렘린이나 붉은 광장, 모스크바 지하철역은 워낙 유명하니 이를 제외한다면 이즈마일로보 시장이 남는다. 이즈마일로보 시장에서는 아르바트 거리보다 훨씬 싼 가격에 기념품을 살 수 있다. 시장과 역 사이의 호텔 앞 식당의 샤슐릭과 맥주는 그야말로 일품이다.

**가는 법** | 지하철 3호선 파르티잔스카야역에서 내려 5분 정도 걸어가면 보인다.

2부

# 국경을
# 넘는다는 것

10장

# 상트페테르부르크

## Saint Petersburg

상트페테르부르크
예카테린부르크
모스크바
크라스노야르스크
노보시비르스크
치타
이르쿠츠크 울란우데
하바롭스크
우수리스크
블라디보스토크
인천

레닌은 역 앞 광장에 나가자마자 떨리는 가슴을 억누를 수 없었다. 크론시
타트 수병 의장대의 환영 연주와 거리를 가득 메운 상트페테르부르크 소
비에트 소속 노동자들과 시민들의 함성에 새로운 역사가 열리고 있음을
느낄 수 있었다. 레닌은 환영객들에 인도되어 핀란드역 광장에 서있던 장
갑차에 올라 소리쳤다.
"사회주의 세계혁명 만세!"

# 혁명이 있던
자리

## 안나 카레리나를 생각하며

상트페테르부르크로 향하는 나의 여정은 어느 여인과 똑같았다. 그도 이 시간 즈음 모스크바에서 열차를 타고 달린 끝에 새벽녘 상트페테르부르크역 승강장에 발을 내렸다. 그의 이름은 안나 카레리나. 안나 카레리나는 무도회에서 우연히 만나 함께 춤을 춘 청년 장교의 얼굴이 계속 떠올랐다. 죄책감과 혼란한 마음 때문에 바로 다음 날 남편이 있는 상트페테르부르크로 돌아가기 위해 급히 모스크바를 떠난 안나는 객차에 오르기 전 자신이 그토록 지우고자 했던 청년이 눈앞에 서있는 것을 본다. 남자는 브론스키 백작. 백작 역시 안나에게 마음을 빼앗겼다. "저는 당신의 말 한마디 한마디, 당신의 몸짓 하나하나를 결코 잊을 수 없습니다." 둘은 멀리 떨어져 앉았지만 밤새 달리는 열차에서 끝없는 생각의 미로에 갇혀 허우적거렸다. 『안나 카레리나』는 남녀의 파국적 불륜을 다룬 러시아판 〈사랑과 전쟁〉이다. 그러나 이 소설이 통속의 덫을 깨고 전 세계 사람들의 가슴을 울리는 고전이 된 것은 19세기 러시아 사람들의 삶을 소설 속에 고스란히 녹여 냈기 때문인지도 모른다. 톨스토이는 당시 러시아의 현실을 『안나 카레니나』의 또 다른 주인공 콘스탄틴 레빈의 형 니콜라이의 입을 빌려 말한다. "자본가들이 그 모든 이윤과 잉여를 그들에게서 빼앗아 가지. 노동자와 농민이 더 많은 노동을 할수록, 성인과 지주만 부유해지고 노동자와 농민은 늘 노동하는 가축이 되고 마는 그런 사회가 만들어졌어. 이제 이런 질서를 바꾸어야 해." 안나가 최후에 자신의 운명을 던진 곳은 기차 바퀴 밑이었다. 거대한 쇳덩어리 야수가 굉음을 내며 달리는 모습을 쳐다보던 안나는 화물열차의 첫째 칸을 놓치고 두 번째 칸 양쪽 바퀴 사이로 뛰어들었다.

톨스토이와 안나를 생각하다 얼핏 선잠을 잔 듯했는데 열차가 어느새 종착역인 상트페테르부르크의 모스크바스키역에 도착해 있었다. 새벽 5시 23분이었으나 그사이 태양이 짧은 밤을 몰아냈다. 승강장을 걸어 역사 안으로 들어온 우리는 지독한 피로에 지쳐 있었다. 전날 온종일 걸은 데다 야간열차에서 잠을 설친 터라 아무 데나 드러눕고 싶었다. 오전 일정을 취소하기로 하고 러시아 철도청이 운영하는 역사의 게스트하우스를 찾았다. 게스트하우스에는 먼저 온 여행자들로 빈방이 없었다. 할 수 없이 원래의 일정을 강행하기로 했다.

## 아픈 역사를 간직한 섬

보라색 지하철 5호선을 타고 스타라야 제레브냐역으로 갔다. 이곳에서 다시 101번 버스를 타고 40분쯤 달려 종점에 내리면 상트페테르부르크의 입구 핀란드만 한가운데에 떠 있는 크론시타트가 나온다. 출렁이는 바다를 보며 섬을 연결하는 긴 다리를 건너면 된다. 버스 정류장에서부터 5분쯤 걸으면 섬의 랜드마크인 네오 비잔틴 양식의 성 니콜라스 해군 성당 쪽으로 숲길이 이어진다. 숲길 옆으로 운하가 흐르고 건너편엔 공장으로 쓰였던 붉은 벽돌 건물이 늘어서 있다. 마치 '19세기엔 내가 잘 나갔지!'라고 말하는 듯 과거의 운치를 고스란히 간직하고 있었다. 미야자키 하야오 감독의 애니메이션 작품인 〈붉은 돼지〉 속의 비행기 공장 같은 건물과 어우러지는 숲길이 마치 시간여행을 온 듯한 기분으로 여행자의 심장을 간지럽혔다.

하지만 이 섬은 상트페테르부르크와 러시아의 영광이면서, 혁명과 배신의 상처로 얼룩진 땅이다. 1921년 3월 트로츠키의 명령을 받은 볼셰비키 군대는 얼어붙은 핀란드만 위로 진격했다. 군대는 반혁명 세력의 사주를 받아 반란에 나섰다는 이유로 크론시타트의 수병과 노동자들을 진압했다. 붉은 군대가 짓밟은 사람들이 적이었을까, 동지였을까? 마침 도착한 성당에서 울린 종소리가 청아하게 공기를 갈랐다.

광장 한쪽 끝에는 불꽃이 타오르고 있었다. 그러나 다른 도시에서 본 '영원의 불꽃'과는 느낌이 사뭇 달랐다. 보통 '영원의 불꽃'은 사면이 트인 공간에 놓여 누구라도 쉽게 볼 수 있게 되어 있는데, 크론시타트의 것은 피라미드 모양의 화강암 중앙에서 불꽃이 타오르고 있었다. 화강암에 새겨진 문구를 번역기로 돌려봤다. "행복을 위한 전투에서 죽임을 당한 크론시타트 반란 피해자를 기억하자" 정도로 짐작할 수 있었다. 러시아혁명의 최전선에 섰던 크론시타트의 수병들과 노동자들은 혁명이 성공했는데도 계속되는 굶주림과 당의 반민주주의를 이해할 수 없었다. 모든 것이 무너진 사회에서 새 질서

—— 크론시타트 수병들의 희생을 추모하는 불꽃

를 세우느라 정신이 없었던 볼셰비키 입장에서는 반혁명군이 국제적 지원을 받아 반격에 나서는 이때, 혁명 수도 코앞의 군사기지 병사들과 노동자들이 반기를 드는 것은 혁명에 대한 도전이었다. 크론시타트 사람들을 향한 적군의 학살은 무슨 의미를 담고 있을까? 혼란의 시기에 있는 불가피한 피해였을까? 혁명을 수호하기 위한 당연한 응징이었을까? 그들이 차르 체제를 비난했던 이유 중 하나인 국가 폭력은 아니었을까?

### 상트페테르부르크 철도 박물관

크론시타트섬에서 발길을 돌려 상트페테르부르크행 버스에 탔다. 창밖에 펼쳐진 핀란드만의 바다가 처연하게 망막에 맺혔으나 곧 눈을 감았다. 버스의 흔들림이 피로에 지친 여행자를 잠으로 침잠하게 했다. 버스에서 내려 지하철 5호선을 탄 뒤 다시 시내로 들어가 푸시킨스카야역에서 1호선으로 갈아탄 후 발티스카야역에 내렸다. 발티스카야역에 내려 대로로 나와 우회전해 7, 8분 정도 걸으면 10월 철도 박물관이 나온다. 러시아에서 10월은 각별한 의미를 지닌다. 혁명이 일어나 한때 가장 신성시되었던 달이다. 10월 철도 박물관은 전에는 바르샤바역으로 쓰였다. 박물관 매표소에서 500루블(1만 원)을 주고 입장권을 사면 폴란드를 향해 떠났을 열차들이 서있던 승강장에 설 수 있다.

다섯 개의 긴 선로 위에 철도 차량이 들어서 있다. 옛날에 쓰던 차량을 선로 위에 그냥 올려놓았다. 이렇게만 놓아도 손색없는 박물관이 됐다. 가장 오래된 것은 1897년 생산된 증기기관차이다. 혁명기와 제2차 세계대전 때 사용된 장갑을 둘러싼 군 철도 차량은 물론, 냉전 시대를 상징하는 대륙간탄도 미사일을 장착한 차량이 전시되어 있다. 러시아뿐 아니라 미국, 캐나다, 독일, 핀란드, 스웨덴, 폴란드, 체코, 오스트리아, 이탈리아, 프랑스, 헝가리 등에서 만들어진 각종 기관차와 철도 차량이 1.5킬로미터에 이르는 선로 위에 서있다. 매표소에서 받은 안내 책자에는 러시아와 유럽에서 가장 큰 철도 박물관이라고 자랑하고 있었다.

혁명과 내전을 거치는 동안 많은 사람이 목숨을 잃었다. 제2차 세계대전 때에는 2천4백만 명이 숨졌다. 참전국 중 가장 많은 인명 손실을 기록한 나라가 러시아이다. 제2차 세계대전의 승전이 미국의 공이라 여기기 쉽지만, 실상은 다르다. 동부전선에서 러시아가 엄청난 인명을 잃으며 독일군을 무력화하지 않았다면 연합군의 승리는

늘어선 붉은 벽돌 건물이 마치 시간여행을 온 듯한 기분으로
여행자의 심장을 간지럽혔다.

지나간 세월을 고스란히 담고 있는 옛 군사기지 공장 건물

레닌과 스탈린이 새겨진 상트페테르부르크
철도 박물관의 증기기관차 전면부

장담할 수 없었다. 설혹 승전했다 해도 훨씬 더 많은 시간과 희생이
뒤따랐을 것이다. 붉은 별을 달고 혁명과 전쟁의 소용돌이를 헤치며
달렸던 기관차들을 어루만져 보았다. 하늘에서는 우리를 환영하듯
수호이 전투기 편대가 에어쇼를 하고 있었다.

### 황제의 거처 겨울 궁전에 가다

예르미타시 박물관에 가기 위해 상트페테르부르크 중심가에 있는
제벤니고로도스카야역에 내렸다. 로마노프 왕조의 마지막 차르, 니

콜라이 2세가 살았던 겨울 궁전이 있는 곳이다. 세계 각국에서 온 사람들이 만든 긴 줄 뒤에 붙어 박물관 안으로 들어갔다. 무료 개장 날이어서 박물관 안이 관람객들로 넘쳐났다. 예르미타시 박물관 안의 전시물들은 극동에서 온 여행자를 주눅 들게 하기에 충분했다. 황제가 걸었을 궁전의 복도를 둘러본 뒤 창밖의 겨울 궁전 앞 광장과 거리를 내려다보았다. 니콜라이 2세도 이 창가에 서서 궁전 앞으로 쇄도하는 백성들을 내려다보았을 것이다. 러시아의 1차 혁명으로 알려진 1905년 1월 22일, 러시아력으로는 1월 9일이었던 이날은 일요일이었다. 자애로운 인민의 아버지 차르에게, 부당 해고된 푸딜로프 공장의 노동자 네 명을 복직시켜 달라는 청원을 하기 위해 14만 명의 노동자들과 시민들이 정교회 신부를 앞세워 이곳 겨울 궁전으로 향했다. 경찰과 왕궁 수비대, 카자흐 기병대가 겨울 궁전 앞에 모인 시위대를 향해 기관총을 난사하며 칼을 휘두르기 시작했다. '피의 일요일'이라고 불리는 사건이다. 사건 이후 상트페테르부르크 사람들은 황제를 향해 원한을 품게 되었다. 백성들의 두 번째 진격은 1917년 10월에 있었다. 조직된 노동자들이 붉은 기를 들고 앞장섰다. 러일전쟁 당시 동해해전에서 겨우 살아남아 대한해협을 통과해 필리핀으로 줄행랑쳤던 순양함 오로라호가 겨울 궁전 앞에 흐르는 네바강 맞은편 페트로파블롭스크 요새 앞으로 나왔다. 오로라호는 지난 2월에 떠난 황제를 대신해 겨울 궁전을 차지하고 있는 임시정부를 향해 함포를 겨눴다. 수병들은 러시아혁명의 선봉대였다.

겨울 궁전을 점거한 혁명군들의 흔적은 사라진 지 오래다. 복도에는 미켈란젤로의 조각이, 벽에는 고야, 렘브란트, 루벤스 등 거장들의 그림이 걸려 있다. 천장의 화려한 금색 샹들리에나 복도 곳곳의 현란한 장식들은 이곳이 한때 러시아의 최고 지배자가 기거했던 궁전임을 알려주고 있었다.

## '멘붕'에 빠지기도 하는 게 여행이다

예르미타시 박물관에 입장하려면 일정 크기 이상의 배낭이나 가방을 입구 라커룸에 넣어야 한다. 짐을 넣으면 바코드가 찍힌 영수증이 나온다. 가방을 찾으려면 라커룸의 스캔 장치에 영수증의 바코드를 대야 문을 열 수 있다. 분명히 지퍼 달린 주머니에 명함 크기의 영수증을 넣었다고 생각했는데 아무리 찾아도 보이지 않았다. 일행들은 인상파 특별전을 보러 별관으로 갔고, 나는 내 짐을 넣은 라커룸으로 추정되는 곳에서 보초를 섰다. 최악의 경우 만약 누군가가 내 영수증을 주워 라커룸을 열고 배낭을 가져갔다면? 모스크바로 돌아가는 저녁 기차표와 여권, 상당한 금액의 현금, 여행 관련 자료들과 여분의 배터리, 카메라 메모리 등 모든 것이 날아가게 된다. 생각만 해도 식은땀이 났다. 나는 안내대에 가서 라커룸 영수증을 잃어버렸다고 신고했다. 직원은 분실물 담당자를 연결해 주며 신고서를 작성하라고 했다. 분실물 담당자는 가방 종류와 내용물이 무엇인지 기재하는 신고서를 쓰게 하고 연락처와 주소를 적으라고 했다. 모든 관람객이 나간 뒤에 물건을 찾게 되면 연락할 테니 다음 날 와서 찾아가라는 것이었다. 나는 야간열차로 도시를 떠날 관광객이고, 가방 안에 열차표와 여권, 현금 등이 들어 있어 반드시 오늘 가방을 찾아야 한다고 설명했다. 초등생 수준이었겠지만 똥줄이 타니까 영어가

술술 나왔다. 내 사정을 들은 박물관 담당자는 그럼 폐점 때까지 기다려 보라고 말했다. 나는 후다닥 뛰어 다시 라커룸 앞에 섰다. 그사이 누군가 내 라커룸을 열었을 것 같은 불안감이 엄습했다.

폐관 시간이 다가오자 많은 사람이 라커룸으로 몰려들었다. 하나둘씩 제 물건을 찾아가는 모습이 그렇게 부러울 수가 없었다. 별관으로 갔던 일행이 돌아오고 폐관 시간이 다 되었다. 경비원들이 사람들에게 전시장의 출구를 안내했다. 이윽고 텅 빈 박물관에 관람객은 우리 셋만 남았다. 중년 여성이 허리에 방망이를 찬 보안 요원 두 명을 데리고 나타났다. 박물관에서 관람객들이 모두 나가면 보안 담당자들이 라커룸을 돌아다니며 문을 연다고 했다. 드디어 내가 잃어버린 구역의 라커룸을 열 차례가 왔다. 제발! 간절한 심정으로 배낭이 그대로 있기를 기도했다. 보안 요원이 휴대용 전자 장비의 코드 선을 바코드 인식기에 연결하고 비밀번호를 누르자 덜커덩 하고 모든 라커룸의 문이 열렸다. 층층이 열린 라커룸을 일일이 확인하던 보안 요원이 눈에 익은 배낭을 들어 올렸다. 내가 아는 모든 신의 이름을 부르고 싶었다. 보안 요원은 신고서에 적은 물품과 배낭 안 물건을 비교하고 여권 사진으로 얼굴을 대조한 뒤에야 배낭을 넘겨주었다. 스파시바, 스파시바를 연발하는 동안 지옥에 가까워졌던 마음이 금세 천국으로 돌아왔다.

## 핀란드역에서

박물관 출입구가 폐쇄되어 안내원의 인도에 따라 박물관 지하의 이상한 복도를 거쳐 작은 문을 열고 밖으로 나왔다. 네바강이 바로 보이는 겨울 궁전의 다른 쪽 대로였다. 신기했다. 뒤를 돌아 우리가 나온 출구와 겨울 궁전을 올려다보았다. 마법처럼 밖으로 순간 이동한 느낌이 들었다. 강을 가로지르는 궁전 다리 끝 노천카페에서 커피를 마시며 페트로파블롭스크 요새와 네바강과 겨울 궁전을 찬찬히 훑어보았다. 시대를 질주했던 사람들은 모두 사라졌고 기억을 간직하는 현장들만 그대로 남았다. 10월 혁명 당시 겨울 궁전을 향하던 노동자들과 시민들의 진격로였던 궁전 다리를 뒤로하고 지하철역으로 발길을 돌렸다.

지하철을 타고 1호선 플로시지 레니나역에 내렸다. 출구로 나오면 러시아와 상트페테르부르크의 역사를 바꾸는 계기가 되었던 핀란드역이 보인다. 역 앞 대로 건너편에 조성된 공원에는 악수를 하기 위해 손을 내민 모양의 레닌 동상이 서있다. 1917년 3월 27일 스위스를 떠난 레닌이 상트페테르부르크의 핀란드역에 내린 것은 4월 3일이었다. 2월 혁명 소식을 듣고 무조건 러시아로 들어가야겠다고 생각한 망명객 레닌은 러시아 국경을 넘자마자 자신을 맞이하기 위해 열차에 올라탄 동지들에게 물었다. "우리가 도착하면 체포될 것 같나요?" 열차 안 동지들은 모두 웃음을 터뜨렸다.

핀란드역 승강장 한쪽에는 유리관 안에 증기기관차가 전시되어 있다. 1957년 6월 핀란드가 소비에트연방공화국에 기증한 것으로, 레닌이 탄 열차를 끌었던 293호 증기기관차다. 승강장에 내린 레닌을 대위 계급장을 단 장교가 거수경례로 맞았다. 얼떨결에 답한 레닌은 역 앞 광장에 나가자마자 떨리는 가슴을 억누를 수 없었다. 크론시타트 수병 의장대의 환영 연주와 거리를 가득 메운 상트페테르부르크 소비에트 소속 노동자들과 시민들의 함성에 새로운 역사가 열리고 있음을 느낄 수 있었다. 레닌은 환영객들에 인도되어 핀란드역 광장에 있던 장갑차에 올라 소리쳤다.

"사회주의 세계혁명 만세!"

100년 전 인파로 가득 찼던 역전 광장은 한가했다. 모스크바행 야간열차를 타기 위해 다시 역으로 가야 했던 우리는 배부터 채우기로 했다. 상트페테르부르크역 앞 식당가를 어슬렁거렸다.

# 크론시타트섬

상트페테르부르크에서 1시간 정도 떨어진 거리에 있는 핀란드만의 섬이다. 바다를 가로지르는 다리가 연결되어 있어 버스를 타고 갈 수 있다. 섬이 간직한 격동의 세월과 아픈 역사가 무색하게도 아름다운 거리와 공원이 여행자를 반긴다.

**가는 법** | 지하철 5호선 스타라야 제레브나역에서 101번 버스를 타고 종점에 내리면 크론시타트섬이다.

11장

# 베를린

## Berlin

상트페테르부르크
베를린
모스크바
예카테린부르크
노보시비르스크
크라스노야르스크
이르쿠츠크 울란우데
치타
하바롭스크
우수리스크
블라디보스토크
인천

수많은 사람이 각자의 사연을 안고 열차에 타고 내린다. 열차 문이 닫히고 달리기 시작하자 선로 양쪽으로 내내 걸었던 길들이 보였다. 벌써 눈에 익은 거리가 한눈에 들어왔다. 인천에서 출발한 뒤로는 내내 서쪽으로만 달렸다. 계속 집에서 멀어지는 여행이었다. 하지만 시간의 개념으로 보면 집으로 향하고 있는 여행이기도 했다. 집에서 거리가 멀어질수록 집으로 돌아가는 시간이 가까워지고 있는 아이러니를 생각하며 차창에 머리를 기댔다.

# 모스크바를
# 떠나며

**톨스토이를 만나다**

오전 6시 40분, 모스크바의 레닌그라드역으로 돌아왔다. 베를린으로 떠나는 열차를 타기 전까지 딱 10시간이 주어졌다. 아르바트 거리에 기념품을 사러 간 일행과 떨어져 오전 내내 모스크바의 지하철 역들을 둘러봤다. 역사와 환승 통로 곳곳의 벽화와 조각에 등장하는 인물들을 숨은그림찾기 하듯 찾아다녔다. 스탈린은 결연하거나 온화한 표정으로 전사들이나 인민들 속에 서있었다.

모스크바에서의 마지막 방문지는 톨스토이가 살았던 집이었다. 톨스토이 생가는 모스크바에서 열차로 세 시간 떨어진 야스나야 폴랴나로 알려져 있지만, 모스크바에도 그가 살았던 집이 있다. 지하철 5호선 파르크 쿨투르이역에서 10분쯤 정도 걷다 보면 황토색으로 담장과 건물 벽을 두른 톨스토이 박물관이 나온다. 입장료 200루블(4,000원)을 내고 라커룸에 짐을 보관한 후 1868년에 지어진 오두막집 현관에 발을 디뎠다. 톨스토이는 1882년부터 1901년까지 가족들과 이곳에 살았다고 한다. 그가 1910년에 생을 마감했으니 말년의

— 뒤뜰 쪽으로 난 산책로에서 본 톨스토이의 집

한때를 이 저택에서 지낸 셈이다.

이곳에서 집필된 작품 중 하나가 『부활』이다. 카펫이 깔린 나무 계단을 오르내리며 위대한 작가의 일상이 닿았던 방들을 둘러보았다. 『부활』은 19세기 말 러시아 사회의 혼란을 그대로 직시하고 있는 소설이다. 매춘부 카튜사를 석방하기 위해 노력하던 귀족 청년 네흘류도프는 감옥 안에 갇힌 많은 사람이 실제로는 무고하며 가난하기 때문에 법률적 도움을 받지 못하는 현실을 깨닫는다. 당시 경찰과 판검사는 유전무죄, 무전유죄를 실현하는 동맹자들이었다. 어느 시대에나 못 배우고 가난한 사람들은 법의 제단에 희생양으로 바쳐졌다. 자본가와 지주들이 백성을 착취하는 현실에 눈을 뜬 네흘류도프는 유형지 시베리아로 떠나는 카튜사를 뒤따른다.

톨스토이의 오두막집은 숲이 우거진 작은 정원으로 연결되어 있었다. 뜨거운 한여름의 태양을 초록의 나뭇잎들이 막아 주었다. 톨스토이가 거닐었을 숲의 오솔길을 걸었다. 시공간을 뛰어넘어 지금도 대화할 수 있는 작품을 남겨준 작가에게 고마움의 인사를 전하며.

## 차원이 다른 국제 열차

블라디보스토크에서 시작된 러시아 기행이 비로소 끝나고 있었다. 모스크바를 떠나며 무엇인가 비장한 각오라도 남겨야 하는데 그럴 여유가 없었다. 인쇄된 예약권을 승차권으로 바꾸려는데 국제선 창구는 굳게 닫혀 있고 국내선 창구의 매표원은 비어 있는 국제선 창구만 손으로 가리켰다. 우여곡절 끝에 정식 승차권을 얻은 우리는 땀을 날리며 승강장으로 달려야 했다.

16시 30분, 모스크바발 23 파리행 국제 열차 657호 차에 오르고 얼마 지나지 않아 열차가 출발했다. 차장의 안내를 받아 지정 객실로 들어간 우리는 감격의 눈물을 흘릴 뻔했다. 그동안의 고생을 보상받기라도 하듯 이제까지 만났던 것 중 최상의 시설을 갖춘 객실이 기다리고 있었다. 출입할 때는 사람 수에 따라 나눠준 카드키를 이용했다. 이미 세팅되어 있는 침대보와 이불에서 좋은 냄새가 났다 (시베리아 횡단 열차 6인실의 침구 세트와는 차원이 달랐다). 우리를 더 감격하게 했던 것은 실내 온도 조절기였다. 벽에 장착된 버튼을 누를 때마다 LED 창에 온도가 표시됐다. 이 객실에서는 한여름의 뜨거운 열기 때문에 잠을 설치며 고생하지 않아도 됐다. 감격에 겨워 크롬으로 매끈하게 마감된 손잡이와 침대 틀, 원목 재질의 옷걸이, 고급스러운 자주색 직물 등받이를 어루만졌다. 이런 객차라면 얼마든지 장

○

모스크바발 23 파리행 국제 열차 657호 차에 오르고

얼마 지나지 않아 열차가 출발했다.

고급 옷걸이가 있지만
걸 만한 옷이 없었다.

거리 여행을 할 수 있겠다는 생각이 들었다. 객실 통로 끝의 화장실
역시 고급 호텔 수준이었다. 파리행 국제 열차의 화려함에 빠진 나
는 콧노래를 부르고 있었다. 독일의 지멘스에서 제작한 차량이었다.
세계 최고 수준을 자랑하는 철도 차량 제작사의 품격이 느껴지는 멋
진 객차였다.

### 시골 마을에서의 쇼핑

모스크바를 떠난 지 두 시간 반이 지나 열차가 도착한 곳은 뱌지마
라는 시골 역이었다. 러시아 국경을 넘기 전 마지막 장시간 정차 역
으로 20분을 쉰다. 모스크바를 떠날 때 경황이 없었던 탓에 이제라
도 보급품을 구해야 했다. 작은 소쿠리에 맥주 캔과 간식거리를 담
은 상인들이 승강장에 나타났다. 이때 열차에서 내린 거구의 남성이
반바지와 슬리퍼 차림으로 역 밖으로 나가는 것을 보고 뒤를 따랐
다. 사복을 입고 있었지만, 그는 분명 우리 칸을 담당하는 차장이었
다. 시골 동네 길을 7, 8분 정도 걸어 도착한 곳은 마을 슈퍼였다. 작

은 슈퍼 안은 서부영화에 나오는 외딴 잡화점 분위기가 났다. 자동차 와이퍼에서 훈제 고기까지, AK47 소총 빼고는 없는 게 없어 보였다. 차장은 담배 네 보루와 보드카 서너 병, 그리고 몇 가지 음식을 샀다. 나중에 차장이 독일 철도공사 소속임을 알게 된 후 이 국제 열차 승무원의 주요 미션이 국경에서의 쇼핑이라는 것을 간파했다. 독일과는 비교가 안 되는 가격으로 술과 담배를 구할 수 있는 혜택은 국경을 자주 넘는 사람의 특권 같은 것이었다. 나는 차장 뒤에 서서 보드카 1병과 맥주 6캔, 그리고 러시아에서 통하는 유일한 한국말 "도시락"을 외치며 컵라면을 샀다. 낸 돈은 모두 492루블, 2만 원이 안 되는 금액이었다.

열차가 두 시간쯤 더 가 스몰렌스크역에 잠시 정차했다가 다시 출발했다. 곧 국경이 나올 것이므로 오랜 시간 달려온 러시아를 기리기 위해 보드카를 땄다. 시원한 객실 안에서 고추장을 푼 라면 국물과 함께 마시는 보드카가 달았다. 술기운에 온몸이 노곤해지고 얼굴에 미소가 돌 즈음 열차 시각표를 다시 봤다. 차창 밖으로 펼쳐지는 풍경을 보면서 눈높이로 국경을 넘고 있었다.

### 러시아 광궤에서 유럽의 표준궤로 갈아타다

새로 밟고 있는 땅은 벨라루스 영토였다. 사실상 섬나라에서 수십 년을 살아온 사람에게는 낯선 경험이었다. 잠깐 잠이 들었다가 문 두드리는 소리에 깼다. 열차는 서행하면서 브레스트역의 차량 기지로 들어서고 있었다. 열차가 서고 조금 지나자 열어 놓은 문으로 군복 차림의 벨라루스 국경 경비원이 나타나 여권을 가져갔다. 벨라루

—— 벨라루스 브레스트역 차량 기지에서 대차 교환 작업을 하는 철도 노동자들

스 통과 비자가 없으면 당장 열차에서 내려야 한다. 한국과 비자 면제 협정이 체결되지 않은 나라이기에 러시아에서 벨라루스 경유 유럽행 열차를 타려면 반드시 사전에 통과 비자를 발급받아야 한다. 승객들의 여권 심사가 이루어지는 동안 기지에서는 열차의 모든 객차를 하나씩 분리해 리프트 위에 띄어 놓고 있었다. 러시아와 벨라루스 철도는 궤도 간격이 1,520밀리미터로 광궤로 분류된다. 이에 반해 국경을 맞대고 있는 폴란드 철도는 표준궤인 1,435밀리미터이다. 국제 열차가 폴란드의 궤도 위를 달리기 위해서는 대차라고 불리는 열차의 바퀴 장치를 바꾸어야 한다. 단순하게 보이는 선로 폭에도 국제정치 공학이 녹아들어 있다. 근대 산업 문명을 견인한 철도의 위력을 실감한 사람들은 그것이 가져올 위험에 대해서도 생각해야 했다. 1848년, 프랑스보다 10년 늦게 철도를 개통한 스페인에

는 나폴레옹에 대한 트라우마가 아직 남아 있었다. 스페인은 국경에서 프랑스 열차가 들어오지 못하도록 프랑스와는 다른 선로 폭으로 철도를 건설했다. 그것도 현격히 차이 나도록 1,668밀리미터라는 초광궤를 선택했다.

공중에 뜬 객차 위에서 발아래로 움직이는 대차를 바라보았다. 벨라루스 철도 노동자들이 객차에 달라붙어 꼼꼼히 점검하고 있었다. 인간의 모든 삶은 땀이 배어 있는 노동 덕분에 가능하다는 사실을 다시 실감했다. 두 시간 반이 걸린 대차 교환 작업이 끝나자 오전 7시에 출발한 열차가 국경을 넘어 오전 6시 18분 폴란드의 테레스폴역에 도착했다. 벨라루스와 폴란드의 표준시가 다른 탓에 시간을 거스르는 여행을 했다. 정차 후 객차 안에서는 폴란드 입국 심사가 이루어졌다. 위장 무늬 전투복을 입은 여군이 여권 사진과 얼굴을 자세히 훑어본 후 여권에 입국 스탬프를 찍어 주었다. 입국 스탬프 한쪽에는 기차 모양이 찍혀 있었다. 열차로 국경을 넘었다는 의미다.

동유럽을 관통한 열차는 다시 국경을 넘어 여정의 마지막 나라인 독일을 향해 달렸다. 블라디보스토크에서 출발해 열차로 1만4천 킬로미터를 열차로 이동하는 대장정의 끝이 다가오고 있었다. 철마를 타고 지구 둘레로 삼 분의 일이 되는 거리를 달려오는 동안 우리는 한 뼘 정도 더 자라 있었다. 광활한 만주와 시베리아의 자작나무 숲, 바이칼 호수, 우랄산맥, 크고 작은 도시와 마을들, 그들이 품고 있는 역사적 사연들, 무엇보다 여정 속에 만났던 과거와 현재의 사람들이, 순례를 떠난 우리의 심장을 뜨겁게 달구었다. 7월 4일 토요일 저녁 7시 30분. 나는 독일연방공화국의 수도 베를린 리히텐부르크역에 내렸다.

## 열차로 달린 러시아 - 벨라루스 - 폴란드 - 독일

저녁 무렵인데도 베를린 날씨는 푹푹 찌고 있었다. 서둘러 숙소를 찾아가기로 했다. 여행자가 낯선 도시를 여행할 때 부딪히는 첫 번째 난관은 대중교통이다. 한 도시에서 대중교통 편만 자유롭게 이용할 수 있어도 여행의 절반은 성공한 셈이다. 이런 면에서 베를린을 단기 방문하는 여행자에게 좋은 아이템이 있으니 바로 '웰컴 베를린' 카드다. 이 카드만 있으면 구입한 카드의 이용 한도 내에서 무제한으로 버스, 지하철, 광역 전철, 국철, 트램을 탈 수 있다. 48시간, 72시간+박물관, 5일짜리 카드가 있는데, 카드를 사면 베를린 시내의 주요 장소 안내와 각종 할인권이 포함된 손바닥만 한 책자를 준다. 베를린 시내 지하철 노선도와 주요 관광지가 표시된 대형 지도도 꽤 요긴하다. 도착하자마자 웰컴 카드를 사려고 리히텐부르크역의 역무실을 찾았으나 문이 닫혀 있었다. 역무실 출입문에 "우리는 6시까지만 근무하니 이 시간 이후에는 자동판매기를 이용하든지 말든지 알아서 하라"는 내용의 안내문이 붙어 있었다. 이곳 역무원들은 저녁이 있는 삶을 영위하겠다는 생각을 하며 가까운 전철역을 찾았다.

베를린 지하철과 전철역에는 매표구나 개집 표기 같은 게 없다. 지하철도 아주 얕은 지하에서 달리고 있어 지상에서 계단을 내려가면 바로 승강장이 나오는 역이 허다하다. 그 때문에 적지 않은 무임 승차자들이 있고 또 이를 단속하는 사람들이 있다. 베를린에서 지하철을 타다 보면 승차표 검사 요원이 '얼음'을 외친다. "이 칸에 있는 사람 꼼짝 마!"이다. 보통 두 명이 검사하는데 이때 유효한 승차권을 보여 주지 않으면 요금의 수십 배에 달하는 벌금을 내야 한다. 대개 아무런 제약 없이 전철을 탈 수 있더라도 한번 걸리면 낭패를 보기 때문에 승차권을 꼭 구입한다. U반 5호선 리히텐부르크역 승강장의 승차권 판매기에서 19.5유로짜리 2일권 웰컴 카드를 샀다. 책자와 지도는 다음 날 베를린 중앙역을 방문해 판매대에서 얻기로 했다. 작은 명함 모양의 웰컴 카드를 승강장 검표기에 넣으면 날짜와 시간이 찍힌다. 처음 이용하는 시간부터 48시간 동안 마패와 같은 통과증이 된다.

전철을 타고 알렉산더광장역에서 U반 2호선으로 갈아탔다. 2호선으로 세 정거장을 더 가야 예약한 호텔과 가까운 스피텔마크트역이다. 스피텔마크트역은 냉전 시절 동베를린이었던 지역이다. 스피텔마크트역에서 남서쪽으로 난 길을 따라 몇 블록 더 가면 옛 베를린 장벽이 지나던 악셀 스프링어 거리가 나온다. 이 거리의 작은 호텔로 들어가 어깨를 짓누르는 배낭을 팽개치듯 내려놓았다. 호텔 방에 짐만 넣어 놓고는 건너편의 이탈리안 식당에 들어갔다. 눈물 나게 맛있는 피자와 더 눈물 나게 시원한 독일 생맥주가 녹초가 된 여행자들을 위로해 주었다. 무엇인가 문제가 있다는 사실을 알게 된 것은 호텔 방으로 돌아온 뒤였다.

**무더위가 만들어 준 독일 할머니들과의 미팅**

샤워를 마치고 상쾌한 기분으로 짐 정리를 하려 했으나 방 안이 후끈한 열기로 가득 차 있었다. 에어컨의 온도 조절기를 찾기 위해 방을 샅샅이 뒤졌으나 실패했다. 열대야에 덮인 베를린은 해가 떨어진 뒤에도 사람들이 힘을 못 추게 했다. 로비의 호텔 직원은 뭐가 문제냐는 식으로 에어컨이 없다고 말해 주었다. 전혀 예상하지 못한 일이었다. 러시아의 호텔과 게스트하우스에도 있던 에어컨이 독일 베를린의 호텔에 없다니. 3인 1박에 107유로, 한화로 14만 원 정도면 비싸지 않은 호텔이라고 생각했었다. 게다가 시내 한복판에 있어 교통이 좋은 호텔이라 자랑할 만한 선택이었다. 에어컨이 없다는 것은 앞으로 이틀 밤의 폭염을 버텨 내야 한다는 것을 의미했다. 나는 방으로 돌아와 환자에게 중병을 선고하는 의사의 심정으로 일행들 앞에 섰다. 내 표정을 본 두 친구가 기대가 무너질지 모른다는 불안감에 휩싸였다. 혹시 내가 자신들을 놀리는 게 아닌가 하는 희망 섞인 기대가 잠시 스쳤다. 나의 최종 선고를 들은 그들은 아는 사람의 부고를 들은 것처럼 망연자실 고개를 떨었다. 에어컨의 부재는 우리를 무기력하게 만들었다. 베란다 창문을 모두 열어 놔도 소용없었다. 우리는 베란다로 나갔다. 호텔 방이 중앙의 빈 공간을 따라 원형으로 이어져 있었다. 경사진 콘크리트 벽이 각 객실을 나누고 있었는데 마음만 먹으면 얼마든지 옆 객실로 넘어갈 수 있는 구조였다. 이런 구조 때문에 외출 시 베란다 문을 꼭 잠가야겠다고 수선거리기도 했으나 더는 그럴 필요가 없어졌다. 베란다로 나가니 수많은 투숙객이 더위를 피해 나와 있었다. 손님들은 서로를 어이없는 미소로 맞이했다. 폭염 때문에 객실 손님들의 친목회가 열린 셈이다. 왼쪽 방의 손님은 독일 시골 지역의 할머니들이었다. 할머니들은 가벼운 슬립만 걸친 채 부채질을 하고 있었다. 오른쪽 방은 할머니와 중년의 딸이 나와 있었다. 투숙객들은 더위가 만들어 준 인연이라고 킬킬거리며 밤 기온이 조금이라도 떨어지길 간절히 빌었다.

## 유물로 남은 냉전의 상징

아침이 왔다. 밤새 거대한 용광로 옆에 누워 땀을 흘린 기분이었다. 그나마 다행인 것은 호텔에서 제공하는 아침 식사가 정말 맛있었다. 그러고 보니 호텔 후기를 보면 하나같이 집밥 같았다느니, '브릴리언트' 하다느니 하는 칭찬으로 도배되어 있었다. 조식만큼은 훌륭한 호텔임이 틀림없지만 절대로 여름에는 묵어서는 안 될 곳이었다. 내가 이 호텔을 예약한 것은 단지 가격이나 평점 때문만이 아니었다. 동서 냉전과 독일 분단, 베를린 장벽의 상징적 장소인 체크포인트 찰리와 가까웠기 때문이다.

분단 상태의 수도 베를린은 연합군과 소련이 나눠 갖고 있었다. 동독 지역에 속했던 베를린에서 연합군 관할 지역인 서베를린이 섬처럼 고립되었다. 미군이 관할했던 서베를린 초소인 체크포인트 찰리는 분단의 물리적 상징이었다. 동서독 경찰, 그리고 미군과 소련군이 프리드리히 거리를 나눈 검문소를 사이에 두고 서로 마주 보았다. 검문소 앞에는 미 육군 탱크가 포신을 동베를린 쪽으로 겨눈 채 대기했다. 미군과 소련군 쪽 초소 사이에는 차량 진행을 막으려는 여러 종류의 바리케이드가 놓여 있었다. 양쪽 지역에서 망원경으로 서로를 살피는 모습은 우리에겐 꽤 낯익은 풍경이다. 뉴스를 통해 본 판문점의 모습과 다를 바 없기 때문이다. 체크포인트 찰리는 동구와 서방이 간첩을 교환하는 장면으로도 종종 영화에 등장했다. 길 양쪽에 도착한 승용차의 전조등이 안개 낀 어둠 속에서 뻗어 나간다. 양측의 교

환 대상이 마주 걸어오다 어깨를 스쳐 지나갈 때쯤 요원들이 서로 총을 겨누며 견제하는 장면은 첩보물의 단골손님이었다.

오랜 시간이 흘러 이 도시를 살벌하게 나누었던 장벽이 과연 여기 있었는지 의심이 들었다. 호텔을 나와 10분도 안 되는 거리에 있는 체크포인트 찰리를 향하는 동안 마냥 한가롭고 자유로운 베를린 시민들을 물끄러미 바라보았다. 울긋불긋한 라이더 재킷 차림이나 시마노 XT급 변속기를 단 고가의 자전거가 아닌, 평상복에 생활 자전거를 타는 시민들의 모습이 도시와 잘 어울렸다. 체크포인트 찰리는 이제 베를린의 관광 명소가 되었다. 미군 헌병으로 분한 사람들이 돈을 받고 관광객들과 사진을 찍고 있었다.

## 분단 극복의 현장에서 한국을 돌아보다

2008년 봄, 체크포인트 찰리를 처음 방문했을 때 느낀 감정은 부러움이었다. 장벽을 헐고 통일의 길로 나간 독일의 인내와 역동성에 감명받았다. 그러나 7년 만에 다시 찾은 옛 분단의 현장에서 느낀 감정은 자괴감이었다. 상대의 존재를 악마화함으로써 권력을 나눠 먹고 부를 쓸어 담은 세력이 건재한 한반도에서 희망이란 말은 사치가 되어 버린 지 오래다. 검문소가 있는 도로는 왕복 4차선이 채 안 되는 좁은 길이다. 동서 베를린을 잇는 하이드리히 거리 양쪽으로 장벽이 늘어서 있었다. 양쪽의 중무장 병력과 탱크들이 서로 마주 보고 있었던 거리를 따라 서베를린에서 동베를린으로, 그리고 그 반대로도 걸어 보았다. 봉합 수술을 끝낸 상처의 실밥처럼, 장벽이 있던 자리와 경계선이 있던 바닥에 그 흔적이 남아 있었다. 사거리 한쪽에서 냉전 시대의 영상과 사진 자료들이 전시되고 있었다. 세계 각지에서 온 관람객들이 이제는 우화 같은 이야기로 채워진 자료들을 진지한 표정으로 살펴보고 있었다. 과거의 기록들은 인간이 언제든지, 얼마든지 어리석을 수 있다는 것을 보여 주는 동시에, 포기하지 않는 노력으로 그것을 극복할 수도 있음을 말하고 있었다. 블라디보스토크에서 시작된 1만 킬로미터가 넘는 대장정의 마지막 현장을 베를린으로 정한 것은 한국 사회를 비춰 보기 위해서인지도 모른다. 분단의 골짜기들을 메꾸기는커녕 더 깊게 파내고 있는 한반도는 언제쯤이나 어리석음의 굴레를 벗어던질 수 있을까? 무거운 마음으로 발걸음을 돌렸다.

## 독일의 김 알렉산드라, 로자 룩셈부르크

브란덴부르크 문과 그 옆에 있는 유대인 추모공원을 빠른 걸음으로 돌아본 뒤 지하철을 타고 주로지셔가르텐역에 내렸다. 베를린에 올 때마다 꼭 들렀던 곳에 찾아가기 위해서였다. 티어가르텐 공원은 베를린에서 가장 큰 녹지 공간이다. 공원 안에 동물원이 있어 평일에도 많은 유치원생이나 초등학생이 찾아온다. 란트베어 운하가 공원 한가운데를 지난다. 운하의 한 지점이 내가 찾는 목적지였다.

지하철역에서 나와 대로에 서서 주변을 둘러보면 커다란 교회가 보인다. 카이저 빌헬름 교회다. 교회는 제2차 세계대전 때인 1943년 9월 23일 연합군의 폭격으로 첨탑과 현관만 남기고 완전히 파괴되었다. 복구 과정에서 전쟁의 참상을 잊지 말자는 의도로 첨탑은 그대로 남겼다고 한다. 카이저 빌헬름 교회 맞은편이 티어가르텐 공원의 담벼락이다. 동물원 정문을 지나 1킬로미터를 더 가면 운하를 건너는 다리가 나온다. 이 다리 밑으로 산책로가 있는데 산책로를 따라 왼쪽으로 돌면 운하를 끼고 걷게 된다. 이날은 하필 베를린의 이상 고온 현상으로 수십 년 만에 최고 온도를 갈아 치운 기록적 폭염이었다. 우리는 거의 탈진하기 일보 직전이었다. 얼굴이 벌겋게 익어 서로 말도 섞지 못할 지경이 되자, 세 사람은 각자의 체력과 몸 상태에 따라 20, 30미터의 간격을 두고 허우적거리고 있었다. 파김치가 된 우리를 기다린 것은 로자 룩셈부르크였다.

운하를 따라 계속 걷다 보면 리히텐슈타인 다리가 보인다. 이 다리 밑에 'ROSA LUXEMBURG'라고 양각된 직사각형의 동판이 서있다. 문자 사이에는 누군가가 끼어 놓은 꽃들이 있었다. 로자 룩셈부르크는 하바롭스크에서 죽은 김 알렉산드라와 많은 면에서 닮았다. 인류사의 질곡을 떠안은 소수자였고 여성이었다. 김 알렉산드라가 이방인이자 여성이었음에도 러시아에서 혁명과 항일 투쟁을 이어나갔듯이 로자도 독일에서 활동한 폴란드 출신의 이민자였다. 로자는 어린 시절 다리에 문제가 있었으나 적절한 치료를 받지 못해 평생 다리를 절게 된다. 여성, 이주자, 장애인이라는 약자 중의 약자였던 로자가 당당하게 삶을 개척해 혁명가로 살 수 있었던 것은 오직 '인간 해방'이라는 신념 때문이었다.

## 인간이 인간으로 존중받는 세상을 꿈꾸다

자본주의는 노예나 농노라는 드러난 신분제도 대신 자유인이라는 대중이 지탱하는 사회다. 자본주의는 노예 문서를 없애는 대신 새로운 생산관계 속으로 사람들을 밀어 넣었다. 자유로운 개인의 선택이라는 허상 안에 지배 질서가 은폐되면서 착취당하는 다수와 지배하는 소수가 굳어진 사회가 만들어졌다. 로자가 본 세상은 땀 한 방울 흘리지 않는 소수가 세상을 떠받치고 있는 다수에게 채찍을 내리치는 부조리한 땅이었다. 그에게 사회주의혁명은 이 현실을 깨뜨리고 인간이 인간 자체로 존중받는 세상을 여는 일이었고, 인간 해방은 인류 역사가 걸어온 길이면서 마침내 필연적으로 도달해야 할 행복한 나라였다. 남자와 여자가, 장애인과 비장애인이, 현지인과 이주자가, 대졸과 중졸이 모두 동등한 존재가 되는 것. '평등'은 로자 룩셈부르크 같은 소수자가 평생을 걸고 헌신할 만한 이데올로기였다.

—— 로자 룩셈부르크가 버려진 운하 옆에 추모 조형물이 세워져 있다.

그러나 결코 주류가 될 수 없는 경계인이었음에도 인류의 미래에 희망을 걸었던 혁명가 로자의 마지막 길은 시대를 닮아 참으로 비극적이었다.

1919년 1월의 독일은 잠깐 열렸던 해방의 장이 무참히 파괴되는 현장이었다. 정부군이 시민들과 노동자들이 점거한 곳곳을 포위했다. 빈약한 무장으로 버티던 시민들이 정부군과의 교전 끝에 죽어나갔고 투항한 시민들이 광장에서 총살당했다. 1월 15일 로자 룩셈부르크의 집으로 군인들이 들이닥쳤다. 군인들은 임시 본부로 쓰던 에덴 호텔로 로자 룩셈부르크를 데려가 조롱과 폭행을 가했다. 주먹으로 얼굴을 가격하고 쓰러진 그를 발길질했다. 피투성이가 되어 밖으로 끌려 나온 로자는 지붕 없는 군용차에 태워졌다. 누군가 로자 룩셈부르크의 머리에 총구를 댔다. 한 발의 총성과 함께 혁명가의 생은 끝났다. 군인들은 란트베어 운하로 차를 몰아 로자 룩셈부르크의 시신을 강물에 던져 버렸다. 그로부터 불과 넉 달 전 아무르강에 버려진 김 알렉산드라처럼 로자 룩셈부르크 역시 물에 던져졌다. 한국산 담배에 불을 붙여 로자 룩셈부르크의 이름 사이에 끼워 넣었다. 그의 몸은 차디찬 겨울 강물에 던져졌지만, 그 뜨거운 이름은 살아남았다.

로자 룩셈부르크가 죽기 전날 밤에 쓴 글은 그가 속해 있던 스파르타쿠스단이 발행한 신문 『로테파네』*Die rote Fahne* 1월 14일 자에 실렸다.

> 지도부는 실패했다. 하지만 민중에 의해, 그리고 민중으로부터 새롭게 태어날 수 있으며 또 그래야만 한다. 민중이야말로 핵심 요인이며, 혁명이 궁극적으로 승리할 수 있는 디딤돌이 될 것이다. …… 그들은 이번 '패배'를 국제 사회주의의 긍지와 저력이 될 역사적 패배로 만들어 냈다. 그러므로 이 '패배'는 곧 미래 승리의 씨앗이다. '질서가 베를린을 지배한다!' 이 멍청한 무리들아! 당신들이 말하는 '질서'는 모래 위에 쌓아 올린 것이다. 혁명은 '또다시 일어나 싸울 것'이며, 승리의 노래에 맞춰 이렇게 선포할 테니 두려워해야 할 것이다. 나는 있었고, 있으며, 있을 것이다.

로자 룩셈부르크의 죽음이 상징하듯 독일 혁명은 좌절됐고 곧 야만의 시대가 열렸다. 히틀러와 그의 군대가 장악한 독일은 죽음의 질주를 멈추지 않았다.

## 마틴 루터가 돌아온다면

로자 룩셈부르크와 작별을 고하고 숲길을 따라 전철역을 향해 걸었다. 체력이 방전돼 몸이 천근만근으로 느껴졌다. 사우나에 온 것 같이 뜨끈한 대기가 발목을 잡고 늘어졌다. 최대한 가까운 전철역인 티어가르텐역을 향해 사막의 지친 낙타처럼 나아갔다. 일요일 오후 전철 안이 한산했다. 승객들은 누가 봐도 '베를리너'처럼 익숙하게 배경에 물들어 있었다. 전철은 한국의 청계천보다 약간 폭이 넓은 강을 넘거나 건물들 사이를 헤집으며 고가 위 선로를 달렸다. 이전 세기의 건물들과 최근 지어진 건물들이 어우러져 있었다. 고층 빌딩이 많지 않은 이 도시가 맘에 들었다.

티어가르텐역에서 다섯 정거장을 가면 알렉산더광장역에 내리게 된다. 옛 동베를린 지역이다. 역에서 내려 주변을 둘러보면 하늘을 뚫을 기세로 우뚝 서있는 베를린 텔레비전 송신탑을 볼 수 있다. 탑을 지나면 광장이 나오는데 이 광장 오른쪽에 붉은색 지붕과 벽돌로 외벽을 두른 성 마리안 교회가 서있다. 교회는 800년 전 가톨릭교회로 출발했다가 종교개혁 이후 개신교 교회로 탈바꿈했다. 이를 증명하듯 교회 밖에 성경책을 펼치고 있는 마틴 루터의 동상이 서있다. 종교가 타락의 길을 걷기 시작하면 공동체를 어떻게 말아먹는지 익히 아는 마틴 루터는 사람들에게 말했다. "제발 성경에 쓰여 있는 대로 해라!" 그가 권력에 빌붙고 돈에 눈이 먼 오늘날의 교회를 본다면 뒷목을 잡고 한탄하리라.

성 마리안 교회에서 광장 끝을 바라보면 분수대가 하나 있다. 분수대 중앙에는 삼지창을 든 바다의 신 포세이돈이 있고, 프로이센 주변을 흐르는 네 개의 강을 상징하는 네 명의 여신이 각기 다른 자세로 앉아 있다. 여신들의 가슴과 무릎이 무엄한 인간들의 손길에 의해 바랬다.

## 유령처럼 세상을 꿰뚫어 본 거인들

분수대를 지나 차로를 건너면 숲이 우거진 공원이 하나 나온다. 숲길을 따라 조금 더 걸으면 두 개의 동상을 만나게 된다. 하나는 서 있고 다른 하나는 앉아 있는데, 족히 3미터에 이르는 크기의 앉아 있는 동상이 마르크스다. 옆에 서있는 동상은 마르크스의 영원한 친구 엥겔스다. 1848년 이 두 사람은 『공산당선언』*Manifest der Kommunistischen Partei* 에서 유럽에 떠돌고 있는 유령의 정체를 밝혔다. 새롭게 열린 시대가 만들어낸 사람들은 자신이 어디에서 와서 어디로 가야 하는지 몰랐다. 마르크스와 엥겔스는 그 길의 근원과 앞으로 갈 길이 어디인지 밝히는 데 그들의 시간을 바쳤다. 본디 유령은 인간이 모르는 사실을 아는 존재다. 햄릿에게 아버지를 죽인 자가 누구인지 알려주는 존재가 유령이다. 사람들은 왜 아무리 일해도 가난할 수밖에 없는지, 또는 제대로 된 일조차 할 수 없는지, 정치권력과 언론이 어째서 부자들 편인지 마르크스와 엥겔스는 유령을 통해 진실을 알려준다. 이후 유럽과 전 세계에 공산주의라는 유령에 혼을 빼앗긴 사람들이 등장했다. 종교를 믿는 사람과 권력을 잡은 사람, 돈을 따르는 사람과 이데올로기에 빠진 사람들이 이리저리 헤쳐 모이면서 '이것이 인간인가?' 묻고 답했다. 마르크스는 미천한 대다수 인간의 머리 위에 올려진 거대한 바위를 들어내려 했던 거인이었다. 무릎 위에 얹힌

—— 포세이돈과 네 여신이 있는 분수대 앞에서 청소년 악단이 포즈를 취해 주었다.

마르크스의 손 역시 포세이돈 옆 여신들의 몸처럼 반들반들 빛나고 있었다.

## 한국에도 트램을 허하라

다시 알렉산더광장역에 도착할 때 즈음 산뜻한 노란색 도장의 트램이 다가왔다. 앞뒤 잴 것 없이 트램에 올랐다. 베를린 웰컴 카드를 가지고 있으므로 아무 데나 맘 내키는 대로 갈 수 있다. 저녁 식사 시간이 다가오고 있었다. 다음 날이면 모스크바를 경유하는 인천행 항공편을 타야 하기에 베를린에서의 마지막 밤이자 이번 여정의 마지막 저녁 식사였다. 베를린의 맛집을 찾아가기로 했다.

　땅 위를 달리는 버스이자 열차인 트램은 유럽이나 러시아의 도시 어디에서나 볼 수 있는 교통수단이다. 도시에 따라서는 꽤 효율적인 교통수단으로 활용되는데 한국에서는 어떤 이유에서인지 경제 개발

—— 베를린의 트램. 미래형 교통수단의 위용이 넘친다.

시기에 사라져 버렸다. 한국과 맞지 않아서라기보다 건설할 때 남겨 먹을 것이 없어서이거나 굳건한 자동차 숭배 문화 때문일지도 모르겠다. 우리가 탄 트램은 연식이 얼마 되지 않았는지 내장재나 좌석이 깨끗했다. 러시아 여러 도시에서 만났던 트램이 근대의 정취를 느끼게 한다면 베를린의 트램은 미래를 달리는 느낌을 준다. 트램 안에서 개구쟁이 소년 둘이 축구공을 손과 발로 주고받으며 놀았다. 혹시 미래의 분데스리가를 휘저을 유망주일지도 모른다고 생각하는데 공이 날아와 내 머리를 때렸다. 미안한 표정을 지으면서도 꿈틀거리는 몸을 주체 못 해 손으로 공을 굴리는 모습이 귀여웠다. 트램에서 내리며 아이들과 인사를 나눴다. 꼬마들은 수줍게, 혹은 활짝 웃으며 손을 흔들어 이방인에게 작별을 고했다.

## 빗속에서 춤을

마지막 저녁 만찬으로 독일식 족발 요리인 슈바인스학세를 먹기로
했다. 바둑판식으로 나뉜 건물 구획을 따라 한 블록 더 들어가자 우
리가 찾던 식당이 보였다. 실내로 들어가지 않고 길가의 테라스 쪽
에 자리를 잡았다. 유럽에 왔으니 기분 좀 내보자는 판단이었다. 저
녁이 되어 뜨거운 태양 빛이 직사로 땅을 겨누지 않았기에 가능한
선택이었다. 웨이터가 파란색과 흰색이 교차되는 체크무늬 식탁보
위에 접시와 커트러리를 올려놓았다. 먼저 나온 바이젠 생맥주를 들
이키자 종일 쌓였던 모든 노여움이 사라지는 듯했다. 슈바인스학세
를 몇 개나 시켜야 하나 고민하다가 일단 하나를 시켰다. 으깬 감자
와 구운 소시지도 시켰다. 슈바인스학세는 평소 족발을 별로 좋아하
지 않던 내 입맛에도 맞았다. 바삭한 껍질과 연한 속살의 조화가 맥
주를 불렀다. 소시지에 곁들여 나온 채소 절임은 김치 대용으로 좋
았다. 우리는 온화한 마음이 되어 그간의 모든 죄를 서로 사했다. 다
행히 슈바인스학세는 셋이서 하나만 시켜 먹어도 충분한 양이었다.
밥을 추가해 먹지 않았음에도 배가 찼다. 약간의 팁을 얹어 80유로

겉은 바삭하고 속은 쫄깃한
식감의 독일식 족발

—— 베를린에 어둠이 내리는 것을 보면서 숙소로 향했다.

를 냈다. 10만 원 정도로 먹은 셈이니 마지막 만찬치고는 잘 먹었다.

　호텔로 돌아와 짐을 정리했다. 부칠 짐과 기내에 들고 갈 짐을 나눴다. 좌충우돌 지난 여정이 주마등처럼 머릿속을 스쳐 지나갔다. 마지막 밤을 불태우는 데 알코올만 한 것이 또 있으랴. 사 온 맥주를 마시는데 갑자기 소낙비가 내렸다. 맥주를 든 채 베란다로 뛰어나갔다. 다행히 옆방 투숙객들이 비를 피해 안으로 들어간 후였다. 나는 두 팔 벌려 쏟아지는 비를 맞으며 춤을 췄다. 이 꼴을 본 친구들이 배꼽을 잡고 깔깔거렸다. 더워진 대기를 식히려는 듯 비가 세차게도 내렸다. 족보에도 없는 막춤으로 몸을 흔들다가 손에 든 맥주 한 모금을 마시고 다시 몸을 흔들길 반복했다. 베를린 한복판에서 비를 맞는 기분이 최고였다.

## 베를린에서 마주친 한글

집으로 돌아가는 날 아침이 밝았다. 연일 계속되는 강행군으로 체력이 고갈된 이만호는 집으로 돌아가게 되었다는 사실만으로도 생기를 되찾았다. 느린 여행을 선호하는 유성주도 정신없이 달려온 19일을 마감하게 된다는 사실에 안도하는 듯했다. 나는 어디 휴양지라도 가서 느긋하게 피서를 즐기다 가고 싶은 마음이 있었지만, 돈과 시간이 바닥났으니 참기로 했다. 앞으로 몇 시간 후면 베를린 쉐네펠트 공항에서 오후 2시 10분에 출발하는 아예로플로트 항공편을 타야 한다. 보안 검색 등을 고려해 12시 전까지 공항에 가기로 했다. 베를린 중앙역에서 공항까지는 열차로 35분 정도 소요되지만, 배차 시간을 생각해 10시까지는 중앙역으로 가기로 했다. 혹시 시간이 남으면 베를린 중앙역에서 간단한 쇼핑을 즐겨도 된다. 베를린 중앙역은 관광객의 주머니를 털 만반의 준비가 되어 있다.

호텔 조식을 먹은 뒤 방으로 돌아와 빵빵한 배낭 두 개를 앞뒤로 멨다. 빨갛게 탄 얼굴이 그간의 여행을 증명하는 듯했다. 중앙역으로 가는 길에 마지막으로 들를 곳이 있다. 힘차게 호텔 문을 나섰다.

마지막 방문지에 들르기 위해서는 호텔 앞 슈퍼텔마크트역에서 지하철로 세 정거장 거리의 모흔스트라스역으로 가야 한다. 냉전 시절 남한의 독일 유학생들에게 모흔스트라스 지하철역은 암묵적인 접근 금지 구역이었다고 한다. 이 역에서 나와 모퉁이 하나만 돌면 베를린 주재 북한 대사관이 있기 때문이다. 만약 근처에 있는 것을 정보기관원이 목격한다면 얼마든지 무서운 혐의를 뒤집어쓸 수도 있었다.

지하철역에서 걸어서 2분도 안 되는 거리에 있는 대사관 앞에 섰다. 대사관 정문에 있는 철문이 굳게 닫혀 있었다. 철문에는 한글과 독일어로 '조선민주주의인민공화국 대사관'이라고 쓰인 철제 현판이 붙어 있었다. 베를린 시내에 버젓이 붙어 있는 한글이 반가우면서도 낯설었다. 갈비탕, 아리랑, 조선민주주의인민공화국, 대한민국 같은 글자를 고향에서 수만 리 떨어진 곳에서 보는 기분은 참으로 묘하다. 현지 사람들이 이해하지 못하는 글자를 안다는 사실이 내가 이방인임을 여실히 깨닫게 해준다. 나 같은 여행자야 고향으로 돌아가면 되지만, 여러 가지 이유로 되돌아갈 수 없었던 많은 사람이 있었고 지금도 세계 곳곳에 존재하고 있다. 머나먼 이국땅에서 마주치는 모국의 문자는 그가 처한 삶의 풍경에 따라 천만 개의 뜻으로 해석되리라.

철문 옆에는 유리로 덮인 게시판이 있었다. 빨간색 스카프를 목에 두르고 교실에서 공부하는 아이들을 비롯한 여러 장의 사진이 붙어 있었다. 자애로운 인상의 권력자가 인민들의 환호에 기뻐하는 사진도 보인다. 사정이 허락한다면 게시판 담당자를 찾아가 조언해 주고 싶다. 시대가 바뀌었다고. 이런 사진들은 감동을 주기는커녕 웃음거리밖에 되지 않는다고. 대사관 건물 앞마당의 게양대에는 인공기가 펄럭이고 있었다. 전 세계에서 가장 이상한 나라로 취급받는 국가를

—— 베를린 북한 대사관

상징하는 깃발이 신나게 바람을 타고 있었다.

시베리아 횡단 열차를 타기 위해 북한을 피해 러시아로 가야 했다. 우리는 부산이나 광주, 서울에서도 연결될 수 있는 철길을 굳이 우회해야 하는 역사를 안고 있다. 그 대척점 중 하나인 조선민주주의인민공화국의 베를린 주재 대사관이 여정의 마지막 코스가 됐다. 최근 몇 년간의 남북 관계를 보면 과연 통일의 날이 올까 하는 의문이 든다. 혹시 철길이라도 다시 연결될 수 있을까 하는 의구심이 지워지지 않는다. 그러나 어쩌겠는가? 대륙으로 나아가려면 북한과의 화해와 소통, 협력이 꼭 필요하다. 어렵고 힘들더라도 피할 수 없는 길이라면 뚝심으로 밀고 나아가야 한다. 이딴 데를 왜 왔냐고 툴툴거리는 이만호를 구슬려 길을 나섰다. 이제 진짜 집으로 가는 길이다.

## 하늘은 맑고 푸르렀다

인파에 밀려 베를린 중앙역 안을 표류하다가 몇 가지 선물을 겨우 챙겼다. 중앙역에는 고속 전철 이체ICE를 비롯한 여러 종류의 열차들이 쉴 새 없이 드나들고 있었다. 거대한 투명 유리가 강철 지지대의 골격을 따라 중앙역을 덮고 있다. 그 아래 수많은 사람이 각자의 사연을 안고 열차에 타고 내린다. 열차 문이 닫히고 달리기 시작하자 선로 양쪽으로 내내 걸었던 길들이 보였다. 이틀을 지냈다고 벌써 눈에 익은 거리가 한눈에 들어왔다. 시내를 벗어난 차창으로 나지막한 언덕들이 보였다.

인천에서 출발한 뒤로는 내내 서쪽으로만 달렸다. 계속 집에서 멀어지는 여행이었다. 하지만 시간의 개념으로 보면 집으로 향하고 있는 여행이기도 했다. 집에서 거리가 멀어질수록 집으로 돌아가는 시간이 가까워지고 있는 아이러니를 생각하며 차창에 머리를 기댔다.

쉐네펠트공항역에 도착하자 모든 승객이 내렸다. 일단 공항에 들어가면 탑승 대기 전까진 바쁘게 움직여야 한다. 항공사 창구에서 발권하고 거대해진 배낭을 화물칸에 부쳤다. 몸에 달고 다니던 혹 하나가 떨어진 것처럼 홀가분했다. 식당가를 찾아 간단하게 배를 채우고 하늘을 날기 위한 모든 준비를 마쳤다. 보안 검색과 출국 심사를 거쳐 탑승 게이트 앞에 서니 창밖에 우리를 태우고 갈 비행기가 보였다. 하늘이 한없이 맑다. 집으로 가자.

# 로자 룩셈부르크 추모 상징물

란트베어 운하 리히텐슈타인 다리 밑에 있는 상징물. 외국인, 장애인, 여성 등 소수자로서의 한계를 다중적으로 지니고 있으면서도 끊임없이 장벽을 돌파하려 몸을 던졌던 혁명가 로자 룩셈부르크를 생각하며 걷는 산책길.

**가는 법** | 전철을 타고 주로지셔가르텐역이나 티어가르텐역에 내려 공원 안쪽으로 이어진 길을 따라가다 보면 운하를 만난다. 리히텐슈테인 다리를 찾으면 된다.

베를린에서 인천으로 돌아오는 여정은 한 가지 사소한 문제를 제외
하고는 평탄했다. 환승을 위해 모스크바 공항에 대기할 때는 러시아
철도공사 로고가 선명한 기관차 모형도 샀다. 여러 매장에서 같은
기관차 모형을 팔았는데 가격이 다 달랐다. 제일 저렴한 매장의 물
건이 비싼 물건의 반값이었다. 뿌듯한 마음으로 비상용으로 가져온
달러를 쓸 수 있었다.

　모스크바를 이륙한 비행기가 시베리아 상공을 거슬러 동쪽으로
날았다. 기내식을 맛있게 먹고 맥주도 두어 캔 땄다. 창밖에 석양이
지고 있었다. 1만 미터 상공에서 노을을 보며 마시는 맥주 맛을 인생
에서 몇 번이나 경험할 수 있을까? 그러나 곧 낭만적인 야간 비행에
위기가 찾아왔다. 옆자리에 앉은 러시아 청년이 이륙 직후부터 위스
키를 엄청 마셔 대더니 취해서 뻗어 버렸다. 그렇지 않아도 저렇게
마셔도 괜찮을까 걱정이 되었지만 러시아 사람들의 주량이 세계 최

고라는 말을 들은 적 있어 설마 했다. 그러던 어느 순간, 잠들어 있던 좀비가 눈을 뒤집고 일어서듯이 청년의 등이 위로 솟는 느낌이 들었다. 잠시 후 '커거억' 하는 소리와 함께 청년이 고개를 숙였다. 화산 폭발이 멈추자 승무원들이 달려왔다. 그나마 위로가 되는 건 비상구 석으로 자리를 바꿔줘서 남은 비행 동안 발을 쭉 뻗을 수 있었다는 점이다. 모니터의 영화 목록을 확인하다가 메인 화면을 열어 내가 어디쯤 날고 있는지 확인했다. 비행기는 시베리아 하늘을 가로지르고 있었다. 이제 내비게이션 지도 위에 쓰여 있는 지명들이 낯설지 않았다. 잠깐 눈을 붙였다가 잠에서 깨니 날이 밝아 있었다. 창 가리개를 올렸다. 어두운 기내로 햇살 한 줄이 쏟아져 들어왔다. 비행기가 서해를 넘고 있었다. 시베리아를 거슬러 날아온 기체가 한반도 상공으로 거침없이 넘어갔다.

시베리아 횡단의 후유증이 한동안 가시지 않았다. 시베리아 앓이 증상이 사라지기는커녕 점점 더 심해졌다. 사람들과 만나면 시베리아 이야기만 했다. 아무리 이야기해도 질리지 않았다. 2016년에는 두 차례나 20여 명의 팀을 이끌고 4박 5일 시베리아 맛보기 가이드로 나섰다. 2017년 6월에도 블라디보스토크 - 우수리스크 - 하바롭스크를 잇는 여행을 안내했다. 아예 여행사를 차리는 게 낫지 않겠냐는 칭찬인지 핀잔인지 모를 말을 수시로 들었다. 2017년 8월에는 만주횡단 노선을 주파했다. 이르쿠츠크 - 치타 - 자바이칼스크 - 만저우리 - 하얼빈 - 선양 - 단둥을 잇는 루트였다. 남북 철도가 연결된다면 서울에서 바로 이어질 수 있는 길이다. 치타 - 하얼빈 구간은 옛날 동청철도 노선으로 러시아, 중국, 일본의 이해관계가 얽힌 경로다. 하얼빈에서 남쪽으로 이어지는 철도는 관동군이 점령했던 한때 '만철'로 불렸던 노선이다. 이 노선 역시 기구한 운명들을 수없이 실어 날랐다. 한반도와 중국, 몽골과 러시아를 뒤덮은 강철 길은 수많은 세월을 지나며 대륙의 근현대사를 고스란히 품고 있었다. 단둥에서 본 압록강 물이 맑았다. 압록강 북한 지역에서 어부들이 참게잡이를 하고 있었다. 북한 경비병들이 경비대 막사 담벼락의 붉은 글씨가 무색하게 강기슭에서 무료한 시간을 보내고 있었다. 단둥 호텔에서 바라본 강 건너 신의주는 용산에서 노량진을 보듯 가깝게 보였다. 압록강 철교를 달리는 기관차라면 불과 몇 분 만에 주파할 수 있는 거리다. 동아시아의 시간이 몇 분의 거리를 수십 년으로 늘려 놨다. 이제는 그 시간을 제자리로 돌려놓을 때가 되지 않았을까.

내게 시베리아는 타임머신이다. 열차를 타고 미래로도 과거로도 달려갈 수 있기 때문이다. 누구라도 바이칼의 알혼섬에 들어가 후지르 마을을 걷게 된다면 자신이 21세기가 아니라 19세기 서부 개척 시대에 있는 착각에 빠질 것이다. 블라디보스토크에는 한 세기 전 사진에 찍힌 건물들이 아직 건재하다. 이 건물들을 지나쳐 해양공원에 가면 증강현실 장비를 머리에 쓰고 비명을 지르는 젊은이들의 모습을 볼 수 있다. 러시아에서 버스를 타면 승차권을 판매하는 안내원이 다가오는 것도 살갑다. 도시마다 서있는 레닌 동상은 100년 전 세계를 뒤흔들었던 혁명이 있었음을 보여 준다. 또 많은 이야기가 숨어 있는 1만 킬로미터의 철길이 있다. 육중한 기관차와 객차를 받친 강철 바퀴, 대지를 호령하는 듯도 하고 때로는 내게만 뭐라고 속삭이는 것 같기도 한 기적 소리, 웃음과 눈물이 교차하는 승강장, 차장의 단호한 호각 소리, 끝없이 흔들리는 창밖 풍경, 무엇보다 저마다의 사연을 간직한 채 열차에 타고 내린 사람들. 시베리아 횡단 열차만큼 시공을 넘나드는 여행이 가능한 것이 있을까.

쓰는 동안 정말 많은 존재에 신세를 졌다. 누구보다 여행을 함께한 이만호, 유성주의 희생과 배려가 아니었으면 시작조차 하지 못할 일이었다. 도전을 부추긴 『한겨레』 정은주 기자, 출간을 보장하며 게으른 사람의 글을 기다려준 후마니타스 출판사, 그중에서도 세심한 편집으로 원고를 빛나게 해준 강소영 편집자, 늘 혼자서만 여행을 즐긴다며 인상 쓰는 가족들, 철도 현장의 동료들, 그 외에도 많은 분이 나를 뒷받침해 주셨다. 마지막으로 언제나 내 곁에서 힘이 되어 준 고양이 모모에게 고맙다. 게으름의 나락이나 인간계의 허망함에 빠져 글쓰기 힘들었던 순간마다 특유의 헤딩으로 나를 일으켜 세웠던 모모가 없었다면 책이 나오지 못했을 것이다. 떠나던 날까지 나에게 등을 기댔던 모모. 잊지 않겠다고 사랑한다고 하늘나라에서 행복하길 바란다고, 이 글을 통해 마음을 전하고 싶다.

## 참고 문헌

### 1장 블라디보스토크

김호준, 『유라시아 고려인, 디아스포라의 아픈 역사 150년』, 주류성, 2013.

박도, 『영웅 안중근』, 눈빛, 2010.

박환, 『대륙으로 간 혁명가들』, 국학자료원, 2003.

＿＿, 『박환 교수와 함께 걷다: 블라디보스토크』, 아라, 2014.

발터 벤야민, 『역사의 개념에 대하여 / 폭력비판을 위하여 / 초현실주의 외』, 최성만 옮김,
　　길, 2008.

사키 류조, 『안중근과 이토히로부미』, 이성범 옮김, 제이앤씨, 2003.

손석춘, 『코레예바의 눈물』, 동하, 2016.

안재성, 『박헌영 평전』, 실천문학사, 2009.

정병준, 『현앨리스와 그의 시대』, 돌베개, 2015.

하라다 게이이치, 『청일 러일전쟁』, 최석완 옮김, 어문학사, 2012.

### 2장 우수리스크

박환, 『시베리아 한인민족운동의 대부』, 역사공간, 2008.

한국독립운동사연구소, 『헤이그특사와 한국독립운동』, 독립기념관, 2007.

### 3장 하바롭스크

강만길, 『회상의 열차를 타고』, 한길사, 1999.

김 블라지미르, 『러시아 대한민족의 항일독립전쟁사 실록』, 조영환 옮김, 고구려, 1997.

김문욱, 『중앙아시아의 한국문화』, 좋은땅, 2014.

차준영, 『차준영의 러시아·몽골 기차여행』, 일진사, 2008.

### 4장 치타 — 울란우데

박도, 『영웅 안중근』, 눈빛, 2010.

손기정, 『나의 조국 나의 마라톤』, 학마을B&M, 2012.

이상엽, 『레닌이 있는 풍경』, 산책자, 2007.

하타노 세츠코, 『이광수, 일본을 만나다』, 최주한 옮김, 푸른역사, 2016.

## 5장 이르쿠츠크

강만길, 『회상의 열차를 타고』, 한길사, 1999.

김삼웅, 『약산 김원봉 평전』, 시대의창, 2008.

김호준, 『유라시아 고려인, 디아스포라의 아픈 역사 150년』, 주류성, 2013.

레온 트로츠키, 『나의 생애 (상)』, 박광순 옮김, 범우사, 2001.

로버트 스칼라피노·이정식, 『한국 공산주의운동사』, 한홍구 옮김, 돌베개, 2015.

이기형, 『여운형 평전』, 실천문학사, 2000.

임경석, 『모스크바 밀사』, 푸른역사, 2012.

정태영, 『조봉암과 진보당』, 후마니타스, 2006.

조지 린치, 『제국의 통로』, 정진국 옮김, 글항아리, 2009.

조한성, 『한국의 레지스탕스』, 생각정원, 2013.

차준영, 『차준영의 러시아·몽골 기차여행』, 일진사, 2008.

Chertilov Aleksei Konstantinovich, *The Circum-Baikal Railway*, АрмИздат, 2008.

## 6장 크라스노야르스크

나제주다 꼰스딴지노브나 끄룹스까야, 『레닌을 회상하며』, 최호정 옮김, 박종철출판사, 2011.

알랙쎄이 니콜라비츠 쿠로파트킨, 『러일전쟁』, 심국웅 옮김, 한국외국어대학교출판부, 2007.

Christian Wolmar, *To the edge of the World: The story of the Trans-Siberian Railway*, Atlantic Books, 2013.

## 7장 노보시비르스크

강만길, 『회상의 열차를 타고』, 한길사, 1999.

권영훈, 『고려인이 사는 나라 까자흐스탄』, 열린책들, 2001.

김 게르만, 『한인 이주의 역사』, 박영사, 2005.

김 블라지미르, 『러시아 한인 강제 이주사』, 김현택 옮김, 경당, 2000.

_____, 『재소한인의 항일투쟁과 수난사』, 조영환 옮김, 국학자료원, 1997.

김문욱, 『중앙아시아의 한국문화』, 좋은땅, 2014.

이상엽, 『레닌이 있는 풍경』, 산책자, 2007.

## 8장 예카테린부르크

김용삼, 『21세기는 철도 전성시대』, 월간조선사, 2009.

차준영, 『차준영의 러시아·몽골 기차여행』, 일진사, 2008.

Bryn Thomas & Anna Cohen Kaminski, *Trans-Siberian HANDBOOK*, Trail Blazer
    Publications, 2014.

## 9장 모스크바

김상웅, 『빨치산 대장 홍범도 평전』, 현암사, 2013.

니콜라스 랴자놉스키, 『러시아의 역사 (상)』, 조호연 옮김, 까치, 2011.

로버트 스칼라피노·이정식, 『한국 공산주의운동사』, 한홍구 옮김, 돌베개, 2015.

올랜도 파이지스, 『혁명의 러시아 1891~1991』, 조준래 옮김, 어크로스, 2017.

## 10장 상트페테르부르크

나제주다 꼰스딴찌노브나 끄룹스까야, 『레닌을 회상하며』, 최호정 옮김, 박종철출판사,
    2011.

레프 톨스토이, 『안나 카레니나 1』, 연진희 옮김, 민음사, 2009.

박흥수, 『달리는 기차에서 본 세계』, 후마니타스, 2015.

올랜도 파이지스, 『혁명의 러시아 1891~1991』, 조준래 옮김, 어크로스, 2017.

콘스탄틴 플레샤코프, 『짜르의 마지막 함대』, 황의방·표완수 옮김, 중심, 2003.

## 11장 베를린

케이트 에번스, 『레드 로자』, 박경선 옮김, 산처럼, 2016.

## 그 외

김동진, 『1923 경성을 뒤흔든 사람들』, 서해문집, 2010.

김창진, 『시베리아 예찬』, 가을의아침, 2014.

반병률, 『1920년대 전반 만주·러시아지역 항일무장투쟁』, 한국독립운동사편찬위원회,
    2009.

안중근, 『안중근 의사 자서전』, 범우, 2014.

에드먼드 윌슨, 『핀란드 역으로』, 유강은 옮김, 이매진, 2007.

최하림, 『최하림의 러시아 예술기행』, 랜덤하우스코리아, 2010.

파울 프뢸리히, 『로자 룩셈부르크의 사상과 실천』, 최민영 옮김, 석탑, 1991.

# 여행이
# 내게 남긴 것들

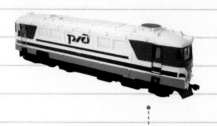

시베리아 횡단 열차를 끄는 기관차로 러시아 철도공사 마크가 그려져 있다. 모스크바 공항에서 샀다. 로고의 첫 자는 영문 P가 아닌 키릴문자 P로 'R' 발음이 난다. 키릴문자로 'Российские железные дороги'의 앞 자를 딴 것으로 '러시아 철도'란 뜻이다.

모스크바 – 베를린 국제 열차 안에서 산 시베리아 횡단 노선을 표현한 찻잔 받침. 안에 유리잔을 끼워 이용한다. 열차 안에서 유용하다. 횡단 열차 안에서는 차장에게 빌릴 수 있다.

러시아 철도공사 차장 복장을 한 동물 마스코트 인형으로, 횡단 열차에서 샀다.

횡단 열차 안에서 파는 종. 은색과 황동색이 있고 도안이 다양하다.

『로어회화』. 북조선 노동자에게 선물받은 평양에서
발간된 러시아어 회화책.

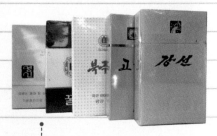

횡단 열차에서 산, 고무 재질의 러시아 철도
공사 기관차. 뒷면에 자석이 붙어 있다.

블라디보스토크 기념품 가게에서
산 보드카 잔. 구소련의 상징인 낫
과 망치 또는 소비에트연방공화국
의 마크가 찍혀 있다. 잔 네 개가
들어 있다. 450루블(9,000원).

물물교환으로 얻은 북한
담배.

블라디보스토크에서
출발한 열차의 시간표.

**여행이 내게 남긴 것들**

블라디보스토크
기념품 가게에서 산 오르골.
전통민요의 반열에 오른
러시아 군가 〈카튜사〉가
흘러나온다.

예카테린부르크 시장에서 산
책 읽는 고양이 나무 조각.

모스크바 아르바트 거리에서 산
구소련 시대의 동전.
개당 50루블(100원).

블라디보스토크 기념품 가게에서 산
마트료시카.
300~340루블(6,000~7,000원).

러시아를 상징하는 독수리와
알혼섬의 풍경을 담은 기념품. 100루블(2,000원)에 샀다.

알혼섬에서 산 목각 기념품들.
왼쪽부터 각각 300루블(6,000원),
150루블(3,000원), 400루블(8,000원

이르쿠츠크 중앙시장에서
산 나무 고양이.
980루블(2만 원).
길이가 80센티미터 정도
된다.

바이칼 순환 열차 정차 역에서
산 바이칼석 목걸이.
개당 100루블(2,000원).

블라디보스토크 기념품 가게에서 산
레닌 배지.
개당 100루블(2,000원).

**여행이 내게 남긴 것들**

# 시간여행자를 위한 최소한의 안내서

## :: 여행 코스 짜기

### 1단계 | 시베리아 횡단 열차 맛보기

**일정** / 3박 4일 혹은 4박 5일
**목표** / 한인들의 발자취가 깃든
극동의 주요 도시 탐방

**4일**
인천(양양)—블라디보스토크(1박)—블라디보스토크↔하바롭스크 횡단 열차(1박)—하바롭스크(1박)—인천(양양)

**5일**
인천(양양)—블라디보스토크(2박)—블라디보스토크↔하바롭스크 횡단 열차(1박)—하바롭스크(1박)
 — 인천(양양)

또는 역순으로

인천(양양)—하바롭스크(1박)—하바롭스크↔블라디보스토크 횡단 열차(1박)—블라디보스토크(2박)—인천(양양)

하바롭스크
블라디보스토크
인천(양양)

- 인천공항이나 강원도 양양 공항에서 출발하는 여행사의 패키지나 자유 여행 상품을 이용할 수 있다. 자유 여행 상품은 항공권과 열차 승차권, 호텔 숙박을 포함하여 시기에 따라 40만 원대에서 70만 원대까지 다양하게 준비되어 있다.
- 여행사를 이용하지 않을 때는 러시아 철도청 홈페이지(http://rzd.ru/, 영문 http://eng.rzd.ru)에서 구간별 티켓을 예매할 수 있다. 항공권과 호텔은 따로 예약하면 된다.
- 블라디보스토크↔하바롭스크 구간 열차는 12시간 정도 소요된다. 4박 5일 일정이라면, 블라디보스토크의 2박 중 하루는 우수리스크에 다녀오는 것을 추천한다. 개별 여행일 경우에는 여행사에 문의하여 우수리스크에서만 차량과 가이드를 신청할 수도 있다.

## 2단계 │ 시베리아 깊이 들어가기

**일정** ╱ 일주일~10일
**목표** ╱ 횡단 열차 실컷 타기
　　　 동방의 파리 이르쿠츠크와 세계에서 제일 깊은 호수 바이칼까지 시베리아의 핵심 코스

**7일**
인천 – 블라디보스토크(1박) – 블라디보스토크↔
이르쿠츠크 횡단 열차(3박) – 이르쿠츠크(2박)
– 인천

**10일**
인천 – 블라디보스토크(1박) – 블라디보스토크↔
이르쿠츠크 횡단 열차(3박) – 이르쿠츠크(1박)
– 알혼섬(2박) – 이르쿠츠크(1박) – 인천

- 바이칼 호수의 알혼섬을 일정에 넣는지에 따라 기간이 결정된다. 알혼섬에 갈 때는 보통 이르쿠츠크 중앙시장에서 출발하는 버스를 이용한다. 알혼섬에서는 최소 2박 3일을 지내는 것을 추천한다. 여행사에서 제공하는 알혼섬 패키지 상품의 경우 2백만 원 내외로 가격이 형성되어 있다. 물론 직접 예약하면 훨씬 더 저렴한 비용으로 다녀올 수 있다. 여행 경험이 부족하거나 현지 적응이 불안하다면 여행사 상품을 이용한다.

## 3단계 | 시베리아 횡단 열차 정복

**일정** / 12일~원하는 대로
**목표** / 블라디보스토크↔모스크바 간 시베리아
횡단철도 본선 완주

12일~
인천 – 블라디보스토크 – 우수리스크 – 하바롭스
크 – 이르쿠츠크 – 크라스노야르스크 – 노보시비
르스크 – 옴스크 – 예카테린부르크 – 모스크바 –
상트페테르부르크

- 몇몇 도시를 돌아볼지에 따라 다양한 조합으로 일정이 만들어진다. 참고로 블라디보스토크
  –모스크바 구간을 중간에 내리지 않고 주파하면 총 7일이 소요된다. 무리를 한다면 10일
  일정으로도 인천–블라디보스토크↔모스크바–인천 일정을 소화할 수 있지만, 추천하지 않
  는다.
- 인기 지역인 유럽이나 동남아시아 지역과 달리 다양한 여행 상품이 준비되어 있지 않아 오
  히려 상품을 고르기 편하다. 이것저것 생각하기 힘든 조건이면 여행사 홈페이지를 검색해
  본 후 선택한다.
- 시베리아 횡단철도 완주를 기획할 정도면 아마 모험을 두려워하지 않는 자유 여행자일 것이
  다. 시간이 없다면 이르쿠츠크나 예카테린부르크 등 일부 도시에서만 열차에서 내리는 완주
  코스를 생각해 볼 수 있다. 그러나 보통은 모스크바에서 상트페테르부르크까지를 포함한 여
  행 일정을 짜는 게 여러모로 합리적이다.

## 4단계 | 시베리아 깊이 들어가기

**일정** / 보름~원하는 대로

**목표** / 시베리아 횡단철도 완주 +
　　　국제 열차로 유럽까지 대륙 횡단

**15일~**

인천 – 블라디보스토크 – 우수리스크 – 하바롭스
크 – 이르쿠츠크 – 크라스노야르스크 – 노보시비
르스크 – 옴스크 – 예카테린부르크 – 모스크바 –
상트페테르부르크, 헬싱키, 바르샤바, 베를린, 파
리 등

- 시베리아 횡단철도 완주 후 국제 열차를 타고 헬싱키, 바르샤바, 베를린, 파리 등 유럽 도시
  로 갈 수 있다. 국제 열차를 타고 눈높이로 국경을 넘는 대륙 횡단 열차의 진수를 경험한다.
- 이 책에서는 18박 19일간의 블라디보스토크 – 우수리스크 – 하바롭스크 – 치타, 울란우데 –
  이르쿠츠크 – 크라스노야르스크 – 노보시비르스크 – 예카테린부르크 – 모스크바 – 상트페테
  르부르크 – 모스크바 – 베를린 코스를 택했다.

## :: 비자 발급받기

- 충분한 시간을 갖고 발급받는다.

- 출발지와 도착지, 이용 경로에 따라 비자가 필요할 수도 필요하지 않을 수도 있다.

- 러시아는 한국과 비자 면제 협정이 체결되어 있어 블라디보스토크－모스크바(상트페테르부르크) 구간만 여행할 때는 여권만 있으면 된다.

- 베이징에서 출발하는 만주 횡단철도를 이용할 때는 중국 비자가, 몽골 횡단철도를 이용할 때는 중국과 몽골 비자가 필요하다.

- 모스크바나 상트페테르부르크에서 핀란드나 발트 3국(에스토니아, 라트비아, 리투아니아)으로 갈 때는 비자 없이 입국할 수 있다.

- 문제는 벨라루스를 통과할 경우다. 예를 들어 모스크바에서 파리로 가는 국제 열차는 모스크바(러시아)－벨라루스－폴란드－독일－프랑스로 연결되는데, 이때 벨라루스 통과 비자가 없으면 벨라루스 출입국 심사 시 열차에서 내려야 한다. 벨라루스 땅을 밟지 않고 열차로 통과하는 것이라도 비자 없이는 유럽으로 오갈 수 없다. 벨라루스에서 비자 문제로 하차할 경우 일정 시간 출입국사무소에 억류되어 있다가 출발지로 되돌아가거나, 벌금 납부 후 임시 비자를 발급받은 뒤에야 여행을 계속할 수 있다.

## :: 준비물 챙기기

- **슬리퍼**는 아주 요긴하게 쓰인다. 신축성 좋은 2,000원짜리 욕실화는 배낭이나 여행 가방에 구겨 넣어도 공간을 많이 차지하지 않는다.

- 삼등석 6인실에서도 놀라운 능력을 발휘해 매일 씻는 사람을 더러 봤으나 평범한 사람에겐 쉽지 않은 일이다. **물휴지**가 많이 필요하다.

- **컵라면**이나 **아웃도어 동결식**을 준비하면 좋다. 컵라면의 포장을 뜯어 라면과 스프만 비닐 포장하면 부피를 대폭 줄일 수 있다. 대신 컵라 면용 **코펠 용기**를 챙긴다. 너무나 귀찮거나 혹은 챙길 여력이 없다면 현지 슈퍼마켓이나 열차에서도 컵라면을 구매할 수 있다. 정차 역 승강장에서 삶은 달걀, 만두, 빵, 채소 샐러드 등을 사 먹을 수 있다.

- **미니 초콜릿 바**는 친구 사귈 때 요긴하다. 옆자리의 동승자나 열차의 꼬마 승객에게 나눠 주면 금방 친해진다.

- 휴대전화와 연결해 즉석 인화할 수 있는 **휴대용 사진 프린터**가 있다면 금상첨화다. 사진을 함께 찍은 뒤 2, 3분 안에 건네면 무엇보다 좋 은 선물이 된다.

- 여분의 **보조 배터리**는 필수다. 열차 사정상 오랫동안 충전을 못 할 수 도 있다.

- 무게가 적게 나가는 **책**. 열차의 평행이동이 지루해질 때가 있다. 이 럴 땐 어떤 책이라도 낭만을 느끼며 읽을 수 있다.

- 사람 사는 데 다 길이 있다. 비행기 표, 열차 승차권, 여권, 비자만 준 비되었다면, 이제 떠날 차례다.

## :: 열차의 구조

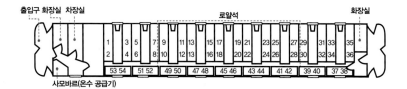

### 삼등석 플라즈카르타(6인실)

객차당 수용 인원은 54명이다. 1번 좌석 옆쪽이 차장실이고, 양 끝에 화장실이 있다. 플라즈카르타 객실은 6명이 머무는 개방형 공간이 9개의 파티션으로 나뉘어 있다고 생각하면 된다. 침대 번호 중 홀수는 1층 침대, 짝수는 2층 침대이다. 여행자들이 선호하는 우선순위는 1~36호의 1층 침대(홀수) > 같은 번호 2층 침대(짝수) > 37~54호 1층 침대(홀수) > 2층 침대(짝수)순이다. 차장실 반대편 화장실 바로 옆인 33호에서 38호까지는 어쩔 수 없는 상황이 아니라면 피하는 게 좋다. 로얄석은 9~28호까지의 1층 침대(홀수)이고, 같은 번호 2층 침대(짝수)가 그다음으로 좋다.

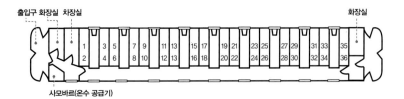

**이등석 쿠페(4인실)**

객차당 수용 인원은 36명이다. 9개의 문이 달린 독립된 4인실로 이루어져 있다. 당연히 플라즈카르타보다 넓고 쾌적하다. 6인실처럼 화장실 위치에 신경 쓰지 않아도 되고, 비교적 적은 인원인 36명이 화장실 두 개를 이용하는 점이 좋다. 문이 달려 있긴 하지만, 33~36호는 화장실과 가까워 다소 번잡할 수 있다.

**일등석 룩스(2인실)**

돈 걱정 없는 사람이라면 2인실을 이용해도 좋다. 단층 침대가 놓인 구조로 냉난방이 잘 되는 쾌적한 객실에서 여유롭게 여행을 즐길 수 있다. 차장의 응대가 친절하고 레스토랑과도 가까워 여러모로 편안한 여행을 즐길 수 있다. 단 횡단 열차 여행의 묘미인 다른 여행자와 어울릴 수 있는 기회가 훨씬 줄어든다.

## :: 승차권 보는 법

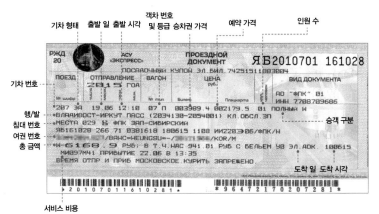

기차 형태 · 출발 일 · 출발 시각 · 객차 번호 및 등급 · 승차권 가격 · 예약 가격 · 인원 수

기차 번호

행/발
침대 번호
여권 번호
총 금액

승객 구분

도착 일 · 도착 시각

서비스 비용

- 승차권 보는 법을 크게 걱정할 필요는 없다. 프린터로 출력한 전자 승차권이 대세이기 때문이다. 그러나 창구나 자동발매기에서 산 승차권은 A4용지 인쇄물로는 담을 수 없는 특별함이 있다. 기념으로 한 장 정도는 소장할 만하다. 홈페이지에서 출력한 전자 승차권을 정식 승차권으로 바꾸는 방법이 있다. 횡단철도가 운행되는 아무 러시아 철도역 창구에 들러 교환을 요청하면 된다. 이때 반드시 전자 승차권을 제시해야 한다. 영어로 말하거나 번역기로 '티켓 교환'을 쳐서 보여 준다. 때에 따라 적지 않은 시간이 소요되므로 시간을 여유 있게 계획하는 것이 좋다.

## :: 열차 사용법

- **치안** | 아마 세계에서 제일 안전한 철도가 시베리아 횡단철도일 것이다. 객차마다 차장이 있고 철도 경찰이 수시로 순회한다. 좀도둑과 소매치기가 많은 유럽 철도와 달리 웬만해서는 물건을 도둑맞는 일이 없다. 그럼에도 카메라나 지갑 등 귀중품은 항상 몸에 지니는 게 좋다.

- **식수** | 24시간 뜨거운 물이 제공된다. 차장실 앞 온수 공급기에서 언제든지 뜨거운 물을 받아 커피, 차, 컵라면을 즐길 수 있다. 뜨거운 물만 제공되므로 한여름에는 탑승 전에 대용량의 생수를 사두기를 추천한다. 온수를 받는 전용 컵은 차장에게 요청하면 얻을 수 있고 하차 시에는 반납해야 한다. 기념품으로 판매하기도 한다.

- **침구** | 탑승 후 차장이 건네주거나 출발역일 경우 자리에 놓여 있을 때도 있다. 요와 시트 두 장과 베갯잇, 수건이 제공되며, 승객이 직접 씌워야 한다. 이등석에는 시트가 씌워져 있을 때도 있다. 내릴 때 모두 반납해야 한다.

- **침대** | 모든 좌석의 1층 공간은 낮에는 공용이다. 2층 침대 사용자가 내려와 앉아 있어도 1층 침대 사용자가 거부할 수 없다. 2층에서는 제대로 몸을 일으킬 수 없기 때문에 낮 시간대에는 1층 좌석에 나란히 앉아 이야기도 나누고 함께 밥도 먹는다. 이런 이유로 독립적인 생활을 꿈꾸는 여행자들은 더러 2층 침대를 선호하기도 한다. 2층에서는 언제든 누울 수 있다. 나라면 1층 침대를 선택하겠다.

- **화장실** | 객차 양 끝에 하나씩 있는 게 보통이지만 신형 객차의 경우 차장 칸 반대쪽에 두 개의 화장실이 있기도 하다. 일반적으로 정차 역(5분 이상 정차할 때) 도착 20~30분 전에는 화장실을 잠그고 출발 10~20분 뒤에 다시 열어 놓는다. 직하 방식인 배설물 처리 때문에 역 승강장이 더러워지는 것을 방지하기 위한 규칙이다. 급한 상황에서 화장실이 잠겨 있다면 정차 역이 가까워지고 있다는 의미이니 잘 버텨내야 한다.

- **세면** | 수도꼭지 사용법을 몰라 물을 못 쓰는 사람을 더러 봤다. 수도꼭지 밑에 달린 막대를 위로 올리면 물이 나온다. 단점은 계속 올리고 있어야 하므로 한 손을 자유롭게 사용할 수 없다는 점. 이 때문에 골프공이나 탁구공 등으로 세면대 배수구를 막는 팁이 널리 알려졌으나 효과는 미미하다. 페트병으로 받거나 고무판을 대고 쓰는 사람들이 많다.

- **음주** | 금지되어 있다. 생수병이나 보온병, 텀블러, 종이컵 등에 준비한 술을 담아 마시는 사람들도 있지만 그냥 마시다 걸리면 압수당하는 사람들도 적지 않다.

- **흡연** | 금지되어 있다. 화장실에서 피는 사람이 있으면 다음 이용자에겐 고역이다. 꾹 참았다가 정차 역에서 피워야 한다. 심야에는 몰래 객차 연결 공간에서 피우는 사람도 더러 있다. 객차 연결 공간에서는 열차 바닥 틈으로 선로의 자갈이 스쳐 지나가는 것이 보인다. 열차가 속도를 내고 있을 때 꼭 한번 찾아가 보길 바란다.

- **쓰레기** | 쓰레기통이 화장실 앞에 놓여 있다. 어떤 경우에는 뚜껑이 안 닫힐 정도로 쌓이기도 한다. 아침에는 금주 정책이 무색할 정도로 엄청난 양의 술병과 맥주 캔이 보인다.
- **청결** | 차장이 주기적으로 청소한다. 복장을 갈아입은 차장이 걸레를 들고 다가오면 발을 높이 들거나 침대로 올라앉아 바닥을 비워주면 된다. 이때 보드카나 맥주 같은 것이 적발되면 관심 대상으로 찍히므로 주의한다.


:: **유심카드 교체하기**

- 현지 공항에 내리자마자 사서 교체하는 게 좋다. 비용은 보통 350~600루블(7,000~1만2천 원) 사이로, 한 달 동안 사용해도 충분한 데이터와 통화 시간이 보장된다. 한국 통신사 데이터로밍이나 와이파이 도시락과는 비교할 수 없을 정도로 싸다. 데이터를 소진하면 도시 곳곳에 있는 통신사 대리점이나 역, 공항 등에서 충전할 수 있으나, 한 달 이내의 여행자라면 특별히 그럴 일은 없을 듯하다. 충전하기 불편하면 유심카드를 새로 사서 갈아 끼워도 된다.